柏朗嘉宾蒙古行纪

JEAN DE PLAN CARPIN HISTOIRE DES MONGOLS

[法]贝凯　韩百诗/译注　耿昇/译

THE JOURNEY OF WILLIAM OF RUBRUK TO THE EASTERN PARTS

鲁布鲁克东行纪

[美]柔克义/译注　何高济/译

中国藏学出版社

目　录

柏朗嘉宾蒙古行纪

鲁布鲁克东行纪

柏朗嘉宾蒙古行纪

〔法〕贝凯　韩百诗　译注
耿昇　译

JEAN DE PLAN CARPIN

HISTOIRE DES MONGOLS

TRADUIT ET ANNOTE PAR DOM JEAN BECQUET

ET PAR LOUIS HAMBIS

*

LIBRAIRIE D'AMERIQUE ET D'ORIENT

PARIS, 1965

中译者序言

柏朗嘉宾（Jean de Plan Carpin，1182—1252 年）是意大利人，出生于佩鲁贾（Pérugia，法文为 Pérouse）一个贵族家庭。他是小兄弟会的创始人之一，也是圣·方济各（Saint François d'Assie）的挚友。在 1245 年之前就曾先后奉命前往德国和西班牙执行圣命。1245 年 4 月 16 日（复活节），根据里昂主教会议所作出的决定，他在高龄六十五岁时奉英诺森四世（Innocent Ⅳ）教皇之旨令，从法国里昂登程，出使蒙古。

柏朗嘉宾在两年半多的时间内从西欧到中亚，万里跋涉。他先于 1246 年 4 月 4 日到达伏尔加河畔的西蒙古拔都幕帐，后于 8 月 24 日抵达哈剌和林，有幸参加贵由皇帝登基大典。同年 11 月 13 日，他离开哈剌和林返国，于 1247 年 5 月 9 日再经拔都幕帐，最后于 1247 年 11 月 24 日返回里昂。他后来还曾作为教皇使节而出使法国。柏朗嘉宾于 1252 年卒于今南斯拉夫境内的达尔马蒂亚。

在 13 世纪时，蒙古人征服了东亚和中亚的大部分地区，并向欧洲推进，曾一度挺进到波兰和匈牙利。西欧诸国对此惶惶不安，所以急欲刺探蒙古人的动向、军情、实力、作战韬略，制定抵御其进犯的良策。教皇派遣柏朗嘉宾出使蒙古的原因也就在于此。当然，教皇在委托柏朗嘉宾所携致蒙古人的信中也试图规劝蒙古人皈依基督教和接受洗礼，甚至还想与之建立盟邦关系，但没有达到目的。所以柏朗嘉宾主要是以罗马教皇的“军事间谍”的身份出使蒙古的。

正是基于这一原因，所以柏朗嘉宾向教廷所写的报告《蒙古史》中重点介绍了蒙古人所进行的战争、征服的地区、武器装备、如何对付蒙古人的入侵及其蒙古人的风俗习惯等等。因为柏朗嘉宾的出使比中世纪其他欧洲旅行家们东游的时间要早，如鲁布鲁克的出使是1253—1255年，马可波罗东游是1271—1295年，鄂多立克（Odoric de Pordenone）东行是1318—1328（?）年。所以，柏朗嘉宾介绍的有关蒙古及中亚的许多情况是首次传入欧洲的。其行纪中所记载的资料至今仍是研究元蒙史和中国北方地区历史的宝贵参考资料。但由于柏朗嘉宾此书的目的是为了千方百计地使罗马教廷深信蒙古人意欲西征，要求进行战备，并且呼吁先发制人地对蒙古人发动战争，所以他有意过分地渲染了蒙古人及其所征服的东方诸民族的残暴性和陋习等等，并极力进行歪曲和丑化。因此，书中的某些说法并不是真实的。

柏朗嘉宾东行的见闻录《蒙古史》一书在数世纪以来反复传抄、翻译和重版，先后出版了拉丁文、德文、英文、俄文和法文等等文本。我国学者过去也常有引用。1965年，内蒙古大学历史系蒙古史研究室余大钧先生根据1957年苏联沙斯契娜（N·P·Shastina）夫人的俄译本译出此书，内部发表，这就大大地方便了中国学者。1965年，法国美洲和东方书店（Librairie d'Amérique et d'Orient）出版了贝凯（Dom Jean Becquet）和韩百诗（Louis Hambis）所译注的最新法文本：《柏朗嘉宾的〈蒙古史〉》。我就是根据这一版本而译出，但按照中国学者的习惯而把书名译作《柏朗嘉宾蒙古行纪》。

本书的序言和注释系由韩百诗所作。韩百诗（1906—1978年）是伯希和的得意门生，著名的蒙古学和中亚学家。他曾先后担任巴黎大学北京汉学研究所所长、高等实验学院第四系研究导师、法兰西学院教授、法国中亚和高地亚洲研究中心主席、巴黎大学高等中国研究所所长、法国亚细亚学会副会长等职务。他的蒙古学和中亚学著作甚多，如与伯希和合译注的《圣武亲征录》、对《元史》卷107和108的译注、关于马可波罗游记的研究、关于中亚历史和文明的研究等。他尤为善于使用汉文、西文和中亚民族语言的各种史料，可以称得起法国当代最有权威的蒙古和中亚学者之一。

柔克义（W·W·Rockhill）的《鲁布鲁克东行纪》（英译注）中有关波兰人班涅狄克脱对柏朗嘉宾出使的叙述，现由何高济同志译出，附在本篇之末。书末原附索引，我们将它改作译名对照表。

本书在翻译过程中得到了多方面的指导和帮助。蒋本良同志曾对译文作了校订，陆峻岭和何高济同志对译文也作了校阅，中华书局的编辑同志又提出了许多宝贵意见（中华书局1985年版。——编注），特此表示感谢。由于译者水平有限，错误和欠妥之处在所难免，欢迎广大读者批评指正，不胜感激！

耿　昇

1982年国庆于中国社会科学院历史所

前　言

13—15 世纪的大部分游记故事都是用拉丁文写的。正是基于这一原因，对它们的翻译必须同时兼有两种才能，而这两种才能却又很少能汇聚于同一人之身：既要精通当时的拉丁文，又要熟悉行纪中所描述地区的历史和语言。实际上，各位游记作者都以不同的确切程度记载了他所听到的那些名词，无论是人名、地名，还是专用名词术语或者是动植物的通称。

《蒙古史》（L' Ystoria Mongalorum）一书即属此类著作，所以贝凯（Dom Becguet）先生和我决定翻译此书，并附一些简单的说明性注释。我们二人各自都遇到了一些属于不同范畴的难题：柏朗嘉宾（Plan Carpin）游记原文有时晦涩难懂，尤其是在涉及描述时更为如此，因为作者没有找到恰如其分的名词术语；其次是某些东方词汇的转写词有时又被出版者们所歪曲讹变，这些出版者虽然是优秀的拉丁语学者，但在使用东方学规则方面则缺乏明确的概念，这也是在范登温加尔（Van den Wyngaert）神父版本中所出现的情况。

正是由于这一原因，只是在我们共同商榷之后，D. 贝凯才翻译出了其中的某些段落。因为对于那些语义不太清楚的拉丁文句子，必需译出一种与我们所了解的蒙古人的历史和习惯相吻合的意思来。至于笔者本人，我试图解释文中出现的名词术语，范登温加尔神父有时根据不同段落而采取了不同形式的译法。因此，我尽力使各种转写形式一致起来，同时也根据可能的原文名词选择最佳的转写形式，对伯希和（Paul Pelliot）曾讨论过的柏朗嘉宾游记中的某些词汇或术语，在我了解的范围内，我也使用了他所得出的成果；对于译注文中的其余内容，本人也试图采取同样的办法。

重新再版柏朗嘉宾游记时要求利用范登温加尔神父未能得到的两三种手稿，并对充斥着错误的一些段落进行分析考证，以尽量恢复已失传的原文的本来面貌。因此，本再版译文要求进行大量的考订注释。

我们希望这种初次尝试能引起其他一些具有同类内容和类似背景文献的译注问世。为了能够使读者们得到一些难以接触到的文献，这是唯一可以速成的方法。

韩百诗（Louis Hambis）

导　论

柏朗嘉宾及其著作

约翰·柏朗嘉宾（Jean de Plan Carpin）于13世纪末诞生于佩鲁贾（Pérouse，原意大利文为Perugia。——译者）地区，从1221年起，便受圣·方济各（Saint François d'Assise）派遣前往日耳曼，一直到1239年之前，他基本一直在那里行使萨克森修道院长及省教长的职务。其间唯有三年例外，因为他在此期间以同样的身份而侨居西班牙。在里昂主教会议作出决议之后，他又于1245年奉英诺森四世（Innocent IV）教皇之令而出使蒙古。

同年4月16日，柏朗嘉宾从该城（指里昂。——译者）登程，首先到达了布雷斯劳（Breslau，波兰境内。——译者），在那里偕波兰的班努瓦（Benoît）教友同行并充任自己的翻译。他们二人行至乞瓦（Kiev，基辅），于1246年2月3日再从那里出发而于同年4月4日到达伏尔加河畔的拔都（Batu）幕帐中，拔都又把他们护送到了哈剌和林（Karakorum），因而得以在那里于8月24日参加贵由（Güyük）大汗的登基典礼。在完成自己的使命之后，两位教友便于11月13日离开哈剌和林，在1247年5月9日又重新抵达拔都幕帐中，接着又回到乞瓦。他们在后一个地方进行斡旋，以谈判当地教会与罗马教廷的联合。他们在归途中又经波兰、波希米亚（Bohème）、日耳曼、比利时和香巴尼（Champagne，法国境内。——译者），最后于 1247 年 11 月间返回里昂。

柏朗嘉宾还曾受遣出使法国，时国王为圣·路易（Saint Louis）。他于 1252 年殁于达尔马提亚（Dalmatie，今南斯拉夫境内。——译者），当时身居安蒂瓦利（Antivari）的大主教之荣职。

除了那本以《蒙古史》而著称的游记之外，柏朗嘉宾再没有留下任何著作。他这次出使的正式目的就在于劝说蒙古人的君主接受洗礼和与基督教国家建立盟邦关系，但这一打算未能如愿以偿。教皇的使者还要打探蒙古人令人生畏的军事实力，以及他们向基督教西方进犯的计划，这一部分使命完成得最为理想。

柏朗嘉宾教友身强力壮和具有知人之明，他懂得在自己个人的观察中再补充以他从在蒙古人中所遇到的基督徒口里获得的资料。自从他归来之后，他所介绍的故事引起了人们的好奇心，这就促使他写了一篇有关基督教地区所面临的某些危险的简明报告。

作者在对该地区、居民及其风俗习惯进行描述之后，又介绍了蒙古人是如何以武器和韬略而相继征服了毗邻民族的。他还力图说明蒙古人正准备继续乘胜对外进行扩张。为了自卫，基督国王们应该联合起来，并且要向他们未来的侵略者们借鉴书中所详细描述的战争方法。

柏朗嘉宾在其著作的初稿中还附加了最后一章，其目的是用以追述行程的各站并指出其见证人，从而为自己的叙说提供证据。实际上，他经常关心的是仅仅使用个人亲眼所见和所搜集到的资料，当后者表现得有点耸人听闻时，他又用“据传闻”来略作缓和。尽管书中的某些奇闻（如长狗头的人之类的荒诞故事）是按照他那个时代所流传的形式载录的，但他有关蒙古人的第一部拉丁文著作于可靠性和明确程度方面在一段相当长的时间内一直是首屈一指和无可媲美的。

令人感到惊讶的是这位第一代方济各会士竟丝毫没有以一位传教士的精神面貌来介绍蒙古人，因为传教士一般最热心的是拯救人们的灵魂，他更为倾向于以一位特使的感情来叙说。他冒着生命危险，搜集了一批有关人种学和军事方面的第一手资料。作者着重研究了蒙古人的宗教信仰和崇拜活动，而又没有为读者们提供一些过分臃肿的教理评论，对于当地民族的瑕疵和美德，他都作了客观的评介，但对于他们社会道德准则的评价则是审慎和颇有分寸的。

然而，还必须强调指出，柏朗嘉宾在最后一章中谈到自己及其沿途所受苦难的时候，仅仅是作为一种辅助例证才提及，表现得非常谨慎。他既对蒙古人的意图不抱幻想，也没有建议基督教徒们采纳蒙古人残酷的手段，如屠杀战俘（即便是在战争高潮中也罢）。

全书的笔调风格正如通过其提纲的清晰轮廓所洞察到的那样，全面呈现出了一位老于世故的教士所特有的那种笔锋，其目的仅在于通过一些深思熟虑的做法向他人通报情况并使人对此深信不疑。例如，书中的每一章前面都附有一段详细内容的提要。如果说本书的作者也不由自主地引用了某些平庸的《圣经》节录或者表现了对塞维利亚的伊西多尔（Isidore de Séville）的书生气十足的模糊回忆，那也是极其有限的，仅仅是轻触一笔而已。他写得非常简练，以至于使许多人认为过分平淡无奇了，甚至有时候还忽略了一些可以明确表达其思想的语法修辞。由于这一原因，他的具体描述常常是模棱两可的，无论是对当地女子们的梳妆发型的描述，还是对蒙古兵士甲胄的记载，都一概如此，有时人们勉强才能看懂行文中究竟是指蒙古人还是指其敌手！

资料来源

柏朗嘉宾并没有直接清楚地提到那些使他得以写成《蒙古史》一书的报告的资料来源，所以我们应该研究一下他搜集书中所载资料的社会背景。他的报告是以个人亲自的观察和从他在旅途中所遇到的那些基督教徒中搜集的资料为基础的，正如作者在其书序言的第三段中所指出的那样。

柏朗嘉宾书中某些段落可以使我们解释清楚其中的问题。我们发现，他利用在乞瓦与哈剌和林停留的机会，得以搜集到了大量有关蒙古人的情况，从而使他可以非常确切地介绍蒙古人历史及其风俗习惯的梗概。事实上，在其故事的最后一部分提到，当他第一次在乞瓦停留时（Ⅸ，2），他记载了如下情况："斡罗思（Russie，现译俄罗斯。——译者）的大公瓦西里（Wasili）向我们详细介绍了鞑靼人的情况"。稍后不远（Ⅸ，5），他同样还指出："一旦抵达那里（乞瓦），我们便前往向当地的千夫长和其他一些贵族请教我们前进的道路去了。"他可能获得了许多建议和情况，其中包括有关在前进时所遵循的路线、关于蒙古人对旅行家们的态度、居住在从第聂伯河到蒙古京都之间辽阔地区的各位蒙古封王的采邑情况，最后是归附了蒙古人的各民族的资料。

但是，只是当他在和哈剌和林地区长时间居住期间才获得了最为丰富的资料。实际上，在同一章（Ⅸ，39）中，他还曾这样记载过："我们发现……几位懂得拉丁语和法语的罗塞尼亚人（Ruthenes，原指乌克兰人，但是柏朗嘉宾一直用此名指斡罗思人。——译者）和匈牙利人，罗塞尼亚的教士和鞑靼人居住在一起的其他人，其中一部分人三十年来一直在进行征战或从事其他事业，他们熟悉鞑靼这一民族的全部历史，因为他们懂得鞑靼语，与他们一起生活了二十年……我们可以从他们之中知道有关蒙古人的一切。他们亲口向我们叙述了所有的事情，有时甚至无须发问，因为他们深知我们的意图"。当柏朗嘉宾谈到狗国的时候（V，13），我们的看法得到了证实，因为他指出：据"罗塞尼亚神甫和其他人向我们证实的情况认为……"；对于有关里海地区诸山脉和地下穴居民族（V，15）的各种传说的情况亦然，因为他还补充说："据那里的人对我们所言……"，也就是说当他在哈剌和林居住期间，当地人可能告诉他的一些情况；或者是当他介绍有关独眼人的传说时（V，33）所说的那样：据与“皇帝生活在一起的皇宫深苑的罗塞尼亚神甫所告诉我们的……”。

我们可以由此而得出结论认为，他是在蒙古社会中的“西方”各界人士中搜集资料的，也就是说向一些斯拉夫或途鲁吉（突厥）出身的人士询问打探，因为在归附了蒙古人的欧洲地区中，除了操斯拉夫语者之外，在形成后来的金帐汗国（Horde d'or，钦察汗国）、占据西西伯利亚和南西伯利亚的中亚诸邦以及今蒙古的西半部的各蒙古王公们的采邑中，所使用的则是各种突厥语，尤其是库蛮语，因为那里居住的大部分是途鲁吉人，也就是突厥人。

当我们仔细研究一下柏朗嘉宾在其文中使用的某些名词的书写形式之后，以上结论便会得到证实。书中所出现的大量名词大部分都是蒙古文，但转写的准确程度不同，其余的则说明它们是从操一种斯拉夫语或突厥语的居民口中搜集的。所以，他提到的后来蒙古皇帝蒙哥的名字时写作 Mengu，这是此名的突厥文书写形式，而不是其蒙古文形式 Mongka。这就说明向他提供资料的人是途鲁吉人，或者说他们是在途鲁吉社会中搜集的资料。当柏朗嘉宾提到那些负责征敛货币税或实物税的官员名字时，也出现了同样的情况，他不以他们的蒙古文名字答鲁花（darugha）或答鲁花赤（darugatchi）相称，而为他们起了一个突厥文名称八思哈（basqaq，一般又都转写成 bascac）。其他一些名称，如术赤（Tossu）或术赤汗（Tossucan）、脱哈帖木耳（Tuhatemyr 或 Tuhatemur）、昔班（Siban 和 Syban）等，这一切均说明为柏朗嘉宾提供情报的都是西途鲁吉人，很可能是库蛮人；或者是在他从操突厥语的人中搜集到上述资料之后，这些人为他进行了转写；另一例证是关于 Temer（帖木耳）一名，此人是陪同他的一位官员的库蛮语名字。相反，他把位于哈剌和林附近的皇家幕帐“失剌斡耳朵”写作 Syra ordo 和 Sira orda，这是对蒙古文 Sïra > Shira，Shara 的很符合规则的转写，意为“黄色的”，然而再加上 ordo > orda，意为“驻地”，这肯定因为这是他在当地搜集到的一个蒙古文名词，而他所求助的中间人在蒙古社会中又没有能够把它变成他们的正确的表达形式。

另外，某些名词还说明柏朗嘉宾是在为他提供资料的斯拉夫族人中接受这些名词的，如其中的 dochori 一词便是由俄文 d'khori 讹变而来，意为“黄鼬”或“黄鼠狼”；为柏朗嘉宾提供资料的斡罗思人错误地把 tumen（一万）一词误解作“黑暗”或“黑暗的”，这是因为他把蒙古文 tümän（一万）与俄文 t'ma（意为“黑暗的”和“一万”）相混淆了。同样，他所使用的 Bati 一词就是蒙文中的 Batu（拔都），也相当于俄文编年史中的 Baty；Bisermini 一词也别无他意，正是木速蛮（Bursurman），也就是穆斯林教徒（Musulmans）之名的众所周知的讹变形式，此词在俄文中很通用；同样，柏朗嘉宾把谷儿只人（Géorgiens，格鲁吉亚人）称作斡别思人（Obesi），这里仅仅是对斡罗思人对阿布哈思人（Abkhazes）的称呼 Obezi 的简单转写；他同样又把西途鲁吉人称为脱鲁黑人（Torci），这也就是俄国编年史中对古兹（Ghouz）或乌古兹（Oghouz）突厥人的写法：Tork。

在柏朗嘉宾的大作之中，大量的人名、民族名称和地名的拼写法相当规则，使用了一种颇为统一的拼写方法。在这一整套名词中，斯拉夫语系名词数量很小，只出现了十几个；而突厥—蒙古文的名称则占大多数。我们还可以从中遇到一些从大盐池（Aral，咸海）到巴尔喀什湖之间广大地区的地名，数座城市的名称，如 Barchin（八儿真）、Ianikint（养吉干）、Orpar（斡尔纳思）、Omyl（叶密立），除了斡尔纳思之外，其余地名均已被考订清楚。唯有某些民族名称尚颇难稽考或解释，诸如火木黑（Comici）、合思（Cassi）、哈希（Cathi）、康里（Kangit）、哈剌尼惕（Karanit）和哈讷讷（Kanana，疑为库蛮。——译者）；至于某些人名，基本上都已为人所知了，除了某些商人或低级官吏的名字例外；至于那些斡罗思王公的名字，例如圣托波尔克（Santopolc）、罗曼（Romain）和阿洛加（Olaha），通过俄罗斯编年史的分析便可以使我们对此进行考订。

如果对人名或地名的研究问题基本上已获得了大多是比较可靠的解决，那么由柏朗嘉宾所搜集的有关某些历史事实的资料所提出的问题则尚远未全部解决。例如，雅洛斯拉夫（Yaroslav）及其儿子们在蒙古的旅行就提出了一个难题，因为俄文编年史与柏朗嘉宾之所言不太相吻合，为了使这些表面上看来肯定是充满歧义的文献互相吻合，还需要从事一项棘手的考订工作。有关成吉思汗亲征的某些故事。柏朗嘉宾自己搜集到的传说，尤其是对他在哈剌和林居住期间，或者是有关他在东欧停留期间的情况所作的记载还都需要进行大量的研究。

手　稿

柏朗嘉宾《蒙古史》的第一稿手稿收藏在牛津大学的博德林图书馆的写本部中，即迪戈比（Digby）藏卷第 1 号（14 世纪），属于同一种特藏中的同一时代的另外五种手稿分别保存在巴黎、奥地利的维也纳、伦敦和都灵。第二稿手稿收藏在剑桥大学的手稿部中，即基督教学院文集第 181 号（13 或 14 世纪），荷兰莱顿所藏的一卷 14 世纪的手稿与它有密切联系，它为我们所提供的文本比 13 世纪收入博韦的樊尚（Vincent）之《史鉴》（Speculum Historiale）中的完整文本要好，甚至比我们在弗尔芬布特尔（Wolfenbüttel）的手稿〔后并编入乌特尔克特（Utrecht）手稿〕中发现的文本也要好。

版　本

柏朗嘉宾著作的第一个刊本被收编入了博韦的樊尚之《史鉴》初版中，于 1473 年在斯特拉斯堡刊行，在 1500 年之前曾多次重版，尤其是在威尼斯重版。当哈克鲁特（Hakluyt）于 1598 年在伦敦单独刊行时，也是利用了《史鉴》中的文本。当比兹利（C·K·Beazley）于1903年在伦敦再次重版此书时，虽然仍使用了前一个版本，但却根据各种手稿作了进一步修订。

1838年，法国人达维札克（d'Avezac）刊布了该书的“完整”版本，分别使用了巴黎、莱顿和伦敦收藏的一些手稿，该版本于次年又转载于地理学会的丛刊之中。

1913年，普列（G·Pullé）又在佛罗伦萨出版了一个颇为理想的版本；在时间上最晚和在质量上最佳的一个版本是由范登温加尔（Anastase Van den Wyngaert）神父所刊行，载《中国的方济各会士》第1卷，1929年佛罗伦萨版，第1—130页，参阅该书第577—578页。这最后一个版本的基础是剑桥大学所收藏的手稿，但在翻译中比普列的版本更为不严谨和过分自由，尤其是对于最后一章的原文使用了《史鉴》本。然而，范登温加尔神父没有使用俄国利沃夫（Lwow）所收藏的手稿［沃索林（Ossolineum）收藏品］，该手稿提供了原书第一稿中的许多非常高明的写法。范登温加尔神父同样也没有使用卢森堡图书馆中所收藏的手稿（第110号，第175—187页），这一手稿虽然不包括最后一章，但却包括有在其他任何手稿和版本中均未曾遇见过的一条简短注释。参阅《皇家亚洲学会会刊》，1957年10月号，第191—206页：西诺尔（D·Sinor）：《约翰·柏朗嘉宾关于蒙古人的报告，卢森堡所藏手稿的最新研究》。

译　本

除了《史鉴》中的各种译本之外，从1537年起，在威尼斯就出现了《蒙古史》一书的意大利译本，由安东尼奥（G·Antonio de Nicolini）所译，后来经常被人引用。哈克鲁特于1598年在其版本中又增加了一种英译本。比兹利的版本中同样也有另一种英译本，于1903年在伦敦刊行。

在法国，贝尔热隆（Bergeron）于1634年在巴黎根据哈克鲁特版本翻译出版了法文本，其中也使用了某些补充材料；这一译本又于1739年在海牙重版，它成了其他法译本的典范，一直到达维札克的考订文本问世为止。还应该指出，范德阿（Van der Aa）的荷兰文译本、根据贝尔热隆法文本而翻译的俄文本、根据各种英文本之一而翻译的德文版本等等。

最新的三种译本都附有学识渊博的注释，其一为G·普列根据他自己的版本而翻译的意大利文本：《小兄弟会会士柏朗嘉宾鞑靼纪行》（340页，8开本，1929年米兰版，载《阿尔卑斯丛书》）；其二为利斯（G·Risch）根据达维札克版本而翻译发表的德文本：《约翰·柏朗嘉宾》（8开本，共XVI+405页，1930年莱比锡版）；第三种是由沙斯契娜夫人（N·P·Shastina）所译之俄文本，与鲁布鲁克（Rubruck）游记合编在一起：《柏朗嘉宾和鲁布鲁克东方国家纪行》（共270页，1957年莫斯科版）。

最近，方济各会史学家克莱芒·施密特（Clément Schmitt）神父再次推荐此书并译做法文：《蒙古史，英诺森四世派往鞑靼帝国的一位使节的调查报告（1245—1247年）》（8开本，共157页，1961年巴黎方济各会版）。这一译文在很大程度上是从广义上翻译的，收编在《传播福音的冒险家》合集中了，其目的仅在于使柏朗嘉宾的游记故事更为通俗化，但它是根据范登温加尔版本所译的第一个译本，书末附有教皇与大汗互换的书札以及波兰人班努瓦的纪行。最后还应该提到一种英译本，载克里斯托弗·道森（Christopher Dawson）之《出使蒙古，13—14世纪方济各会士有关蒙古和汉地的游记及其信札》，由斯坦布洛克（Stanbrook）修道院的一位女修士所译，1955年伦敦版。

本译本同样也是根据范登温加尔的考订本而翻译的，为了力图使本文尽可能准确一些，我们甚至还尊重原文的段落划分。然而，每当出现似乎应该离开原文而译的时候，我们都在每页下部以斜体字表示，在遇到需要对普列或利斯译文进行讨论时也这样做。我们的出版者不了解这些译文和注释就如这些作者不了解他们自己的版本一样。对于那些纯属于史料性的注释，详见书末。

序　言

1. 本书是由小兄弟会会士、教廷派向鞑靼人及东方其他诸民族的使节约翰·柏朗嘉宾奉献给所有基督信徒们的，祝他们在今世得到上帝的恩泽，在来世得到荣耀，能够取得对上帝和我主耶稣—基督的敌人的辉煌胜利。

2. 因为我们奉教廷之命即将出使鞑靼人[1]和东方诸民族，我们领悟了教皇陛下和各位尊贵的红衣主教们的旨意，于是便选择首先出使鞑靼人，因为我们害怕即将有一种来自这一方向的危险威胁上帝的教会。尽管我们曾担心会被鞑靼人或其他民族的人所杀戮或终生成为他们的俘虏，或者是会遇到饥饿、干渴、寒冷、暑热、受虐待和过度的劳累会使我们难以忍受。所有这一切果然大量地降临到了我们头上，除了死亡和永远被囚禁之外，甚至比我们所想象的还有过之而无不及！然而，为了能够根据教皇陛下的命令而实现上帝的意志，为了替基督徒效劳，我们至少要真正洞察这些民族的意图和计划，以将之揭示于基督教徒们，为了不使前者的突然入侵会使后者像过去多次由于人类的罪孽而造成的那种处于措手不及的境地，以及为了使基督教诸民族不会遭到大规模的杀戮，我们就难以钟爱自身了。

3. 所以，对于我们很谨慎地为了你们自身的利益而记录下的这一切，你们应该深信不疑。更何况，所有这些事物有的是我们亲眼目睹，因为我们在他们之中和与他们一起旅行了一年又四个月的光阴，其间我们一直置身于他们之中；有的是由我们从他们之中那些作为俘虏的基督徒中所获悉，我们认为这些人是值得信赖的。事实上，我们受教皇之命要仔细地研究所有事物和观察一切；我们一丝不苟地执行了这一命令。本人与波兰的班努瓦[2]教友共同执行这一圣命，他也是同一教会之成员，也是与我们同甘苦共患难的旅伴和译员。

4. 但是，如果为了通报读者，我们记载下了在你们地区前所未见的某些事物，祈望不要以此而称我们为江湖骗子，因为我们告诉你们的事物全是我们亲眼目睹，或者是由那些我们认为可信之士所证实了的情况。当然，如果因为好心不得好报，反遭人咒骂，那未免有些过分无情了！

第一章 鞑靼人地区，其方位、资源和气候条件

1. 这里，我们意欲撰写一部鞑靼人的史著，为了使读者能够流畅地阅读，下面就是我们将要相继写作的内容：一、我们介绍那里的地区；二、讲那里的居民；三、叙说他们的仪礼；四、他们的风俗习惯；五、他们的帝国；六、他们所进行的战争；七、他们所征服并置于自己统治之下的地区；八、他们进行战争的方式。最后讲我们的旅程，在皇帝的宫廷以及我们在鞑靼地区所遇到的见证人。

2. 对于他们的地区，我们打算循序渐进地论述如下：我们将首先讲它的方位，其次讲它的资源，最后再谈其气候。

3. 鞑靼地区位于东方一隅，我们认为那里正是东方偏北的地方。契丹人（Kitai）[3]以及肃良合人（Solangi）[4]地区均位于其东部，南部是萨拉森人（Sarrasins）[5]栖身地，在西部和南部之间是畏吾儿人（Huiur）[6]地区，西部是乃蛮人（Naiman）[7]的省份，该地区的北部由海洋所环抱。

4. 鞑靼人地区的部分地带是高山峻岭，山峦起伏，其余地带则是坦荡的平原，但几乎到处都遍布含砂量很大的砾石地。在该地区的某些地带覆盖有很稀疏的森林，其他地方则没有任何树木。那里所有的人，无论是皇帝、达官显贵还是其他人，都利用

牛屎和马粪火来烹饪食物和围火堆而坐。另外，可供生产使用的土地尚不足整个疆域的百分之一，即使在这一部分土地，若不以流水灌溉也不生长作物，但这里的水量和河流为数甚少，大江大河更为罕见。因此这里不但没有居民休养生息的聚落，甚至基本没有城市，只有一座人们认为还具一定规模的城市，名叫哈剌和林（Caracorom）〔8〕。我们没有见到这座城市，但当我们到达失剌斡耳朵（Syra Ordo）〔9〕时，曾涉步距那里只有半日行程的地方。失剌斡耳朵是他们皇帝的主要幕帐。尽管其余地方无法耕耘种植，但却适合饲养畜群，即使不是十分理想的话，至少也是相当适宜的。

5. 该地区的气候令人感到震惊得变化无常。实际上，在盛夏酷暑，当其他地区令人窒息的暑热袭人的时候，这里却会骤生狂风暴雨，雷电会使许多人死于非命，但同时也会下大量的雪。这里也会有强大的凛冽风暴，以至于难以骑马行进。所以，当我们到达斡耳朵（在蒙古人之中，人们把皇帝和显官达贵们的幕帐称为斡耳朵）前面不远时，由于大风暴的原因，我们被迫躺在地上，灰尘弥天，以至于伸手不见五指。同样是在这一地区，冬季从来不会落雨，但夏季却经常下雨，雨量非常小，仅仅能够潮湿灰尘和滋润草根。同样，这里也经常下很坚硬的冰雹。所以，在推举皇帝和举行皇帝登基大典的时候，恰逢我们恭立于庭院中，下了一场大冰雹，正如我们后来所获悉的那样，由于冰雹的突然融化，使该宫廷中的一百六十多人都被淹没在冰雹融水之中，甚至许多物品及简陋住宅也都被水冲走。即使在夏季，这里的天气也会突然间格外炎热，突然间又严寒袭人。到了隆冬，当在某一地方大雪纷纷扬扬下个不停时，其他地方的降雪量则又很少。

6. 总而言之，作为对这一地区所作的一种结论，可以说此地地域辽阔，但另一方面，根据我们用五个半月的时间而踏遍该地区并亲自进行观察之后，还应该说该地区贫瘠到了难以用言辞表达的程度。

第二章　鞑靼地区的居民、服装、住宅、产业和婚姻

1. 讲完了鞑靼人的地区之后，就要讲其居民了：一、我们将描述当地居民的形貌；二、阐述他们的婚姻；三、介绍他们的服装；四、论述他们的住宅；五、叙说他们的产业。

2. 当地居民的形貌与其他人的形貌大相径庭。事实上，鞑靼人双目之间和颧颊之间的距离要比其他民族宽阔。另外，与面颊相比，颧骨格外突出，鼻子扁而小，眼睛也很小，眼睑上翻一直与眉毛相联结。一般来说，他们都身材苗条，只有个别例外，几乎所有的人都是中等身材。他们之中大部分人都不长胡须，然而，某些人在上嘴唇和颏部长有少量的须毛，注意保护而不肯剪掉。他们如同僧侣一样在头顶上戴一环状头饰，所有人在两耳之间都剃去三指之宽的一片地方，以使他们头顶上的环状顶饰得以相接。另外，所有人同样也都在前额剃去两指宽的地方。至于环状头饰与已剃去头发的这片头皮之间的头发，他们让它一直披到眉毛以下，把前额两侧的头发大部分剪去以使中间部分的头发更加伸长。[1] 其余的头发则如女子青丝一般任其生长，他们把这些

---

① 利斯（见其书第55页）以一种他本人也认为无法理解的方式翻译了这句话，因为他没有理解原作者那稍有一点结构粗糙的句子。但他在注释中提出了两种具有一定可能性的解释，正如普列在其文第232页所指出的那样，第一种解释是很妥帖的。

头发编成两根辫子，分别扎在耳后。他们都长有小脚。

3. 在娶妻纳室方面，每个人都可以拥有他们可以维持其生活的妻妾数目，某人娶纳一百人，某人五十名，某人十人，多少各有所异。一般来说，他们可以与自己所有的女亲戚婚配，唯有生身母亲、亲生女儿或一母同胞的姊妹例外。但他们可以聘娶仅仅是同父而异母的姊妹，甚至在其父死后还可以续娶他的遗孀。另外，当长兄去世后，其弟可以续纳其嫂，除非是另一位年轻的同族兄弟坚持要续纳之。他们可以不加区别地纳娶其他女子，可以把她们从女子亲属那里用重金买来。在丈夫死后，其遗孀们难得二婚再嫁，除非某人希望纳自己的后母为妻。

4. 无论是男还是女，他们的服装都根据同一式样而裁缝。他们不使用风帽和披肩，也不穿长皮袄；而是穿有硬挺织物（bougran）[10]、大红色衣料（pourpre）或华盖布（baldakin）[11]做成的制服，其制作方法如下：这种服装由上而下开口，在胸部以衣里加固。这种制服仅仅在左边由唯一的一颗纽扣固定，右侧有三颗扣子；衣服在左侧开口，一直开到袖子。各种毛皮大衣也都是根据同一样式裁制的，外套短皮袄的毛皮露在外面，同时也在身后开口，另外还有一条下摆从背部一直拖到膝盖。

5. 那些已婚的有夫之妇都有一身很肥大的长衣，一直拖到地上。她们头上戴有一圆形的树枝编织物或树皮制品，长达一古尺（aune，合 1.18 或 1.20 米。——译者），末端呈方形，由下向上逐渐放宽，顶端是一根金质、银质或木质的长而细的小棒，或者是一枝羽毛，这种头饰缝在一直拖到肩部的头巾上。头巾以及我们刚才描述过的首饰又都配饰以硬挺织物、大红衣料或华盖布服装。已婚女子不穿戴这类衣物是绝对不能抛头露面的，因为这是她们区别于其他女子的标志[12]。妙龄少女和青年妇女则很难与男子相区别，因为她们的穿戴很难与男子同出一辙。她们所戴的头巾则与其他民族不同，但我们无法以一种可以令人理解的方式对之进行描述。

6. 他们的住宅为圆形，利用木桩和木杆而支成帐篷形。这些幕帐在顶部和中部开一个圆洞，光线可以通过此口而射入，同时也可以使烟雾从中冒出去，因为他们始终是在幕帐中央生火的。四壁与幕顶均以毡毯覆盖，门同样也是以毡毯做成的。有些幕帐很宽大，有的则较小，按照人们社会地位的高低贵贱而有区别。有的幕帐可以很快地拆卸并重新组装，用驮兽运载搬迁，有些则是不能拆开的，但可以用车搬运。对于那些小幕帐，只需在车上套一头牛就足够了；为了搬迁那些大幕帐，则需要三四头或更多的牛。无论他们走到哪里，去进行征战还是到别的地方，他们都要随身携带自己的幕帐。

7. 在牲畜方面，他们都非常富有，因为他们拥有骆驼、黄牛、绵羊、山羊，至于牡马和牝马，据我看来，世界上的任何其他地区都不会拥有他们那样多的数量。他们不养猪和其他牲畜。

8. 皇帝、头人和其他达官贵人都非常富有，黄金、白银、丝绸、宝石或珠宝应有尽有。

第三章　鞑靼人崇拜的神，他们认为是罪孽的事，占卜术、涤除罪恶和殡葬仪礼等

1. 谈完了居民，就该阐述鞑靼人的仪礼了，我们将以以下方式进行叙述：一、我们先讲鞑靼人崇拜神灵之事；二、他们认为是罪孽的事；三、占卜术和罪孽者涤除罪恶；四、殡葬仪礼。

2. 鞑靼人只信仰唯一的一尊神，它是人世间可见和不可见之万物的缔造者。他们认为它是人世间福祸的主宰者；然而，他们并不以祈祷、赞颂或任何一种仪式来崇仰它[13]。但是，他们拥有一些用毛毡做成的人形偶像，将之置于自己幕帐大门的两侧，并且还在偶像的脚下放置一些用毛毯作成的乳房一类的东西，他们认为这些偶像是畜群的保护者，同时也是奶汁和畜群繁殖的赐予者。但是，他们也用丝绸布制作其他偶像，并且很崇仰它[14]。还有些人把这些偶像装在一辆漂亮的篷车上，置于自己幕帐的大门前。如果某人从中偷走了某些东西，别人就会毫不怜悯地处死他。当住在这些幕帐中的所有贵妇人希望制作这些偶像的时候，便聚集起来并怀着虔诚的感情制造它。在制成之后，她们宰杀一只绵羊，把羊肉吃掉，把羊骨头放在火中焚烧。同样，当一个孩子生病时，她们便按照我上文所述的方式而制作一尊偶像，绑在病童的床上。那些千户长和百户长在他们幕帐的中央始

终要陈列一张公山羊皮①。

3. 他们用从畜群和母马身上初次挤下来的奶供奉这些偶像[15]。当他们开始用膳或饮用什么东西时，也要首先向偶像供奉饭肴和饮料。当他们屠宰一头牲畜时，便用碟子盛放宰祭动物之心脏供奉于车上的偶像前，一直在那里放置到清晨，然后再从偶像前撤下来，烹而食之。他们为第一位皇帝立一尊偶像，然后再隆重地放在幕帐门前的一辆马车上，正如我们在这位皇帝的斡耳朵前面所看到的那样，在那里供奉许多祭品。他们甚至还要把那些至死也无人敢骑的马匹供于偶像前面，同时还用其他牲畜祭祀；如果要宰而食之，绝不能折断牲畜的任何骨头，而是放在火中进行焚烧。另外，他们如同对待自己的神一样身体转向南方而崇拜这尊偶像，让那些当时正在他们家中的大人物们也崇拜它[16]。

4. 所以，在近期，当斡罗思的强大王公之一米歇尔[17]（Michel）前往晋见拔都[18]（Bati）时，鞑靼人先让他从两堆火中通过。然后，他们又命令他面朝南方而朝拜成吉思汗[19]（Chingiscan）。王公回答说他自愿向拔都及其侍臣们跪拜，但不敢向一幅死者的画像朝拜，因为这是基督徒们所不能允许的。虽然人们多次重复让他朝拜的命令，但都遭到了他的拒绝。国王（此处应是指拔都。——译者）又通过叶洛斯拉夫[20]（Ieroslav）的儿子而告知他，如果他不肯跪拜，就要杀死他。但后者回答说他宁肯一死也不违心地从事基督教所不允许的事。拔都当时就派遣了一个卫兵用脚踢其腹部靠近心脏的地方，一直到他一命呜呼为止。在此期间，他的一位在场的随从士兵鼓励他说："坚持下去，因为你不会长时间地忍受这种痛苦，永久的福乐很快就会降临。"接着，又有人用一把刀砍掉了他的头颅，那位士兵同样也

① 所有的手稿中都写作 Hyrcum（或 Hircum），包括卢森堡所藏的手稿在内，意为公山羊皮。人们更喜欢保留这种写法而不是范登温加尔的所谓校正写法。鲁布鲁克（Guillaume de Rubruck）也证实了公羊皮的这种用法，羊皮中充塞着羊毛而作为家神（《鲁布鲁克东行纪》，范登温加尔版本，第2卷，第7页）。

被大刀斩首。

5. 另外他们还崇拜和敬仰太阳、月亮、火和水，甚至还包括土地。他们每天用最早的第一份饭菜和饮料来供奉它们，而且最喜欢在清晨吃饭甚至饮用东西之前举行[21]。由于他们没有崇拜神的法律，所以据我们所知，他们不曾强迫过任何人背弃自己的固有信仰或违背自己的法律，唯有我们上文所提到的米歇尔的情况例外。他们将来会如何动作呢？我们一无所知。然而某些人却认为，如果他们主宰了一切——但愿上帝不会使他们如愿以偿，他们就会让所有人崇拜偶像。

6. 当我们尚在这一地区逗留时，又发生了一件事，有人在拔都面前状告斡罗思的契尔尼戈洛夫（Cherneglov）[22]王公安德烈（André），指控他把鞑靼人的马匹偷运出了境外和将之出口，尽管缺乏佐证，他还是被处死了。当其弟风闻这一消息后，便与受害者的妻子前来拜见拔都，乞求他不要没收他们的土地。拔都却命令青年人按照鞑靼人的习惯聘娶其亲兄嫂为己妻，并且也命令夫人把其弟作为自己的丈夫。女子回答说她宁可以身殉节也不肯违背自己的法规。虽然二人竭力拒绝，但拔都还是把她配给了那位男子。因此，人们把他们二人带到一张床上，强迫青年人上了女子之身，尽管后者一直在呼叫和哭泣。

7. 虽然他们没有指导正确为人处世和避免罪孽的法律，然而他们却具有某些对待罪孽的传统，这都是由他们或他们的先祖想象出来的。其中之一例就是将一把刀插入火中，或者是以一种或另外某种方式用刀触及火，或者是用刀从锅中取出肉和在火旁舞动斧子。实际上，他们认为可以用这种方式砍掉火的头。

同样，依靠在用来抽马的鞭子上（因为他们不使用马刺），用鞭子触及箭支，捕捉或射死雏鸟，用缰绳抽打马匹，用一块骨头砸碎另一块骨头，把奶或某些食物饮料泼到地上，在幕帐内撒尿（这一切都被认为有罪。——译者），如果是有意冒犯，那就要被处死；如果是无意肇罪，那就应该向巫师缴纳一笔巨额款项以涤罪，使其幕帐及其中什物从两堆火中间通过。但是，在举行这一涤罪仪式之前，任何人都不敢进内或从中取走任何东西。同样，如果有人把一块东西递给某人，而他不能吞咽下去却吐了出来，那就要在其幕帐的下面开一个口子，通过这个洞而把他拉出来，然后就毫不怜悯地杀死他。同样，如果某人脚踏一位王公幕帐的门槛，也要以同样的方法处死。他们那里还有许多类似现象，如果全部浏览一遍，那就显得太冗长了。

8. 相反，行凶杀人、入侵他人的领地、以各种不正当的手段巧取豪夺他人的财产，私通、破口谩骂他人、逆神的戒律和意志而行事，所有这一切对他们来说根本不算犯罪造孽。

9. 他们对于永生和无边的苦海则一无所知。然而，他们却相信在死后将生活在另一世界中，并且还在那里饲养自己的畜群、吃吃喝喝，可以从事在本世间人们所做的一切。

10. 他们非常重视预言和预兆，从事巫术、妖术和咒语。当魔鬼回答他们时，他们则认为是神在同他们讲话。他们的神叫做亦托哈[24]（Itoga），而库蛮[25]人则称之为哈木（Kam）[26]。他们令人莫名其妙地对这种神又畏惧又崇仰，向它献祭大量供品和最早的一份食物和饮料，完全按照它的回答来行事。每月在月初或望月的时候，他们便开始从事自己所希望作的一切事，所以他们称太阴为"月亮大皇帝"，对它跪拜和进行祈祷。他们还声称，太阳是太阴的生母，因为后者是从前者那里获得光芒的。大而言之，他们认为火可以涤除一切罪孽。所以，当异邦之使臣、国王或某些其他什么显赫人物到达他们之中时，外来者及其所携礼品必须从两堆火中穿过，其目的是以此得以火净，以防他们可能会从事魔法、带来毒素或某种妖孽[27]。同样，如果天火降临到了畜群或人类头上（这一现象在那里出现得很频繁），或者在他们之中出现了某种类似事故，那就会使他们认为自己受到了道德败坏或厄运的打击，那就需要举行涤罪礼，很可能是通过巫师进行的。可以这样说，他们把自己的全部信仰都寄托到这类事务上了。

11. 当他们之中有人重病濒危的时候，便插一枝长矛并裹以黑毡。从此以后，任何外人都不再敢步入此垂危者幕帐的四周之地。当病者开始进入弥留之际时，几乎所有的人都要远离他，因为任何于他断气时在场者，此后在望月之前都不能进入某位头人或皇帝的斡耳朵。

12. 当病人死后，如果他官居上品①，便把他秘密地埋葬于田野中人们所乐意的地方。届时还要用他的幕帐之一陪葬，使死者端坐幕帐中央，在他面前摆一张桌子、一大盆肉和一杯马奶。同时还要用一匹母马及其马驹、一匹带缰绳和备鞍的牡马等陪葬。当把另一匹马的马肉吃完之后便用稻草把其皮填塞起来，然后再竖于两块或四块木头之上。这样一来，死者在另一世界也可以有一幕帐作栖身之地，有一匹母马以挤奶喝和饲养牲畜，同时也有可供作坐骑使用的公马〔28〕。已被吃掉其肉的马匹的骨头为祭其灵魂而被焚烧。甚至还经常发现一些女子结队而来为祭奠某些人的灵魂而焚烧骨头，正如我们在那里亲眼目睹和亲耳所闻的那样。

我们甚至还发现当今皇帝的父亲窝阔台汗〔29〕（Occodaican）为使自己的灵魂得到安宁而让一片灌木林自由生长，并降旨严禁在那里砍伐任何枝条，如果有人从中折下了一根枝条，便要受到痛打、剥去衣服和遭受虐待，事情正如我们亲眼所见的那样。虽然当时我们急需一根枝条来驱赶抽打马匹，但我们不敢从中砍折一根。他们似乎还用金银的仿制品来陪葬死者。过去用来运载他的马车要拆毁，其幕帐要拆除，在三代人之内，任何人都不敢提到他的讳名。

13. 为埋葬某些贵人，还有其他一些入殓方式。他们神不知鬼不觉地来到旷野中，在那里挖掉一些草皮块，掘一大坑，在此坑的土壁上再往地下挖一个穴，把死者最为宠爱的侍从置于死者身下。此人在其中躺很长时间才会昏厥过去，然后再把他拉出来让他呼吸一些新鲜空气，这样要一共反复举行三次。如果他能幸

---

① 普列文本第240页和利斯文本第80页均更为倾向使用一卷手稿中的说法，即于此处指出死者的上等品位。

免于难而得以脱险，那么他从此就可以自由，可以去从事他所乐意的任何事业了，他从此也会成为幕帐中和死者家属中的颇有声望的人。对于未逃脱死劫者，人们则将其遗体连同上文所罗列的那些物品置于侧穴中。

然后，人们先把前面的坑填掉，再用草皮按原状覆盖，以使从此之后再不会有人识破此地。对于其他各类事项，一切均按上述方式进行，但却将死者的幕帐留于旷野之地。

14. 在他们那个地区，共有两块坟茔地。其一用以殡葬皇帝、头人和领主们，无论他们卒殁于哪里，只要是能办得到的话，总要设法把他们运到这里来安葬，人们总要以大量金银陪葬。此外还有另一墓地，用以埋葬那些阵亡于匈牙利的人，在匈牙利阵亡的将士确实为数甚多。任何人都不敢靠近这些坟茔地，唯有那些安排在那里看墓的守卫除外。如果有人接近墓地，就会被抓住，剥掉衣服并严惩不贷[30]。所以，我们有一次不知不觉地越过了一片埋葬阵亡于匈牙利的将士们的墓界，守坟人便尾随追赶而来，并企图用箭射杀我们，但因为我们是外邦使臣，不熟谙当地习惯，所以才破例对我们放行。

15. 死者的家属及所有那些居住在他们幕帐中的人都必须允许对他们举行火净仪式。这种净礼按如下方式举行：首先点燃两堆篝火，再往火堆旁插两杆长矛，矛尖拴一根绳子，绳索上再拴几片挺拔织物布片，受净化的人、牲畜和幕帐都要从两堆火之间的这根绳子和上面挂着的布片下通过。有两位妇女分别立于火堆的两边，不断向火堆泼水和朗诵某种悲歌。如果有马车恰于此地损坏，或者是有什么东西掉落在那里，巫师便会将之攫为己有。如果有人被雷电击毙，所有那些栖身于这一地区幕帐中的人也都要以上述方式穿过火堆，任何人都不能触及死者的幕帐、床、马车、毡毯和服装。总而言之，对于过去曾属于死者的一切东西，所有人都认为这是不洁之物，所以才避而远之。

第四章　鞑靼人的淳风和陋俗，处世之道和食物

1. 说毕他们的仪礼之后，现在该阐述他们的风俗习惯了。我们将以下列方式进行阐述：一、首先讲他们崇高的风尚；二、他们的恶习陋俗；三、他们的处世之道；四、他们的食物。

2. 本文所涉及的居民，即鞑靼人，他们比世界上的任何民族都更为服从自己的统治者，无论其主子是教士还是俗人。他们非常崇仰长上，从来不会背叛之。他们很少进行口角争吵，从来不会诉诸粗暴行为。他们之间从来不会爆发斗殴、对骂、打架或凶杀。人们甚至在那里也发现不了偷盗农作物的小偷小摸和江洋大盗。所以他们盛放自己财宝的幕帐和马车从不上锁或门栓。当偶尔有牲畜走失，如果有人发现也会让它们自由自在地走去，或者是将之驱赶到专门指派负责收容工作的人那里；失主便可以前往后者家中寻找，会毫不费力地将之领回，使物归原主。他们之间互相尊重，彼此之间非常好客。至于食物，无论他们家中贮藏得多么微薄，也乐于与他人分享。另外，他们也非常刻苦耐劳。所以，当他们有一两天断炊而水米不沾时，也完全不会显得愁苦不乐，而依然是歌唱和游戏，如同已经吃饱喝足一般。骑在马背上，他们可以倔强地忍受风寒；同样，他们也能够经受最为严酷的暑热。他们都不是一些弱不禁风的人，彼此之间从来不会互相

嫉妒，甚至可以说他们之间从来不会有任何诉讼。任何人都不会蔑视他人，而是竭力互相帮助和支持。

3. 他们中的妇女都很贞洁，从来听不到她们因被男子引诱而有越轨行为，而男子有时为了取乐也讲一些比较粗野和诲淫的话。我们在他们之中很少发现，或者根本不会发现骚乱暴动。即使他们有时饮酒而酩酊大醉，但决不会借醉酒撒疯，进行争吵或斗殴。

4. 在描述了他们的淳风之后，现在该阐述其陋俗了。他们是人类中最为盛气凌人和不可一世者，鄙视所有人，丝毫不尊重他人，无论是贵人与否。

5. 我们在皇帝宫廷中幸会了尊贵的斡罗思强大王公叶洛斯拉夫，即谷儿只（Géorgie，格鲁吉亚）国王和王后所生的儿子[31]，此外还有许多身份高贵和显赫的算端（Sultans，苏丹），甚至还包括肃良合人的王子[32]在内。我们发现他们之中的任何人都没有得到鞑靼人的尊重，而本来他们是有这种权力的。那些指派接待来使的鞑靼人，无论身份多么低微，却始终大摇大摆地走在使臣的前面，并始终占据首席和最高的位置；尤为甚者，这些远来的贵客们经常要继他们之后方可就座。

6. 他们对于其他人非常暴躁易怒，性情暴烈；他们同样还爱向其他人说谎行骗，在他们之中几乎发现不了任何真挚直率的性格。在开始时，他们对你阿谀奉承，到后来则又像蝎子一般地蜇人。他们为人狡黠和善于欺生，在有机可乘的时候，便施诡计欺骗所有人。这些人无论在吃喝和其他处世为人方面，都十分肮脏卑鄙。当他们欲加害某人时，便用巧妙的手段自我掩饰，以至于使别人无法自卫或找到逃避其诡计的良策。在他们之中，酗酒则很时兴和受崇，当他们其中之一人暴饮酗酒之后，当场就呕吐，但并不因此而弃杯止饮。他们格外贪婪和吝啬，这是一些最为贪婪地向别人索求东西的无耻之徒，而同时又最为珍爱守护自己的东西，在馈赠他人时则非常小器。对于他们来说，杀死一个人无关紧要。总而言之，列举他们的陋俗恶习太费笔墨，我们确实无法将之一一记录下来！

7. 他们的食物是用一切可以吃的东西组成的。实际上，他们烹食狗、狼、狐狸和马匹的肉，必要时还可以吃人肉。所以，当他们举兵进犯契丹皇帝臣民们的一座城市时，由于他们围城的时间拖延太久，鞑靼人自己的给养也匮缺，已经粮绝草尽，没有任何可吃的东西了，于是便从十个人中选择一位供大家分吃。他们甚至还把母马生驹时分泌的液体及其马驹同时吞噬。更有甚者，我们还发现这些人吃虱子。他们确实曾说过："既然它们吃过我儿子的肉和喝过他的血，难道我不应该把它们吃掉吗？"我们甚至还发现他们捕鼠为食。

8. 他们就餐时既不用台布，也不使餐巾。他们的食物中既没有面包，也没有蔬菜或可作蔬菜用的其他植物，没有任何这类食品，唯有肉类，但他们吃的肉很少，而其他民族依靠这点肉类则只能勉强维持生活。因为他们在进食时，肉汁常常弄脏双手，于是便擦在自己的套鞋上、草上或其他地方。他们一般都要仔细收藏一小块破布，当他们吃完肉之后便用来擦手。他们之中的一部分人切割食物，另一部分人用刀尖取食物小块，然后再向各个人分发食物，根据他们对各人的尊重程度不同，所分给各人的食物也大小多寡各异。他们从来不用水刷洗盘碗器皿，如果有时用肉汤来洗之，洗完后还要把刷碗水与肉一起倒回锅内①。如果他们希望洗刷炊具时，也是以这种方式来洗锅、勺和其他器皿。对于他们来说，浪费饮料、食物是一大罪孽。所以，在吸尽骨头中的骨髓之前，他们绝不会把骨头抛给狗啃。他们既不肯自己洗衣服，也不许别人洗，尤其是在暴风雨即将来临的季节更为如此，一直要等到这个时期的结束为止[33]。如果他们有的话，就大量

---

① 这句话语意含糊不清。某些手稿中还具体解释说，鞑靼人要把盘碗炊具与肉一起放在小锅内，利斯（见其版本第100页）非常乐于接受这种解释。但纪尧姆·德·鲁布鲁克（《行纪》，范登温加尔版本，Ⅶ，2）似乎手下掌握有这本著作，所以正确地指出鞑靼人在一个大木桶中用菜汤洗刷炊具，然后再把汤倒回肉锅中去。柏朗嘉宾本人证实了这一习惯，同时他也指出小锅本身也是放在肉汤中洗的，并解释说这原是为了不使任何东西浪费掉。

饮用马奶；同样也喝绵羊奶、牛奶、山羊奶，甚至骆驼奶。他们没有果酒，也没有啤酒或蜜酒，除非是由其他地区向他们运送或者是向他们送礼。另外，到了冬季，他们中的一般人都没有马奶喝，唯有富豪例外。他们还用水煮小米饭，但由于煮得稀薄故只能喝而不能吃了。他们每人每天清晨喝一两碗，白天却什么也不吃，晚上再向每个人分食一点肉，喝些肉汤。但在夏季，由于他们拥有充足的马奶，所以很少吃肉，除非别人赠送或猎到几种禽兽。

9. 他们的法律和习惯之一是杀死被当场捉奸的通奸男女。对于一位未婚少女的情况也如此，如果她与某一位男子私通，那就要把她与奸夫一起杀死。如果当场抓获了那些偷盗农作物或在他人领地上行窃者，也要毫不留情地把他杀死。同样，如果有人泄露了他们的机密，特别是泄露了他们准备出发作战的机密时，就要在臀部打一百杖，让一个身强力壮的大汉用粗棒尽可能用力地去打。同样，当某一位地位较低的人犯有某种过失时，其上司不会饶恕他，而是对他诉诸严刑峻法。在由妃妾和正妻所生的儿子之间没有任何区别，父亲送给他们各自所希望的东西。如果涉及的是一个王公家庭，妃妾的儿子也可以与正妻的儿子一样而成为王子。因为同一位鞑靼人可能有多房妻室，每一位妻子都有自己的幕帐和自己的一家人。丈夫每天轮流与一位妻子喝、吃和就寝，第二天再轮到另一位。然而，他却有一位正妻，丈夫与她同居的时间要比她人更为经常一些。虽然她们数目众多，但在她们之间却不会有任何争风吃醋的现象。

10. 男子除了从事造箭或照料畜群的某些轻微劳动之外，一般不参加任何其他劳动。但他们有时也从事狩猎和练习骑射。他们所有的人，从最为幼小者到比较年长者，统统都是优秀的射手，他们的孩子刚刚长到两三岁的时候，便开始骑马而行、驾驭马匹和纵马驰骋，人们送给他们一些适合其身材的弓弩，并向他们传授骑射之艺，后者举止敏捷，同时也表现得非常勇敢。

11. 少女和妇女也像男子一样敏捷地骑马和驰骋。我们还发现她们都随身携带弓弩和箭囊。无论是男还是女，他们都可以长时间地骑在马背上。他们都有些很短的马镫，非常精心地照料马匹，同时也精心地维护各种物品。他们的妻子从事各种劳动，如缝制皮袄、衣服、鞋、马靴等各种皮货；她们甚至还会驾驭大车和进行维修，为骆驼装驮，在一切工作中都很敏捷和迅速。所有的女子都在家中大权独揽，某些人还像男子一样射箭。

第五章　鞑靼帝国及其诸王的起源，皇帝及其诸王的权力

1. 论述完鞑靼人的为人处世，现在该阐述其帝国了。一、我们首先将谈其政府；二、其总督；三、皇帝及其总督的权力。

2. 在东方地区有一个国家，我们上文已经讲过，它叫做蒙古[34]（Mongal）。该地区过去有四个民族栖身：其一为也可蒙古[35]（Yekamongal），也就是大蒙古人；其二是速蒙古[36]（Sumongol），也就是水蒙古人，他们自称为鞑靼人，此名起源于流经其域的鞑靼河[37]（Tartar）；另一个民族叫做蔑儿乞[38]（Merkit）；第四部为蔑克里[39]（Mecrit）。所有这些民族都有同一种体貌和语言，虽然根据他们的地方及其首领则是有区别的。

3. 在也可蒙古地区，有一个人叫做成吉思[40]（Chingis），他开始成为“上帝面前的勇敢猎人”①。事实上，他教会了所有人去行窃和劫掠。他入侵其他地区，不停地掳掠人民，并且尽可能把他们征募入伍。他使本族人归附自己，使之像头人一样在各种抢掠中尾随其本人。他开始兴师攻击速蒙古人（即鞑靼人），首先他把一部分人集中到自己周围，然后又杀死了其首领。在一场久经征杀的战争中，他使所有的鞑靼人都归附了自己，并将他

① 《创世记》，第十章，9。

们沦至奴隶地位。然后，他又利用所有这些人的帮助而对栖身于鞑靼人附近的蔑儿乞人发动了攻击，用武力征服了他们。由这里兴师，他又对蔑克里人发动了进攻，同样也战胜了他们。

4. 当乃蛮人获悉成吉思如此发迹之后，感到非常激动；他们自己（过去）也有过一位皇帝[41]，既是一位强大者，也是一个敢于闯荡的人，上述各民族都向他纳贡。这位皇帝晏驾时偿还了自己的所有血债。他的儿子们继任他而登上了王位，但他们都很年幼，尚缺乏判断力，无法控制自己的领土，而且他们之间又互相对立和四分五裂。然而，恰恰就在上述成吉思汗取得如此巨大成功的时候，他们也不甘落后地对上述地区进行入侵，屠杀那里的男女和儿童，夺取战利品。

5. 成吉思汗风闻这一消息之后，便集合了自己所有的部下。乃蛮人和哈剌契丹人（Kara-Kitai，黑契丹人）[42]的两支大军也会师于两山之间的一峡谷中以袭击成吉思汗①。我们奉诏觐见皇帝时就曾经过此山谷，“双方进入了战斗”②。乃蛮人和哈剌契丹人被蒙古人打得大败，大部分士卒阵亡，其余没有逃脱的人都被沦为奴隶。

6. 在哈剌契丹人地区，成吉思汗的儿子窝阔台在荣登帝位之后下令筑一城，名为斡密立[43]（Omyl）。在该城以南是一片沙漠大碛，人们一口咬定那里居住有未开化的人，这些蛮夷人没有任何语言，甚至在腿部也没有关节。如果他们不慎跌倒在地，无他人助一臂之力是不可能重新站立起来的；然而，他们的智力却相当发达，可以制造驼毛毡毯以蔽体遮羞，甚至还可以挡风。如果鞑靼人冒险向他们发动攻击并用箭射伤他们，后者只需要在伤口处放一撮草，然后就全速飞快地逃走[44]。

7. 蒙古人回到他们本土稍事休整之后，便厉兵秣马准备对

---

① “prelium”这个词肯定是由范登温加尔错误地保留下来的一种增添，至少这不是柏朗嘉宾本人由于心不在焉的结果所造成的。

② Ⅲ，《列王记》，XXⅡ，35。

契丹①发动战争，他们拔营兴师，进入契丹人疆土。当契丹皇帝闻奏这一消息之后，也统率王师前往迎敌，于是便“爆发了一场艰巨的战斗”②，蒙古人于此战败，军中所有的蒙古贵族都被杀，唯有七名幸免。所以，从此之后，当人们恫吓他们时就说：“如果你们进入这一地区，那就会被杀死，因为那里居住有一个人数众多的民族，他们都是一些能征惯战的尚武之士。”而后者也回答说：“我们从前遭到了杀戮，当时仅仅幸存下来七位，现在却又发展得人丁兴旺了，所以我们不害怕这种打击。”

8. 但成吉思汗和留在他们（指契丹人。——译者）国内的那些人都望风而逃了。稍事休整之后，成吉思汗又重新准备战斗，并且出师远征畏吾儿人〔45〕（Huiur），后者属于景教派的基督徒。成吉思汗征服了他们，但他自己的人却采纳了畏吾儿文的字母，因为蒙古人从前没有文字，而现在则称这种文字为“蒙古字母”〔46〕。再从那里兴师，他又发大兵进攻撒里畏吾儿人〔47〕（Sarihuiur）地区、进攻哈剌尼惕人〔48〕（Karanit）地区、进攻斡亦剌人〔49〕（Voyrat）地区和进攻哈讷讷人〔50〕（Kanana）地区。他用武力征服了所有上述疆土。

9. 成吉思汗从那里班师回归本土，在休整了一段时间之后，他又召集了自己的所有臣民，再次出发共同对契丹兴问罪雪耻之师去了。在经过长期浴血奋战之后，他在该国的一大部分领土上取得了胜利，甚至还将契丹皇帝围困于京师，围攻了许久，以至于使他们自己军队的给养也消耗殆尽。因为他们再没有任何东西可吃了，成吉思汗便命令全军将士在十人中选择一人分而食之。但当地居民用各种兵器和弓箭顽强地抵抗他们的入侵。当缺乏滚石时，便用银锭，甚至已经融化的银浆袭击敌人，因为此城内财富遍地。蒙古人在经过久战而未能以军械获胜之后，围城者又挖掘了一条长长的隧道，从其军营一直通向城中央，并且偷偷地掘

① 本书中的 Kitai 一词的字面意义系指契丹，实际上是指中国北部地区，但我们的译文中仍作“契丹”。——译者。

② Ⅲ，《列王记》，XXⅡ，35。

开了地面，于是士兵便像潮水一样涌至城中心，与城中居民鏖战。城外的士兵同样也配合对城中居民发动进攻，他们攻破了城门，进入城内，皇帝和大批居民惨遭杀戮。他们夺城之后又将城内金银和各种财富洗劫一空[51]。鞑靼军队在把自己的臣民移居到契丹国土居住之后，便班师回朝。于是，契丹的强大皇帝被击败了，成吉思汗便被拥立为帝。但一直到现在，他们尚未征服契丹国的另外半壁江山，因为它位于海面[52]。

10. 我们上文所提到的契丹人都是异教徒，他们拥有自己特殊的字母，似乎也有《新约》和《旧约》，同时也有神徒传、隐修士和修建得如同教堂一般的房舍，他们经常在其中进行祈祷。他们也声称拥有自己的圣人，崇拜唯一的一尊神，敬重我主耶稣——基督，信仰永恒的生命，但却从不举行任何洗礼。他们敬重和崇拜我们的《圣经》，爱戴基督徒，经常大量施舍。他们表现为通融之士和近乎人情。他们不长胡须，面庞形状非常容易使人联想到蒙古人的形貌，但却没有后者那样宽阔。他们所操的语言也甚为独特。世界上人们所习惯从事的各行业中再也找不到比他们更为娴熟的精工良匠了。他们的国土盛产小麦、果酒、黄金、丝绸和人类的本性所需要的一切[53]。

11. 在经过一段略有懈怠松弛的时间之后，成吉思汗又兵分几路。他的一位儿子名叫术赤[54]（Tossu），又称作“汗”[55]（Chan），即皇帝，被他点将统兵前往进攻库蛮人，在经过一场旗开得胜的战争之后战胜了他们。在战胜库蛮人之后，术赤班师回朝。

12. 成吉思汗令他的另一个儿子统率一支大军进攻印度人（Indiens），他征服了小印度，那里居住有被称作埃塞俄比亚人[56]（Ethiopiens）的黑萨拉森人。然后，这支远征军又长驱直入地前往进攻定居于大印度的基督教徒。消息传来，这后一个地区的国王｛一般又通称为约翰[57]（Jean）长老｝便率自己的军队迎战鞑靼人。他们制造了一些骑在马鞍上的模拟铜人，然后又置于马背上，铜人内装有火种，让备有风箱的兵士骑在马匹的后部。国王就携带大批类似的模拟铜人和经过这样装备后的马匹前来迎战我们所说的鞑靼人。进入阵地之后，把这些马摆在最前列，骑在马后部的人向铜人内的火种中投入了一种为我本人所不知的配料，并用力煽动风箱。其结果是这种希腊火硝（古代战争中用以火攻的物品。——译者）焚烧了人和马，整个天空烟雾弥漫。其余印度士兵又对鞑靼人乱箭齐发，死伤者不计其数。因而才把鞑靼人从自己领土上驱逐了出来。我并不知道鞑靼人后来是否曾卷土重来〔58〕。

13. 当我们在皇宫时，据一些长期生活在鞑靼人中的罗塞尼亚人（Ruthènes）神甫和其他人向我们证实，当鞑靼军队横穿大漠归国途中，他们曾经过一个地区，在那里发现了一些奇形怪状的人，外貌都如同妇女一般。经过十分费力地翻译，鞑靼兵卒询问她们，当地的男子到哪里去了。她们回答说：在这一地区，女性生下来之后具有人形，而男性生下来之后则呈犬状。然而，正当他们在该地停留的时候，大群狗从江河的彼岸聚拢而来。虽然正值隆冬寒天，狗却举身赴水，然后又立即在尘埃中打滚，以至于使变成泥泞的尘土冻在了自己身上。多次重复这种动作之后，在它们身上形成了厚厚的一层坚冰，它们便凶猛地扑上前去与鞑靼人搏斗。但当鞑靼人向他们射出了几支箭之后，箭像射到顽石上一般而反弹了回来，其他武器也不能命中它们。狗群扑向鞑靼人，咬伤或咬死了许多人，这样一来狗群便把外来人从自己的领土上驱逐了出去。所以在鞑靼人中还有这样一句俗话：“尔父或尔兄是被狗咬死的。”然而，鞑靼人所俘虏的女子却被裹胁到自己的地区，一直在那里居住到死为止〔59〕。

14. 这支蒙古军队在回师途中来到了波黎吐蕃（Burithabet）〔60〕，并且用武力征服了这一地区的居民。后者不但是异教徒，而且还有一种令人难以置信或者更正确地说是令人厌恶的习俗：如果某人的父亲去世后，儿子和所有的亲属便分而食之。这就是当地人向我们证实的情况。这一民族下巴都没有须毛，不但如此，正如我们所亲眼目睹的那样，他们手戴一种铁质的器械，如果偶尔有一两根汗毛长了出来，便用此器拔掉。同样，这些人的长相也格外丑陋。蒙古远征军从那里返回了本土。

15. 就在成吉思汗调拨其余诸路兵马的时候，他也穿过乞儿吉思人[61]（Kergis）地区而御驾东征，但未能奏捷。据那里的人对我们所言，成吉思汗大军一直挺进到里海山脉一带。此山在他们进入的一侧是由磁铁石形成的，所以军中的箭和其他铁制兵器都被吸住了。栖身于里海山脉中的居民似乎听到了军队的喧闹声，于是便开始挖毁大山。当鞑靼人于十年之后返回那里时，发现大山已被夷平。但是，虽然鞑靼人试图接近大山，却无能为力。实际上，他们面前弥漫着一片云雾，根本不可能穿越，因为一旦踏进那里便一片漆黑，什么也看不到了。大山另一侧的其他人以为鞑靼人害怕接近，便对他们发动了进攻，当他们刚刚到达云雾处，由于上述原因也无法前进寸步了。另外，在抵达上述山脉之前，鞑靼人在一片辽阔的大漠中跋涉了一个多月[62]。

16. 鞑靼军队从那里出发继续孤军东进，他们又用了一个多月的时间穿过了一片大沙漠而到达了某个地区。据他人向我们证实，人们在该地区发现了一些绝无人迹的道路；然而，经过在当地的仔细搜索，他们发现了夫妇二人，军卒们便把他们带来见成吉思汗。成吉思汗询问当地居民躲到哪里去了。他们回答说都居住在山下的地洞内。成吉思汗于是便扣留了那个妇女，令那位男子去传他的旨令，让当地人都来受降。男子奉诏而去，向其余人转达了成吉思汗对他们下的命令。他们回答说将于某一天前来归附。但在此期间，他们却通过地下隐蔽的通道而集合起来，前来与鞑靼人作战。他们出其不意地冲向鞑靼人，杀死了一大批。其余人，也就是说成吉思汗及其部下发现他们非但一无所获，而且还损兵折将，死伤不少。鞑靼人甚至无法忍受太阳的隆隆响声，因为他们发现当旭日冉冉东升时，他们必须一只耳朵俯贴在地上，用力堵住另一只耳朵，以不至于听到那令人毛骨悚然的嘈杂声。由于他们没有采取必要的预防措施，所以又导致了大量的死亡。因此，他们便决定溜之大吉，从这一地区开拔了。他们裹胁所抓获的人（即那一男一女）同行，后者一直在鞑靼人地区居住到死。人们追问这一对男女，当地人为什么居住在地下，他们回答说：每年在一段时期中，当太阳升起时，发出的阵阵隆隆响声使居民无法忍受，正如我们刚才谈到鞑靼人时所介绍的那样。另外，他们还演奏各种乐器以避免听到这种隆隆声[63]。

17. 当成吉思汗从该地区返回本土时，由于缺乏粮食给养，所以遇到了一次大饥荒。当士兵们在途中偶然发现了一串某只动物的尚新鲜的肠子时，在简单地洗刷了一下粪便之后便煮好送给成吉思汗，他与自家人一起吃了。所以成吉思汗颁降诏令，除了粪便之外，已宰杀了的牲畜身上一切可吃的东西，包括血、肠子都不准弃掉。

18. 成吉思汗回到本土之后，并在那里制订了鞑靼人所必须严格遵守各种各样的法律和敕令。我们仅仅引证其中的两条。据其中一条规定，无论任何人，如他骄傲自大，以至于未经宗王们的推选而主动提出想成为皇帝，就应该毫不留情地处决之。正是由于这一原因，在推举贵由汗（Cuyuccan）[64]之前，一位宗王，即成吉思汗本人的侄子就被斩了[65]。实际上，他希望不经被推举而执掌社稷大权。另一条敕令规定他们应该去征服一切土地，不与任何没有归附自己的民族缔结和约，只要他们自己未被彻底消灭，无论时间多长也要坚持下去。

19. 因此，鞑靼人南征北战长达四十二年之久，并在此后而又强行统治了十八年。当地人说，根据过去对他们作出的预言，以后他们可能要被另一个为他们所不知道的民族所战胜。他们还声称，那些将来可能会幸免恶劫的人将要实施战胜他们的人的法律。成吉思汗还规定，他们的军队应该分拨给千夫长、百夫长、十夫长和“土绵”也就是“万夫长”（Tumun）①[66]们指挥。他还规定了许多条文，如果一一介绍则显得过分赘言了，而且我们也不会全部弄懂。继此之后，当他完成了制订其条文和敕令之

① 这一数词出现在一系列职务名称之后，肯定是一个插入词，此词来自下文所枚举的数字。

后，便被雷电击毙。

20. 此人膝下共有四子。其一叫窝阔台[67]（Occoday），次子叫术赤汗[68]（Tossucan），另外一子叫察合台[69]（Chiaaday），对于第四子的名字，我们不知道[70]。蒙古人的全部首领均出自这四子的世系。长子窝阔台又生有下列诸子：长子贵由[71]（Cuyuc，即当今皇帝），阔端[72]（Coeten）和昔列门[73]（Chiremen），我们不知道他是否还有其他儿子。术赤汗的儿子计有：拔都[74]，这是除皇帝之外蒙古人中最富有和势力最强大的人物；鄂尔达[75]（Ordu），这是蒙古头人中资历最深者；昔班[76]（Siban）、不剌[77]（Bora）、别儿哥[78]（Berca）、唐古忒[79]（Tanhut）；对于术赤汗其余儿子的名字，我们一无所知。察合台的儿子共有以下两位：不里[80]（Buri）和合丹[81]（Cadan），我们不知道他其余儿子的名字。成吉思汗另一位我们不知道其大名的儿子的儿子们如下：其一称作蒙哥[82]（Mengu），其母即为唆鲁禾帖尼[83]（Soroctan），除了拔都之外，这位夫人是鞑靼人中继皇太后国母之后最为高贵和最有权势的女子；另外一位儿子叫拨绰[84]（Bechac）；他可能还有其他儿子，但我们不知其名。

21. 下面就是鞑靼人诸首领的名字：鄂尔达，他曾远征波兰和匈牙利；拔都、不里[85]、昔班[86]（Syban）、唐古忒[87]（Dinget），他们全都到过匈牙利；绰儿马罕[88]（Chirpodan），他尚在海外与萨拉森人地区的算端及其他外邦人鏖兵酣战。下列首领都在国内：蒙哥[89]（Mengu）、昔列年[90]（Sirenen）、忽必烈[91]（Hubilai）、昔列门[92]（Siremun）、胜那忽儿[93]（Sinocur）、脱哈帖木儿[94]（Tuhatemur）、哈剌海[95]（Caragai）、在他们之中誉为“武士”的老人速不台[96]（Sibedei）、不剌[97]（Bora）、别儿哥[98]（Berca）、马兀赤[99]（Mauci）、阔连察[100]（Coremsa），后者也是他们之中的最后一位。此外还有其他首领，但我们不知道他们的名字。

22. 这些鞑靼人的皇帝对所有人都具有非凡的权威。任何人都不敢在由皇帝为他指定的地点之外的任何地方居住。皇帝本人为那些〔大〕首领们指定驻扎地，大首领们又为千户长们指定驻地，千户长又为百户长，百户长为十户长依次指定驻地。另外，虽然皇帝为臣民们时时处处都作了规定，无论是去进行征战、是活还是死，他们都不会制造障碍而只能俯首帖耳地服从。即使皇帝要求他们未出阁的少女或姊妹入宫，他们也会毫无怨言地接受。另外，每年或每隔数年，则需要把整个鞑靼人地区的少女都集合起来，如果皇帝想留下哪一个就可以留下，或者是把其他少女送给他自己的人，一切都由他随心所欲地支配。

23. 至于皇帝的使节，无论他们是什么人或到哪里去，无论是奉诏出使还是驻扎某地，都必须立即向他们提供驿站马和给养。同样，还必须对于那些从外地来到他们之中的所有人都提供马匹、车辆和给养，如朝贡使或其他使节。但外来使节的食物和服装都非常匮缺，因为当地人对他们的供应极为微薄，而且也很吝啬小气。尤其是当他们到诸王那里时，必须延长自己的等待时间，对于十个人，当地人只供给他们仅够两人生活的用品。即使在诸王的宫廷中或在旅途中，当地人每天只给他们吃一顿饭，而且数量也少得可怜。另外，即使他们当面承受某种侮辱，也没有任何办法进行申诉，因此必须忍气吞声地承受。除此之外，当地人还索取大量礼品，既要送给诸王，又要送给官职高低大小不等的其他人，如果使臣不肯以厚礼馈赠，他们就会鄙视你，会把你看得一钱不值，草芥不如。如果赠礼是代表一位大人物相送的，他们根本就不会接受微不足道的薄礼，而是说："你从一位大人物那里而来，而所给却如此微薄！"所以，他们甚至不屑屈尊收取。如果使节希望不辱使命而圆满地完成出使，那就需要他们更为慷慨解囊地以厚礼相赠。所以，我们被迫把自己的一大部分东西作为礼物馈赠他们，而这些东西本来是由信徒们施舍给我们作盘费而使用的。

24. 还应该知道，这里的一切完全都是皇帝的财产，任何人都不敢妄言称道："这是属于我的"，或者"那是属于他的"。而一切都是属于皇帝的，无论是人还是畜类都一概如此。在此问题上，现有由皇帝近期所颁布的一道敕令，根据此诏令，大首领们在一切方面对于自己的属民都具有同样的权力，因为鞑靼人是由大首领们分而治之的。对于大首领的使节，无论他们被派遣到哪里，皇帝的人和其他人都应该毫不拖延地向他们提供驿站马和给养，此外还要为他们提供马夫和这些使节的个人侍奉。大首领或其他人都应该向皇帝进献母奶马以为他供奶一年、两年或三年，完全听凭皇帝的喜恶所断。大首领所辖的人也必须对他们的主子这样做。事实上，在他们之中任何人都不是自由的。简而言之，皇帝和大首领们所需要的一切东西和全部数量都是从他们的财物中掠取的，至于这些人本身，前者也可以随心所欲地完全占有他们。

25. 当我上文所提到的那位皇帝晏驾时，各家大首领们聚议朝政，推举这位成吉思汗的儿子窝阔台登基称帝。窝阔台与诸宗王商议之后，便对军队进行整编。他诏令地位仅次于他的拔都统兵进攻大算端（Altisoldan）的地盘和木速蛮人[101]（Bisermin）的领土，后者都是萨拉森族人，但却操库蛮语。在大兵进入他们地区之后，拔都便对他们发动了进攻，并且用武力征服了那里。有一座叫做巴耳赤邗[102]（Barchin）的城市则负隅顽抗了很久，因为当地居民环城挖掘了许多陷阱，上面又巧加掩盖。当其他人来到城前，便会陷入陷阱。所以，在填平沟壕之前，他们是不能攻破城池的。

26. 听到这一消息之后，另一座被人称为养吉干[103]（Ianikint）的城市中的居民们便出城迎接和投降他们，并且主动将城池拱手相送。所以，该城未被摧毁，但鞑靼人却杀死了许多居民，并且把其余人流放它地。在对该城洗劫一空之后，又让其他居民迁居该城，于是便撤兵进攻斡尔纳思城[104]（Ornas）。此城池人烟特别稠密。那里居住有许多基督教徒：除了萨拉森人之外，还有可萨人[105]（Gazar）、罗塞尼亚人[106]、阿兰人[107]（Alains）和其他民族，但此城过去却属于萨拉森人所独占。此城财富遍地，它实际上坐落在一条江畔，而该江却流经养吉干城[108]和木速蛮人疆土，最后一直注入大海[109]，因而在那里形成了某个港口。其他萨拉森人在该城内拥有一个大交易市场。由于鞑靼人无法战胜该城居民，于是便截河水淹城池，把这条河拦入城内，将全城的居民和财产都淹没。截河淹城大功告就之后，他们接着便进入途鲁吉（Turc，突厥人）地区，途鲁吉人也是异教徒。

27. 在战胜这一地区之后，他们又去征讨斡罗思人地区，并且在该地区大肆杀戮，摧毁了无数城市和乡村，屠杀生灵，并且围困了斡罗思的首都乞瓦[110]（Kiev），在经过长期围困之后，便夺得城池并屠杀其居民。所以，当我们途经此地时，曾经在原野上发现过无数死者的头颅和遗骸。此城过去非常庞大和居民异常稠密，而现在它几乎已被夷平。那里可能最多还有二百间房舍，居民处于一种严酷的奴隶地位。鞑靼人从那里边战斗边向前推进，使整个斡罗思地区都遭到了掠劫[111]。

28. 然后，我上文所提到的那些大首领又统大兵越过斡罗思和库蛮尼牙[112]（Coumanie）向前挺进，与匈牙利人和波兰人展开了激战。许多鞑靼人在匈牙利和波兰阵亡。如果说匈牙利人没有逃走，而是勇敢地抵抗，那么鞑靼人就很可能从他们的领土上撤退出去，因为鞑靼人闻风丧胆，以至到了所有人都准备逃命的程度。但拔都却在他们头上挥舞宝剑并对他们下令："不准溃逃，因为如果你们一逃，任何人都不会得以幸免；如果我们要疆场捐躯，那就死在一起吧。成吉思汗的预言可真要兑现了，因为他曾警告：我们将会被杀死。如果这一时刻已到，那我们就听天由命吧。"这样，他们又鼓起了勇气，坚持下来了，并且还蹂躏了整个匈牙利[113]。

29. 从那里回师后他们到达了莫儿多瓦人[114]（Morduan）地区，莫儿多瓦人也是一些异教徒。鞑靼人以武力征服了这一民族。再从那里出发，他们继续向前挺进去进攻必列儿人[115]（Biler），也就是大不里阿耳（La Grande Bulgarie），把这一地区彻底毁灭和劫掠一空。再从那里出发，他们还向北深入前往攻击巴失乞耳人[116]（Bascart），也就是大匈牙利（La Grande Hongrie），也用武力征服了这些地区。

30. 再从这一地区出发，鞑靼大军继续向北长驱直入，到达了巴罗昔惕人[117]（Parossit）的家园。据他人向我们介绍，这个民族人的胃囊和嘴巴都很小。他们不吃肉，但却令人煮肉，当肉煮好时，便站在煮肉锅的上面吸闻肉香味，他们终生就以此唯一的方式维持生命。然而，如果他们也吃一点什么东西，其量则实在是少得可怜。

31. 他们然后再向萨莫耶德人[118]（Samoged）栖身地前进。据说，这些人仅仅以狩猎为生，他们的帐篷和服装也仅仅是以兽皮做成的。鞑靼人继续向更远的地区深入，来到了海面上的一个地区。据他人以肯定的口吻相告，那里都是一些怪物，他们也完全具有人形，而腿部却逐渐变成了牛脚；他们虽然长有一颗人头，但却长有狗面[119]。他们以人的发音方式讲完两个字之后，等到讲第三个字时便如同狗一般地吠叫起来，因此他们断断续续地发出阵阵狂吠。但是，当他们再回到自己话题上的时候，我们就可以理解他们企图表达的意思了。鞑靼人从那里回到了库蛮尼牙地区，他们之中的某些人一直在那里逗留到现在。

32. 在这一时期，窝阔台差遣绰儿马罕[120]（Chirpodan）统率一支大军南征乞儿吉思人，窝阔台以武力征服了这一地区。这些人都是异教徒，光下巴上没有胡须。他们的风俗习惯如下：当某人的父亲死亡后，悼痛使其儿子们从面部撕下一条肉，从一个耳朵撕到另一个耳朵，以剺面表示哀悼。

33. 在战胜这些民族之后，绰儿马罕又驱兵南进前往进攻阿蛮人（Armeniens，亚美尼亚人）[121]。据他人向我们证实，当他们跋涉沙漠大碛时，又发现其他一些人形魔怪，后者仅仅在胸部中央长有一条胳膊和一只手；他们只长有一只脚，两人共拉一张弓。这些魔怪健步如飞，甚至连马匹也追赶不上。实际上，他们以独脚蹦蹦跳跳地跑，当他们这样跑得疲乏无力时，便手足并用地前进，完全是以身体为轴心而旋转的。伊希多尔（Isidore）称这些怪物为独足人①[122]。当他们用这种方式跑到疲劳时，便重新变换以第一种方式奔跑。鞑靼人杀死了其中的几位，据与我上文所提到的那位皇帝一起生活在皇宫深苑里的罗塞尼亚神父所告诉我们的情况，这些魔怪中的几位使节曾出使上文所提到的那位皇帝的宫廷，以求与他媾和。

从那里出发，他们一直前进到过去用武力征服了的阿蛮尼牙（亚美尼亚），同时还进入了谷儿只的部分领土，另一部分已自动前来归附。当地居民答应每年进贡四万伊贝贝尔（Yperpères），直到现在仍在如数缴纳[123]。

34. 从后一地方出发，又向鲁迷算端（Sultan d'Urum）地区进攻，此人名望甚高而且势力也颇为强大。鞑靼人同他进行交兵之后便战胜了他[124]。他们乘胜前进，所向披靡，一直胜利进攻到阿勒颇[125]（Alep）算端的领地上。他们目前尚占领这一地区，并正在运筹进攻较此以远的其他地区。从此之后，一直到今天，他们一直没有返回自己的故乡。同一支军队又向报达（Baldac）哈里发（Calife）的国家进攻，同样也征服了该地[126]。当地居民每天向他们进贡四百个金币（besant），尚且没有把华盖布和其他礼品计算在内。鞑靼人每年都向哈里发派遣使节，催他前来朝见，后者每年都送来厚礼及贡品，并请求饶恕。皇帝接受了全部礼品，然而却仍催促哈里发前来晋见。

① 伊希多尔事实上讲的是只有一只眼睛的独眼人和仅有一只腿的独腿人，后者仅以这一条腿来行走和遮蔽太阳（《人种学丛书》，Ⅺ，Ⅲ，16 和 23）。

第六章　关于战争、军队的结构和武器，关于战争的韬略和部队的集结，对战俘的残酷性，对堡寨的包围和对于投降者的背信弃义

1. 讲完战争（原文如此，沙斯契娜俄译本中作“权力”。——译者）之后，应该这样来阐述战争：一、军队的组织结构；二、武器；三、部队的韬略和集结；四、对战俘所施行的残酷虐待；五、对堡寨和城市的包围；六、对投降他们的人的背信弃义。

2. 成吉思汗这样确定了他的部队结构：在每十人之首设置长（在我们这里被称为“十夫长”）；在十个十夫长之首便设置一位“百夫长”；在十个“百夫长”之首再设置一个被称为“千夫长”的官；在十个“千夫长”之首再设置一位官吏，在他们之中称这一官吏为“土绵”（tumen），即“万夫长”[127]。在整支军队之首，又设置两三位大首领，但二者之中必有其一的权力要超越其他人。

3. 当他们进行战争时，如果在十个人中有一名、两名、三名或数名逃走，整个十夫集团都要被处死；如果十个人都逃走，除非百夫集团中的所有人也都逃亡，否则所有的人都要被处死。总而言之，除非是全军总退却，所有临阵逃脱的人都要被处死；同样，如果一个人、两个人或数人都勇敢地走向战斗，而十夫集

团中的其他人没有尾随而上，后者同样也都要被处死；如果十夫集团中的一人或数人被俘，其战友不去解救，他们也要被处死。

4. 下面就是全军各将士起码要备有的武器：两到三张弓弩，或者至少要有一张良弓；三个装满箭支的箭囊，一柄大斧和一条为拉军械使用的绳索。富者佩带有犀利的剑，单刃和略呈弯曲；他们还备有一匹披挂马甲的战马，马腿同样也要保护起来；此外还有盔甲。某些人所披挂的甲胄，甚至包括马甲都是用皮革作成的，其工序如下：首先取一块牛皮或其他牲畜皮，约有一巴掌宽，然后再用柏油把三四块粘贴在一起，接着再用带子或细绳把皮块接合在一起；对于上面的一层皮革，细绳要扎在边缘上，对于下面一层皮革，细绳要扎在中央，依次类推。所以，当人弯腰屈体时，下面的皮革就会突伸到上面一块皮革之上，这样身上的皮甲就会增加两三倍厚度①[128]。

5. 马甲是由五片皮革做成的：战马两侧各有一块，从尾至头一段，绑在马鞍上或马鞍后面的背部，或者是绑于马颈上；他们把另一片皮革置放在马的臀部，恰恰位于前两片系结的地方，并且在皮革片上挖一个洞以使马尾露出；他们把最后一片置于马匹的胸膛之前，一直让它垂到膝盖，至少要垂到大腿根。他们在马的前额部前放置一铁片，并且与披到马颈两侧的皮革片系结在一起。

6. 至于兵士们的甲胄，它至少也是由四片组成的：一片从大腿一直到脖颈，但要适合人体的高低，因为要从前面缝合，要把自手臂以下的整个身体都包裹起来；在后背部有另一片皮革，从脖颈一直垂到与裹住了整个身躯的第一片相接，这前后两片在肩膀处用两个铁搭扣固定，而铁搭扣则是置于肩部的；各条胳膊部都有一块皮革，从肩部一直到手臂，同时在下部整个敞开。各

① 据柏朗嘉宾行纪文中的内容来看，每一条皮革本来就是用三四层做成的，因而也就是通过中间而与更为上部的皮革接合在一起；同时又通过内边而与更靠下部皮革接合在一起，所以在缝接时必须使每一条皮革都要覆盖位于它之上一条的一半。利斯（见其文第163页）为鞑靼人中皮甲的这种“套管式”的缝接法画了一幅解释性的图。自下而上缝接皮条的做法可能是由于细绳搓得太松了。

条腿上也有一块皮革为甲，所有这些皮革块都用搭扣联结起来。

7. 盔的上半部分是用铁或铁网圈制成的，但用以保护颈部与面庞的圆环形部分则是用皮革制成的。所有这些皮革块都是依上法制造的。

8. 某些人还拥有用下法制造的一些铁制品：他们制造了一种只有一指宽和手掌长的薄铁片，而且要准备相当大的数量。在每块铁片上又钻八个小孔，作为支撑物[①]又要取三条狭窄而坚实的皮带，然后可以说是像阶梯一般地再将铁片迭垒起来，再用细皮条从小洞中绑扎在皮带上。在铁片的一端，再穿过一条皮线（这条皮线要置于两端），并且以另一根皮线而固定住，以至于使铁片非常结实地绑在一起[②]。所以，它们在某种程度上形成了统一的一条铁片，他们然后再将这一切统统缚在一起以作我们上文所讲到的那种物品。这些制造物既可以作为他们的马甲，也可以作为人的甲胄，他们将它擦得精光锃亮，甚至可以当镜子用。

9. 他们之中的某些人还拥有在套筒上武装有钩子的长矛，以便在必要的情况下把人从马上拉下来。他们所用箭支的长度有两英尺和一掌一指。因为英尺具有各种不同的长度，我们这里所使用的是几何英尺的尺寸：二（十二）粒大麦形成一个英寸的长度，十六英寸为一几何英尺。箭支上的铁头两边都非常尖而犀利，如同一把双刃刀一般。他们的箭囊中常备一把锉以把箭支锉尖。这些铁箭头都有一指长的一段尖尾以固定到木质箭杆中。

10. 他们还拥有用柳枝或小木棍编制成的盾牌。但是，除了

---

① 原文字面意义为："他们放在内部……"。柏朗嘉宾认为在由鞑靼人所携带的一切东西中，皮带起一种内部支撑物作用，而铁片只能起一种外部保护作用。

② 利斯所作的解释及其所绘制之素描图（见其文第165—166页）在此问题上则不太令人信服。而且他把这句话又译作了："编织得很好的三条皮带"，认为铁片上的八个小洞是以两个为一组而排列的，以便能使全部铁片装配成梯形，与前文所述皮条的形状略有相似。我们则更倾向于认为这些小洞排成了唯一的一行，铁片是通过两个小洞而绑在皮带上的，但这并不妨碍这些铁片会排成鳞状迭盖。在每一端都要留一个小洞以便用一根皮带（或者是两根，尤其是据某些手稿记载，这些手稿在注释中的括号内作了一种不太清楚的解释）重复接合。柏朗嘉宾认为这种结合位于上半部，因为正如上文所指出的那样，他发现唯有接合成甲胄的皮条及其上部边缘方为可见。某些手稿中还具体解释说要在两端反复绑扎皮条。

是在军营中练习使用、用来保护皇帝及其亲王，或者是在夜间使用之外，我们不相信他们还在实战中运用。他们还备有其他宽达三指的箭支，以用来射飞禽走兽和没有任何防御自卫手段的人。他们甚至还拥有多种用来射击飞禽走兽的箭支。

11. 当他们要出战时，便首先派出一些先遣探马①[129]，后者随身只携带他们的毡毯、马匹和武器。这些人不抢夺战利品，不纵火烧毁房屋，不屠杀牲畜，但仅满足于伤害和骚扰黎民，如果他们对于敌人再无它计可施时，便迫使他们逃走。然而，他们本意最为喜欢的则是杀死敌人而不是将之驱散。继他们之后，便是一支大军，它会把所遇到的一切都攫为己有，把他们能够遇到的人都杀死或俘虏。然而，军队长官还从各方面派遣那些善于从事这种追逐的抢劫者去搜寻人和牲畜。

12. 当他们到达江河之畔的时候，即使是大江大河，他们也要以下列方式涉水而过：具有一定身份的人备有一块圆形的薄皮，其周围安装有一系列的扣链，然后再从中拴一根绳子系紧；他们这样一来就得到了一种圆囊，囊内牢牢实实地塞满了衣物和其他物品；继此之后，便于其中放一架马鞍和更为坚实的物品。渡河人接着就安坐其中，并且把如此装备的小船拴在一匹马的马尾上。他们命令一个人牵马，人牵着马游在前面。然而，他们有时也有两支桨并以此而划船前进，他们就是这样渡河的。他们把马匹赶往水中，一个人游泳牵一匹马，其余马匹尾随之，他们就这样渡过大江大河。那些更为贫穷一些的人则拥有一个缝补得很结实的皮囊，每个人都应该有一个，他们在这一皮囊或皮袋中盛放自己所有的物品，把袋子的边缘牢牢地扎紧，再拴到一匹马尾上去，然后再依上法渡河。

13. 还必须知道，当他们发现敌人时，便对其发动进攻，每个人都要向敌人连发三四支箭；当他们发觉自己不能占上风时，便返回自己人阵营中。他们是出于诡计而这样做的，以使其对手

① 利斯（见其文第171页）译作“传令官”，因为他把原文中的 Predones 误读作 Praecones 了。

们尾随误入一块他们事先布下陷阱的地方。如果敌人尾随而落入圈套时，便把他们包围起来，然后再杀伤他们。同样，如果他们发现面对一支劲旅时，便避而远之，退避到具有一日或二日行程的地方。他们或者入侵该地区的另一地带，恣意劫掠杀人和进行破坏，对整个地区进行蹂躏。当他们发现甚至连这样做也不可能的时候，便后退十日，甚至有时是十二日行程之远，在一安全地带扎营屯兵[①]一直等待敌军的退散，他们到时便飞兵奇袭，使当地灭绝人烟。他们非常善战，与各民族厮杀已有四十余载之久了。

14. 当他们筹划出战时，所有人都按照他们应该战斗的阵势而排列。那些军队中的大首领或宗王们并不参加战斗，而是面对敌人保持一定的距离，身边跟随有骑马的少年、妇女和马匹，有时还制造一些人体模型，并且还放在马背上。他们这样做的目的是为了使人相信其军威浩荡。他们把战俘的部队和那些与他们共处的小部族的军队置于前敌一线，偶尔也有几位鞑靼人相随。其他更为精良的诸路大军都布置在远处的左右两翼，以不至于被敌人发觉。他们就这样把自己的敌人包围起来了，并且将之驱逐到中央，然后他们再从四面八方开始发动进攻。虽然他们有时兵不多将不广，而被围的敌人却误认为他们人多势众，尤其是当敌人远远望到军队中的长官和宗王时更为如此，由于这些人身旁陪同有少年、妇女、马匹和我们上文讲到的人体模型，敌人误认为这些都是将士，因而陷入了惶惶不安中，而不战而溃。如果出现敌人英勇抵抗时，他们就为敌人留一条可以自由逃命的路，一旦当敌人夺路而逃，便会溃不成军。鞑靼人乘机追击，在溃乱中杀死敌人的数目要比在战斗中使他们遭受的损失大得多。然而，我们还必须知道，如果他们可能不这样行事的话，那他们不会自愿（与敌人）进行肉搏战，但当人马都被箭射中时，他们就会与敌人直接交手。

---

① 利斯在其版本中（见其文第 173 页）补充了一种解释，说他们仍埋伏在那里伺机待动。

15. 他们以下列方式攻占城堡。如果城堡已有准备，他们就把城池团团围住，在需要的时候还可以修一道围墙，以至于使任何人既不能入城，也不能出城。他们再用锋利的武器和箭猛攻，昼夜不停地战斗，以使堡寨的占据者们不得休息。但鞑靼人自己则可以休息，因为他们把自己的部队分成了小股而轮番战斗，以避免过分疲乏。如果他们这样还攻夺不下城堡，便投射希腊火硝。他们有时甚至还会把已杀死人的肉体脂肪熔化后泼到房舍上去[130]。如果火引着了这些油脂，燃烧起来是无法扑灭的。然而，如果往火上浇果子酒或啤酒，则似乎可以熄灭它。如果这种油脂落到皮肤上，用手搓即可以熄灭。

16. 如果他们一直不能夺取优势，城中或堡寨中有一条河流，他们便将河流堵死或为它开辟另一河床，在可能的情况下就水淹城堡。如果不能这样做，他们就在城下挖掘坑道，让全副武装的兵士从地下潜入城内。当他们进入城堡后，一部分人放火烧城，另一部分人则与城堡里的人交战。但如果这样仍不能克敌制胜，他们便在城下扎营或修建防御工事，以便不被敌人投射的武器所袭击。他们可以在城下长期驻扎，除非敌军获得了外援而用武力把他们驱走。但是，当他们如此在堡寨之前扎下大营时，也会花言巧语地与堡寨占据者们讲一些讨好的话，对他们大加许诺，以诱使后者向自己投降。当敌人投降后，他们又会对他们说道："请出来吧，让我们按照我们自己的习惯来清点人数。"当城堡中的人走出来去见他们时，鞑靼人便询问他们之中谁是能工巧匠以保留下来；对于其他人，除了那些他们希望留下来做奴隶者之外，余者一律以大斧砍杀。据传说，如果他们饶恕了某些人，那也绝不会是一些贵族或者是具有一定身份的人。如果由于某种原因，他们保留下了几名贵族，那也不是能用祈祷和赎金可以使他们摆脱囚禁的。

17. 在战争中，他们杀死被俘虏的所有人，除非是他们希望保留其中几名以用作奴隶。他们在百夫长之间分配这些受害者，并使用双刃斧杀死他们。百夫长把他们分配在战俘之中[①]，而且还程度不同地根据头人的愿望而为每一位奴隶分配十名受害者。

---

① 范登温加尔文本中指出了各种手稿中占优势的一种写法：“按战俘进行分配”，利斯在其文本（第182页）中也赞同这种写法，即百夫集团在以前的战俘（作为奴隶而留下者）之间分配受害者。但在另外两种手稿中更似乎应读作“分配战俘”，我们认为这可能是排漏了“按百户分配……”等字。

第七章　鞑靼人怎样媾和，他们所征服地区的名称，对自己臣民的压迫，勇敢抵抗他们的地区

1. 在描述了他们的作战方式以后，我们现在需要讲一下被迫归附他们政权的被征服地区，我们的具体论述方式如下：一、我们首先讲一下他们是怎样与敌人媾和的；二、他们所征服地区的名字；三、他们对被征服者的压迫；四、那些曾经勇敢地抵抗过他们的地区。

2. 我们应该知道，鞑靼人从来不与任何不归附他们的人媾和，其原因正如上文所述，因为他们曾领取了成吉思汗所颁发的征服一切可能归附他们的地区的旨令。他们对被征服者们的要求是：在鞑靼人感到必要时，被征服者们必须同他们一道出征以攻击任何一个敌人，并且在一切方面（人和财产）都对他们抽缴什一税。因为鞑靼人每统计到十名壮丁便抽一丁，对于姑娘们的征募也如此。他们把这批人带回自己本土并留作奴婢。他们对于其他人也要统计人籍，并且还按照自己的习惯对他们进行组织。

3. 当鞑靼人完全控制了他们之后，从来不会恪守过去对他们许下的诺言；相反，他们善于利用自己所拥有的一切可能办法来欺骗愚弄被征服者。当我们在斡罗思停留时，有一位萨拉森族人领取了据说是贵由汗[131]（Cuyuckan）和拔都的一项使命，据当地人后来向我们的述说，这位官吏就从各户拥有三个男孩的人

家中抽一名；他同时还带走了所有那些没有娶妻的男人，对于那些没有合法丈夫的女子也采取了同样行动；他同样还放逐了所有那些赤贫者、那些靠沿街乞讨来维持生计的人；对于其他人也按照常规进行了统计，并且命令所有的人都必须纳贡，无论是大人还是小孩，甚至包括诞生刚有一天的婴团，不分穷人还是富翁，也就是说每人都要交纳一张白熊皮、一张黑海狸皮、一件黑貂皮衣、另外某种动物的黑色皮子｛我不知道它的拉丁文名字，波兰人和罗塞尼亚人称之为黄鼬[132]（dochori）｝和一张黑狐皮。那些不能交纳上述贡品的人都要被带到鞑靼人中去并沦为奴隶。

4. 他们也向各国国王派遣使节以催促他们毫不延缓地前来晋见。当诸邦王公纷至沓来时，他们却不会受到任何应有的尊重和荣誉，鞑靼人把他们当做平民百姓一样看待。诸邦王公还必须奉献厚礼，不但要向大首领及其夫人们馈赠，而且还要向千户和百户的官吏们献礼。此外，所有的鞑靼人，甚至包括奴隶在内，他们也都纠缠不休地索求礼品，不仅勒索这些王公们，而且还勒索那些与他们打交道的王公的使臣们①。

5. 鞑靼人总会找到办法杀死其中的一些王公，正如我们已经指出过的米歇尔及其他人那样的情况；如果某些王公被获准归国，那也是因为鞑靼人为了哄骗其他人；还有一些王公被致命的药酒或其他毒药害死。事实上，鞑靼人的目的是独谋天下霸业，所以他们才寻找一切机会而杀害那些贵族。对于那些获准回归本土的王公，鞑靼人又要求王公的儿子或兄弟入朝作质，而且再也不会放还他们回去了，正如他们对待叶洛斯拉夫[133]（Ieroslav）的儿子、阿兰人的另外一位大头人和其他许多人所作的那样。如果人质的父亲或兄长在国内无嗣而殁，鞑靼人也从来都不放他们的儿子或兄弟回归主持朝政，而是把整个王国占为己有，正如我们已看到的他们对肃良合大首领所作的那样。

① 在范登温加尔文本中，这句话的末尾几乎是令人不可理解的。拉丁文原文中肯定应该读作：……nunciis eorum cum（什么人?）mittunturad ipsos，删去了原文中的potioribus一词，它很可能又是在以下几行中出现的potionibus一词的同源对似词。

6. 鞑靼人向那些已获许归国的王公地区委派自己的八思哈(Bascac)①[134]或总督，无论是大首领或其他人，都必须对他们俯首帖耳，言听计从。如果某些城市或地区的居民不按这些八思哈的意志行事，这些人就以反叛鞑靼人而加罪之，于是便命令以鞑靼人的手段摧毁城池或整个地区并屠戮平民，这些行刑的鞑靼人是奉这一地区所属的国王的旨令以突然袭击的方式而来的。他们突如其来地扑向当地人。近来，当我们正在鞑靼人地区逗留时，便发生了针对一座过去据鞑靼人自己的命令而由罗塞尼亚人移交给库蛮人的城市采取的类似行动。不仅仅是该地区的鞑靼征服者王公或其总督，而且来到某一城市或某一地区的鞑靼贵族都可以成为那里的主人，尤其是当其中一位较高贵者入主该地时更为如此。

7. 另外，鞑靼人还会毫无困难地索求和攫取当地的黄金、白银和他们所垂涎的一切，无论是什么时候还是多大数量，只要他们高兴，即可垂手而得。另外，如果在那些已归附他们的王公之间发生了某种纠纷，那就需要他们诉讼于鞑靼皇帝，正如近期发生在谷儿只[135]国王的两位儿子身上的案件一样。这两位儿子中有一位是合法生的，另一是通奸庶生的，这就是那位叫做大卫(David)的王子与合法生的王子灭里(Mélic)。先王将其部分疆土传给了那位庶生小王子，但另一位更为年幼者与其母便去禀奏鞑靼皇帝，因为大卫已经登程去见驾去了。另一位小王子，即灭里的母亲是谷儿只皇后，其夫是通过她而掌握全王国之大权的(因为该王国是由女子执政的)，但这位女子却死在途中。当先王的两位儿子到达鞑靼皇帝宫廷时，他们都奉献了数量非常可观的厚礼，尤其是那位合法生儿馈礼最厚，他要求收回其父传给其庶生儿的那部分土地，因为作为庶生儿，后者是没有任何权力获得领土的。另一位儿子却反驳说："虽然我是由一位王妃所生，我要求根据鞑靼人的习惯而伸张正义，因为鞑靼人是不区别正妻

① Bascac 意为镇守官，它的另外两种讹读形式为 Bastacos 或 Bastaki，但却是完全可以理解的，因为在中世纪的拉丁文写法中，c 和 t 是很相似的。

与小房所生之子的。”因此，皇廷的判决不利于那位合法儿子；虽然长子大卫归顺了鞑靼皇帝，但他可以平安无事地占有其父传给他的那一部分土地。这样一来，次子就丧失了他所奉献的全部礼物并在对其兄长的诉状中败讼。

8. 对于那些距他们遥远而紧邻其他民族的民族，鞑靼人也要索征贡品。如果鞑靼人不信任他们，或后者没有归附鞑靼人，他们便对这些民族在某种程度上采取一种宽容的态度，以免对他们进行远征或者使别人不至于惧怕归附自己。鞑靼人对于斡别思（Obesi）或谷儿只[136]人就采取了这种策略，他们从这些民族中征敛四万伊贝贝尔或金币的贡赋。在对待其他民族的另外一些情况下，他们仍然允许当地居民安居乐业，但据我们所搜集到的情况来看，他们也在蠢蠢欲动，都重操武器去征服这些民族。

9. 下面就是鞑靼人所征服地区的名字：契丹、乃蛮、肃良合、哈剌契丹或黑契丹、库蛮尼亚、秃马惕[137]（Tumat）、斡亦剌（Voyrat）、哈剌尼惕（Karanit）、吾畏儿、速蒙古（Sumōal）、蔑儿乞、蔑克里、撒里畏吾儿、巴失乞耳（即大匈牙利）、乞儿吉思、怯失米尔[138]（Cosmir）、萨拉森（Sarrasins，原文如此，可能应为Sarraceni，即萨拉色尼人。——译者[139]）、木速蛮[140]（Bisermin）、突厥蛮[141]（Turcomans）、必列儿（Byler，即大不里阿耳）、火罗剌[142]（Catora）、火木黑[143]（Comici）、波黎吐蕃（Buritabet）、巴罗昔惕、合思[144]（Cassi）、阿兰（Alan）或阿速[145]（As）、斡别思或谷儿只、景教徒[146]（Nestoriens）、阿蛮（亚美尼亚人）、康里[147]（Kangit）、库蛮（Comans）、不儿塔思[148]（Brutach，犹太人）、莫儿多瓦（Morduan）、脱鲁黑[149]（Torc）、可萨[150]、萨莫耶德、波斯、塔特[151]（Tat）、小印度或埃塞俄比亚[152]（Ethiopie）、薛儿客速[153]（Carcassiens）、罗塞尼亚、报达[154]（Baldach）、撒儿塔[155]（Sart）。此外还有许多地区，但我们不知道其名。然而，我们却遇到过上述各地区的男男女女们。

10. 下面是曾经英勇地抵抗过鞑靼人和至今尚未被他们征服

的地区名称：大印度[156]、阿兰人的一部分、契丹人的一部分、撒哈辛[157]（Saxi）。据当地人对我们所言，他们曾包围并试图夺取这些撒哈辛人的一座城池。但后者也制造了一些军器以对抗鞑靼人的战争机器，并且将后者的军械全都摧毁。因为撒哈辛人拥有这类军械和弩炮，所以鞑靼人无法靠近城市而围攻之。最后，鞑靼人挖了一条地道，突然间进入了城市，试图纵火焚烧，同时其他人则从城外发动进攻。但城内居民调拨自己的一部分人去灭火，另一部分人勇敢地与潜入城内的敌人战斗，他们杀死了许多人，杀伤了其他人，迫使鞑靼人后撤。因此，鞑靼人发现对待这些人已无计可施，其中有许多人阵亡，所以只好撤走了。

11. 在萨拉森人和其他民族地区，在那些从某种程度上可以说鞑靼族人是主宰者的地区，他们掳掠了那些优秀工匠，使他们从事各种工作。其他工匠则以其产品向鞑靼人纳贡，他们把所有的农田收获物都送到其主人的粮仓中。然而，鞑靼人却留给当地人种子和勉强够维持他们生活的粮食；对于其他人来说，鞑靼人每天只供应他们其定量少得可怜的一点面包，除此之外再没有任何其他东西了，唯有每周三次向他们供应很少的一点肉；但鞑靼人仅仅对城市中的工匠才肯这样开恩。另外，当他们的主子欢心的时候，便将所有青年人及妇女和儿童带走。强迫这些人与他们自己原有的仆人一起跟随他们行动，于是这些人就被算作鞑靼人中的成员了，更确切地说是鞑靼人俘虏中的组成部分。实际上，虽然这些人被算作是鞑靼人，但却享受不到与鞑靼人同样的尊重，而是被当做他们的仆人，如同其他战俘一样身临各种险境。在战斗中，他们要打头阵，甚至当需要渡过一片沼泽地和危险的河流时，还必须由他们首先涉水而试渡。他们还必须从事各种各样的劳动。如果他们斗胆竟敢作出某种冒犯或稍有不服从的表示，鞑靼人就像鞭打驴一样地拷打他们。

11.（应为12。——译者），总而言之，这些人的饮食都非常微薄，衣着也非常褴褛，除非他们能够挣得某些收入，如银匠和其他手艺精湛的匠人。但某些人的主人又出奇的刻薄，以至于不给他们留任何东西，由于主子强加给他们的繁重劳动而使他们无暇为自己干任何一点活了。所以，他们必须偷偷地使用主人安排给自己休息和睡觉的时间，但这也唯有那些有权娶妻室和单独住处者方可行得通。其他那些被主人留在家中而当做奴仆使用的人则受尽苦难。我们经常发现他们穿皮裤而上身赤裸地在烈日炎炎之下行走，到了隆冬，他们又要忍受严寒。我们甚至还看到一些由于寒冷而冻掉脚趾和手指的人，甚至还听说也有人受严寒而被冻死或者被冻得四肢瘫痪。

第八章　怎样同鞑靼人作战，他们的意图是什么？他们的武器和部队组织，如何对付他们的韬略，堡塞和城市的防御工事，如何处置战俘

1. 讲完了归降他们的地区之后，应该论述反对他们的战争了，我觉得似乎应该以这样的程序来阐述：一、他们的意图是什么？二、武器和部队的组织；三、在遭遇战中如何对付他们的韬略；四、堡塞和城市的防御工事；五、如何处置战俘。

2. 鞑靼人的意图是在情况允许时就征服全世界，正如我们上文所指出的那样，这是成吉思汗对他们下达的旨令。所以他们的皇帝在书札中写道："神的力量，全人类的皇帝。"在皇帝玉玺中写有："上天有神，凡间有贵由汗，神的力气，全人类皇帝之玉玺[158]。"所以，正如人们所指出的那样，他们不与任何不归附他们政权的人媾和。因此，除了基督教地区之外，他们不畏惧世界上的任何地区，所以他们正在筹划向我们开战。因此，让所有人都清楚地知道，当我们在鞑靼人地区逗留时，我们列席了一次数年前就已经宣布的隆重集会，他们在这次典礼中推举贵由为皇帝，或者是按照他们的语言而称之为"汗"（Chan）。这位贵由汗和鞑靼宗室诸王子举起了反对教廷和罗马帝国、反对所有基督教徒王国和西方诸民族的一面大旗，除非教皇、大人物和西

方所有基督教民族一切都按照贵由汗的诏令的要求行事。

3. 然而，我们觉得似乎没有任何理由唯贵由之命是从。首先，因为这是一种无可容忍的奴役身份，是有史以来前所未闻的，我们曾亲眼看到他们使那些被征服民族沦为这种地位；其次，因为在他们之中毫无信义可言，任何民族都不可能轻信他们的许诺；虽然他们可以许下诺言，但当他们发现形势对自己有利时就不会恪守。他们在自己的一切行动和诺言中都表现得非常狡黠。他们的目的在于消灭所有国王、所有贵族、所有骑士和各国具有一定身份的官吏。正如我们上文所指出的那样，他们对被征服民族施以大量诡计和诈术；再次，由于鞑靼人的十恶不赦，基督教徒归附他们觉得是可鄙的；同时也由于这样一来对上帝的崇仰就会破灭，灵魂就会堕入地狱，身体就会遭受人们意想不到的苦难。鞑靼人在开始时表现得温情脉脉，但接着便会使你痛苦和像蝎子一样地折磨你。最后是由于同基督教民族相比，鞑靼人的人数微少而且在体质方面也较低劣。

4. 在上述那次集会中，任命了将军和军队将领。在由他们所控制的各个地区，从每十个人（包括他们的仆人在内）中抽丁征募三人入伍。据他人对我们的介绍，一支军队准备从匈牙利进入，第二路从波兰进入。他们准备马不停蹄地征战十八载，这就是为他们进军所规定的期限。在上一个三月间，我们获悉，宫廷已向所有鞑靼人宣布一支军队正从通向斡罗思的大道上掩杀过来了。而他们在三—四年间将会到达库蛮尼牙。这支军队将以库蛮尼牙为大本营而再对上述地区发动进攻，但我们不知道他们在第三个冬季之后是否会立即杀向这里，或者是还要等待时机以发动突如其来的袭击。

5. 所有这一切都是确凿无误和肯定无疑的，除非上帝出于慈悲为他们制造某些阻碍，就如它在鞑靼人到达匈牙利和波兰时所显灵的那样。实际上，他们本来是要连续征战三十年的，但他们的皇帝被鸩弑，所以被迫停止了敌对行动，一直维持到现在。但他们现在又重新拥立了一位皇帝，于是再次开始备战。必须明白，这位皇帝曾亲口讲过，他希望发出一支大军前往利沃尼亚（Livonie）和普鲁斯[159]（Prusse）。因为皇帝欲图蹂躏所有地区，或是使之沦为奴役地位，但正如我们已经指出的那样，对于我们的人来说，这种奴役地位是不可容忍的，所以必须对他们发动战争。

6. 如果各个省（可能意指东罗马帝国的行省。下同。——译者）之间不能互相支援，那么鞑靼人所进攻的地区便都会被摧毁，他们就会携同所俘虏的人共同去进攻第一个地区，俘虏们一般都要摆在前线。如果俘虏们作战不力，鞑靼人就会杀死他们；如果他们作战甚佳，鞑靼人便会以诺言和谀词而把他们挽留下来，并且向他们许诺巨大产业以使他们不至于逃走。但当鞑靼人肯定再不会看到他们逃走了，便使他们成为奴隶中的最为不幸者；对于他们的妻子，如果鞑靼人希望使她们成为仆人或姘妇，那也可以随心所欲地摆布她们。鞑靼人就是这样携同被征服省份中的人而去摧毁另一地区。据我们看来，没有任何一个省能够独自抵抗他们，除非是上帝希望为该省而战，因为鞑靼人已经从他们政权下的所有地区招募兵丁进行战争。所以，如果基督教徒希望能自身得救，保护自己的地区和基督教，那就需要各地区的国王、王公、大贵族和总督们都联合起来，在鞑靼人尚未开始势如潮涌地杀来之前，便同心协力地派遣自己的人去与他们战斗。实际上，一旦当鞑靼人开始在某个地区猖獗时，任何人也不能再为他人提供有益的帮助了，因为他们成群结队地开始搜捕和追杀居民。如果闭门固守城堡，鞑靼人也会调遣大约两三千人或更多的人围困堡寨或城池，他们于是便向其他地方扩展以屠戮那里的居民。

7. 凡是想与鞑靼人作战的人都必须具有以下装备：坚实的宝弓、弩炮（鞑靼人最为害怕）、数量充足的箭、用好铁铸成的锋利削刀或者是一把长柄斧；制造箭头和弩炮所用之铁必须在加热后放在盐水中淬火，使之具有穿透甲胄之力；宝刀和带钩的长矛，用以把敌人钩下马，因为这样一来鞑靼人就很容易从马上掉下来；大刀和双层护甲，因为鞑靼人的箭不会轻易地射穿它；一顶盔、一套甲胄和为了保护身体与马匹不至于被鞑靼人的武器和箭中伤所需要的一切。如果有人未能备齐上述装备，那就应该如同鞑靼人一样也留在其他人后面，用弓箭和弩炮向敌人射击。兵士们不应该吝啬购买这些装备的钱，以便能保卫他们的生命、躯体、自由以及其余一切。

8. 也必须像鞑靼人那样地组织军队，要由千夫长、百夫长、十夫长和大首领来统率和划分军队。完全如同鞑靼人那样，这些大首领们绝对不要亲自参加战斗，而是应该监视和组织军队。应该发出通令，部队无论是在战斗中或在其他地方都要共同前进，完全要有组织地行动。谁若在走向战斗或进行战斗时抛弃了自己的近邻，谁若在除总撤退之外而逃亡，则应受到严厉的惩罚。因为对手中有一部分人会追逐逃兵并用箭射杀之，另一部分则与留在战场上者厮杀；那样就会出现混乱，无论坚持战斗还是逃走，全都会被杀死。此外，在敌人被彻底击败之前，如果有人离队去拾拣战利品，似乎也要受最为严厉的惩罚。在鞑靼人中，这样的人实际上都会被毫不留情地杀死。在情况允许时，选择战场时要找一块平坦之地，可以纵观各个方向。如果可能的话，作战部队背后或一翼还必须有一大片森林，然而也要使敌人无法从军队与森林之间的地带潜入。全军不能汇合在一起，而要分成数支独立行动的部队，但在它们之间又不要相距太远。为了击退首批发动进攻的敌人，必须派一支人马把它挡回去；如果鞑靼人佯败退却，不要穷追不放，走得太远，除非能够确切地看到不会被诱入敌人的埋伏圈，因为诱敌进入自己设下的埋伏圈是鞑靼人惯用的伎俩。其他部队则必须严阵以待，准备必要时给予支援。

9. 另外，还必须向各个方向派出侦察兵，以在鞑靼人的其他部队从后方或左右两翼到来时，能及时观察到，必须随时准备对他们进行反击。由于鞑靼人始终在寻找机会把自己的敌人逼至中心而包围起来，所以必须高度注意他们会来这一招，因为这样一来被困军队就会很容易地战败。但战斗部队应注意不要穷追太远，因为鞑靼人惯于设伏兵。实际上，与其说鞑靼人是以勇力取胜，还不如说是以韬略而获捷。

10. 军队将领应时刻准备在必要的时候发援兵支援作战部队，所以，他们要避免穷追时间太久，而孤军深入，这样会使战马疲乏。我们军队中没有大量的战马，但在鞑靼人中，骑过一日的战马在三四天以内是不许重新再骑的，所以他们不担心会使战马过分疲乏，因为他们拥有数量充足的马匹轮换。如果鞑靼军队后撤，我们的军队不要后撤或分散，因为他们佯败以使我军不战自乱，从而使他们自由自在地进入和蹂躏我土。我们还应该注意避免过多地消耗给养，完全如同人们习惯上所作的那样，因为要提防由于粮绝草尽被迫回师，从而使鞑靼人自由进入以屠杀兵卒和其他人以及蹂躏国土，所以这种浪费将会使上帝的名声受到亵渎。相反，如果有的兵士需要撤回，必须高度注意安排其他人换防。

11. 我们的指挥长官也应该日夜密切注视自己的部队，以避免鞑靼人攻其不备，突然间扑向自己的军队，因为这些鞑靼鬼子会苦思冥想出各种各样的谲诈花招。另外，无论是朗朗晴日还是漆黑的夜间，全军都必须随时整装待发，不得脱衣而睡，也不能悠闲自在地坐在自己的桌旁，以备敌军偷袭，因为鞑靼人一直虎视眈眈地窥伺良机以实现他们的阴险目的。严阵以待鞑靼人和害怕他们入侵的某个地区之黎民百姓必须修筑一些隐蔽的地窖以贮藏自己的谷物和其他物品，其原因有二：一是为了不至于使鞑靼人占有；其二是如果上帝出现拯救众生，那么他们以后还可以找到埋藏物。如果他们要撤离某地，那就必须把麦秸稻草付之一炬，或者是仔细地掩藏起来，以使鞑靼人的马匹没有任何草料可用。

12. 如果要加固城市的防御工事和堡寨，首先必须具体研究一下其方位。堡寨的位置应处于一种不致被军械和箭支所击中的地方，其中贮有足够的水和柴薪，在可能的情况下尽可能不要影响进出，而且要有足够的人以轮流进行战斗。应该格外提防鞑靼人以某种计谋而夺取城堡，城堡内储有供长年使用的生活必需品。然而也要注意保护其中的给养，要有节制地消耗，因为不知道要困守城堡多长时间。实际上，一旦当鞑靼人开始围困一堡寨，便会一举延续许多年，如现在他们正在阿兰人地区的所作所为即属此例，据我们所知，他们围困一座孤山已有十二年之久了。该山的保卫者们英勇地抵抗入侵，已经杀死了许多鞑靼人以及他们的贵族。

13. 其他那些没有如此地势的堡寨和城市则应仔细地环城挖掘壕沟，既深又配套，同时还筑以坚固的城墙。城内需要备有充足的弓弩、箭支、石块和投石器。要密切提防不让鞑靼人在那里设置攻城器械，而且要用自己的军械将敌人击退。如果由于鞑靼人非常灵巧或机智而设置了他们的攻城军器，在情况允许时也应该用自己的器械摧毁它。甚至还要用弩炮、投石器和其他军械对敌人发动反攻，使敌人不至于接近城市。正如我们所讲过的那样，对于其他情况也要有防备。至于那些依河傍水的城堡或城市，要格外提高警惕不要被水淹掉。但应该知道，鞑靼人更为喜欢让敌手困守城池和堡寨之中，而不是在平坦的原野上与之决雌雄。正如当地民间所流传的那样，鞑靼人遇此情况时就会声称他们的猪是养在猪圈中的，只向那里派几名猪倌即可以了。

14. 如果鞑靼人在战斗中被摔下马来，那就要立即活擒，因为一旦当他们站起来之后，便会雨点般地用箭射人，杀伤对方的人马。如果将他们看押起来，似乎依靠他们还能取得一种几乎是持久的和平，或者是贿赂他们大笔钱财，因为他们彼此之间的关系非常密切。但是，如何辨认鞑靼人呢？我们在上文描述其外貌时曾提到过这一点。因此，当活擒鞑靼人之后，如果想把他们留下来，则应该很好地安排岗哨以使他们不至于逃走。与鞑靼人一起居住的还有许多小部族，必须根据上文所描述的标准对他们作出区别。另外，还必须知道许多民族都与他们一起作战，他们一旦找到机会并深信我们的人不会杀死他们时，便会奋起在他们的军中袭击鞑靼人。正如他们亲口所告诉我们的那样，这些人对鞑鞑靼人造成的危害比其他那些公开敌手们要严重得多。

15. 上文所记载的一切仅仅是作为耳闻目睹者们的叙述而写成的，所以它不是为了开导那些在战争实践中已掌握了战争韬略的内行者们而写的。我们认为内行者和熟悉这一切内幕的人会想象和写出一些更好和更有益的内容来，然而他们可能会在上文所叙述的内容中找到托词和思考的内容。因为正如人们所说的那样：“广听则智，明理则能治国。”[1]

① 这是一句谚语。

第九章 鞑靼人的省份以及我们所经过那些省份的形势，在那里会见过我们的证人，鞑靼皇帝及其诸王的宫廷

1. 谈完了怎样和他们打仗，最后，我们来谈谈我们的旅行过程、我们所穿越地区的形势、皇帝及其诸王子之宫廷的组织机构以及在鞑靼地区会见过我们的证人。

2. 如同我们在别处已讲到的那样，我们急不可待地渴望出发前往鞑靼人地区，我们来到了波希米亚[160]（Bohème）国王疆域。因为长期以来，他一直是我们具有魅力的保护人，我们请他指点一条最为好走的道路。他回答说，他认为最好是取道波兰和斡罗思。事实上，他在波兰有一些亲戚，可以帮助我们进入斡罗思。他除了写了一些信以外，还为我们指派了一支精悍的卫队护送我们穿过波兰，他还命令在自己所管辖的地区和城市为我们提供给养，直到我们来到西里西亚·博列斯拉斯[161]（Silésie Boleslas）大公辖地，这位大公是他的侄子，我们对他很熟悉。大公也给我们一些信件和一支可靠的卫队，他在城市和村庄为我们提供给养，一直送我们来到兰齐[162]（Lanciscie）大公康拉德（Conrad）辖地。托上帝保佑，那一天，斡罗思的大公[163]瓦西里（Wassili）殿下也来到了此处，他向我们详细介绍了鞑靼人的情况。实际上，他向鞑靼人派遣的使节已经回到他及其兄弟丹尼尔[164]（Daniel）身旁，并为丹尼尔殿下带回了一纸前往拔都

领地的关文。瓦西里殿下向我们说，如果希望前往鞑靼人那里，那就必须准备一些重礼送给他们，因为他们非常令人厌烦地索求礼物；而如果不向他们馈赠礼物，使者就不能圆满地完成自己的使命（这是千真万确的），他们甚至会对使节不屑于一顾。

3. 我们不希望教皇陛下和皇帝的使命因此而告中止，他人施舍给我们的东西是为使我们沿途不至于饥饿而死并作旅费使用的，我们只得被迫以此购买一些海狸毛皮和其他兽类的毛皮。获悉我们购买了这些东西之后，康拉德大公、克拉科夫（Cracovie）大公夫人[165]、一些贵族和克拉科夫主教[166]又送给我们一些这类毛皮。康拉德大公、他的儿子[167]和克拉科夫大公再三恳求瓦西里大公竭尽全力帮助我们前往鞑靼人地区。这位大公答应愿意尽力而为之。所以，在他的地区，他亲自陪同我们，承担一切开销而款留我们住了几天，以使我们稍微恢复体力。然后，他根据我们的要求召来了他的主教，我们向他们宣读了罗马教皇陛下的信函，教皇陛下在信函中规劝他们维护圣母教会的统一。我们同样也向他们进行了这样的劝告和鼓励，并尽我们的一切可能而行事，劝告和鼓励大公和主教以及所有为此机会而聚集在一起的人们都这样做。但因为此时大公已去波兰，其弟丹尼尔已去晋见拔都，所以他们没有出席，而其他人又不能作出最终的答复，需要等待他回来后才能作出有效的答复。

4. 接着，瓦西里大公为我们派来了一位仆人，一直陪送我们到达乞瓦（Kiev）。然而，由于立陶宛人[168]（Lithuanians）在他们可能的条件下，经常突然入侵斡罗思地区，尤其是入侵我们必须经过的一些地方，所以我们随时都有死亡的危险。因为绝大部分斡罗思人都被鞑靼人杀害或者被俘而押解它乡，基于这一原因，他们不能对这些侵略者进行强有力的抵抗。但是，从立陶宛人方面来看，由于我们有土官的保护，所以处境仍颇为安全。由于上帝开恩，它把我们从基督的敌人手中拯救出来，我们便来到了斡罗思的首府乞瓦。

5. 一旦抵达那里，我们便前往向当地的千户长和其他一些贵族请教我们前进的道路去了。他们回答说，如果我们想驱赶马群去鞑靼人地区，马匹都会饿死，因为沿途白雪皑皑，它们不像鞑靼人的马匹那样会寻找被大雪覆盖着的草，而我们又不能找到可供给它们吃的草料，况且鞑靼人既没有麦秸，又没有干草。所以，经过慎重考虑之后，我们决定留两个侍者在那里照料这些马匹。因此我们必须给千户长送一些礼物，以便能得到他们的恩惠而送给我们一些驿站马和一支卫队。但是，在到达乞瓦之前，我在丹尼洛夫[169]（Danilove）生了一场大病，然而，仍令人用雪橇拉着我在大风雪中行走。为了避免耽搁基督教的事业，在乞瓦清点了我们的全部物品之后，于圣母净礼节①的第二天，我们骑着乞瓦千户长的马匹和带着卫队，朝那些蛮族地区前进了。

6. 我们来到了鞑靼人直接管辖之下的一个村庄，这个村庄叫卡诺夫[170]。村长给我们调拨了一些马匹和一支卫队，一直送我们来到另一个村庄，这个村庄的村长是一名叫米歇（Michée）的阿兰人，他为人特别狡猾，恶毒至极②。实际上，此人曾派遣一些使者前往乞瓦迎接我们，并且诡称奉阔连察（Coremsa）之命而相告，我们应以自己使节的身份前去拜见他。尽管这是诡称，但他仍这样做了，其目的是为了诈取我们的礼物。当我们来到米歇处时，他对我们表现得非常苛求，难以处事，而且他不想给我们派遣任何卫队，除非我们答应向他馈赠某些礼物。考虑到如果没有这一切，我们就不能远行，所以我们答应赠给他一些礼物。当我们赠给了他一些本来认为适合的礼物时，他甚至不屑接受，非要再多一些不可。所以，我们只好按照他的意愿增加了一些，但他仍算尽机关，施展巧计，以便再骗取我们的一些其他东西。

7. 然后，基督教封斋前一个星期的星期一，我们和他一起

---

① 因此，这一天是 2 月 3 日，而不是利斯和其他某些人所说的 4 日。在古典和中世纪的拉丁文中，一个日期的第二天指次日。所以，文章稍后不远的地方又提到（利斯版本第 138 页），圣马丁日（11 月 11 日）的第三天是圣布里齐节（11 月 13 日）。

② 罗马藏手稿第 1 节，第 29 行。

出发了，他一直将我们护送到鞑靼人的第一个驿站。在举行圣灰仪礼后的第一个星期五，太阳落山前后，当我们停下来休息时，一些明火执仗的鞑靼人令人惊恐地一边向我们猛冲过来，一边询问我们是谁。当我们回答说是罗马教皇陛下的使节时，他们便收下一些食物，立刻就散去了。

8. 清晨，我们起床并走了很少一段路程以后，发现驿站的长官们向我们走来，并且询问为什么来到他们这里，担负有什么使命。我们回答说是教皇陛下的使节，教皇陛下是基督教徒的主和父亲，他派我们来晋见他们的国王、王公和见所有的鞑靼人，因为他想使所有的基督教徒都成为鞑靼人的朋友，与他们和睦相处；而且，他还祝愿鞑靼人在天堂的上帝面前成为伟人。所以教皇陛下通过我们及他的信函而规劝鞑靼人成为基督教徒，并接受信仰我们的上帝耶稣基督。否则，他们就不能得到拯救。同时，教皇陛下也告知他对鞑靼人杀害了那么多人而感到震惊，尤其是杀害了基督教徒，特别是已归附了他们的匈牙利人、摩拉维亚人、波兰人。因为这些人从来没有损害过他们，也不想损害他们。鉴于此事严重地触犯了上帝，所以教皇陛下劝说他们从今以后要禁戒类似行动，并且为他们过去的恶迹进行忏悔。我们补充说，教皇陛下要求他们答复今后想要做的事情及其意图的性质，通过书函的形式而向教皇陛下对这一切作出答复。

9. 在倾听和理解了我们的陈述后，他们便宣称，既然如此，就应该向我们提供一些驿站马和一支卫队，一直把我们送到阔连察幕帐；然后他们收下了所索求的一切礼物。实际上，我们是迫于不得已而情愿这样做的。因此，赠完了礼物，我们也得到了他们刚才翻身下来的驿站马，我们和卫队一起朝阔连察幕帐出发了。但他们事先向大首领派去了一位骑快马的特差，以便将我们的话禀报首领。这位大首领指挥着针对整个西方边防站的全部人马，为的是防御西方人向他们发动突然袭击。据我们所了解到的情况来看，这位首领共统率有六千武装兵丁。

10. 当我们一直到达他的幕帐时，他把我们安置在与其幕帐保持一定距离的地方，并向我们派来了一些奴隶和管家，询问我们将以何物来参见他，也就是说为他带来什么礼物。我们回答说教皇陛下没有送来什么礼物，因为他不能肯定这些礼物是否会平安地到达他们手中。另外，我们途中要经过一些众所周知的非常危险的地方，因为立陶宛人经常在这些路途上出没，从波兰一直到达鞑靼人附近的途中都是这样，而这恰恰又正是我们要沿行之路。然而，我们尽一切可能地对他表示了敬意，并且以上帝和教皇陛下恩赐给我们的生活必需品相馈赠。我们给了他一些礼物，但他仍不断地通过中间人向我们勒索更多的东西，声称如果我们同意他们的要求，他就答应派人毕恭毕敬地为我们带路。我们不得不这样做了，因为如果我们想活下去，并且想顺利完成教皇陛下委托给我们的使命，那就必须这样做。

11. 一旦礼物到手之后，他们便把我们带到了他的斡耳朵或驻地，他们警告我们要在住所门前左膝跪地参拜三次，还要注意脚不要踩在门槛上，我们对这一切都小心翼翼，因为谁故意践踏大首领住所的门槛，就要被处以死刑。进门之后，我们必须面对首领和特此召集来的其他所有重要人物，跪述我们已经说过的话。我们还向他出示了教皇陛下的信函。但是，由于我们自己付资从乞瓦雇佣来的翻译无能力翻译信函的内容，而其他任何人也均都不胜任，所以，信函没有翻译。这一切完毕之后，他们又送给我们一些马匹和三个鞑靼人，其中两人是十夫长，另一个是拔都帐下的人，以便迅速地把我们带到这位大首领处。这位拔都除了服从皇帝的旨意之外，他是所有鞑靼王公中最有权势者。

12. 封斋期后第一个主日的星期一，我们与他一起启程去见拔都了；只要马还能够坚持急驰，我们就策马前进，因为我们每天都要换三四次精神饱满的马。我们从早到晚兼程骑马急行，而且还经常夜行。但是我们仍然直到圣周星期三才抵达拔都幕帐。

13. 我们穿过了库蛮人地区，那里是一望无际的大平原，平原上有四条江河横流。第一条河叫第聂伯河（Dniepr），该河流域靠近斡罗思一边，属阔连察辖地，位于平原上的另一侧由比阔连察权更大的首领马兀赤[171]（Mauci）管辖。第二条河叫顿河，由一位以拔都之妹为妻的王公所管辖，他名叫合儿丹[172]（Carbon）。第三条河叫伏尔加河，这条大河沿岸由拔都所管辖，这是一条很大的河。第四条河叫札牙黑河[173]（Iaec），大河沿岸由两位千户长所管辖，他们每人分别管辖河流的一侧。冬天，全部首领一直南下到大海附近；夏天，又沿河而上登上了大山。这个海就是"大海"，位于君士坦丁堡（Constantinpole）的圣格奥吉亚（Saint-Georges）支流即由此而衍出。我们在第聂伯河的冰上旅行了几天。这几条河流水量都很大，河里遍是游鱼，尤其是伏尔加河更为如此。这些河流都注入名叫"大海"[174]的希腊海中。在海滨地带，我们一连在几个不同地方于冰上相当危险地逗留了几天；实际上，海滨周围约三古法里宽的水域都结冰了。

14. 但是，在我们到达拔都幕帐之前，陪同我们前来的两位鞑靼人先行一步，为的是将我们对阔连察之所言禀报拔都。来到拔都幕帐，在库蛮人地区的边界上，我们在距拔都幕帐足足有一古法里的地方驻扎下来了。当我们被引进他的宫廷时，他传令告诉我们说，来使必须从两堆火中间穿过去。这正是由于某些原因而我们不想做的事。但是他们对我们说："请放心大胆地前进吧，我们之所以让你们从这两堆火中间穿过去，并无他意，而只是为了试看你们对我主是否怀有某些恶意或带有毒药；如果这样，火可以驱走一切邪恶的东西。"我们回答说："因此，为了这个理由，即不蒙受这种猜疑，我们宁愿服从。"

15. 我们来到了斡耳朵，拔都一位名叫按迪该[175]（Eldegai）的管事对我们进行了盘问，目的是为了知道我们将用什么来参见他，也就是说，我们想送他什么礼物。我们也如同回答阔连察那样相答说，教皇陛下没有送来礼物，但是，我们仍非常想尽我们的可能而对他聊表敬意，用上帝的恩惠和教皇陛下给我们的供养向他赠送礼物。礼物被收讫之后，那位叫做按迪该的管事询问了我们的来意。我们又以曾禀报过阔连察的同一些理由回答了他。

16. 听了我们的陈述之后，如同先前说到的那样，先鞠躬表示致意，又叮嘱我们不要踩门槛，然后才将我们引进拔都的幕帐。我们进去了，并且陈述了自己的事情。接着，我们递交了信函，而且要求派一些能翻译信函的译员；耶稣受难日（复活节前的星期五），他们向我们派来了翻译。我们和他们一起细心地将信函翻译成罗塞尼亚文（指斡罗思文。——译者）、萨拉森文和鞑靼文。这一译文呈递给了拔都，拔都审阅和研究了许久。最后我们又被带回了住所。但是，他们不给食物，唯有一次，即在我们到后第一个夜晚时，才送给了我们一点放在钵盆中的小米饭。

17. 这位拔都显得十分豪华，如同皇帝一般拥有掌门官和所有的军政要员。他坐在高高的如同宝座一样的位置上，由他的一位王妃陪同；其他人，包括他的兄弟或者他的儿子及其他品级较低微者都坐得较低，即幕帐中间的一条长凳子上；其他人都在他们后面席地而坐，但分男右女左。他有一些宽大而又华丽的亚麻幕帐，过去曾经属于匈牙利国王所有。他府中的任何一个外人都不敢靠近他的幕帐，除非是应召而去，无论来客地位多高，权势多大，除非这是拔都的本意。对于我们，经过交谈之后，我们就在左边就座，因为所有使节赴皇帝宫廷时都要这样做。但在回程时，我们却始终坐在右边。在幕帐内靠近大门的地方，摆放一张桌子，桌子上陈列有金银器皿，内盛饮料。拔都从来不喝酒，鞑靼诸王亦然，尤其是在大庭广众之下更为如此，除非在欣赏歌舞音乐时例外。当皇帝骑马出巡时，人们总是在他头顶上空撑开一华盖或用长矛尖挑起一天幕，所有鞑靼强大的诸王甚至他们的嫔妃也都这样做。我们所说的这位拔都对他的部下相当宽厚，然而他们却非常害怕他；他在战斗中很残暴，作战时很敏锐狡黠，因为他长期以来一直过戎马生涯。

18. 圣周瞻礼七，我们奉诏来到了拔都的幕帐，我上文所说到的那位管事出来迎接我们，并且代表拔都相告，我们将去他们地区参拜贵由（Cuyuc）皇帝。他们扣留了我们的几个人，借口要把他们遣回教皇陛下的宫廷。我们向他们递交了信函，以便向教皇陛下汇报事态的发展，然而当他们到马兀赤幕帐时，却被扣留下来了，一直被扣留到我们回程的时候。

19. 复活节那天，做完弥撒，我们稍微用了一点膳之后，便啜泣着和在阔连察幕帐时分拨给我们的两个鞑靼人离开了这里，也不知道自己将走向死亡还是可以逃生。我们病得那样厉害，以至于连骑马也颇为困难。在整个封斋期间，我们只以水、盐下小米饭而生活，斋戒期以外的其他时间也是吃着同样的东西，没有其他供饮用的饮料，唯有喝溶化在一个小锅里的雪水。

20. 在库蛮尼牙的北部，紧傍斡罗思，便是莫儿多瓦人；必列儿人（Biler），即大不里阿耳人；巴失乞耳人，即大匈牙利人；经过巴失乞耳人地域之后，又是巴罗昔惕人和萨莫耶德人地区；继萨莫耶德人之后，传说住在大洋海岸和沙漠里的一些人长着狗脑袋。在库蛮尼牙人南部，是阿兰人、薛儿客速人、可萨人、希腊人、君士坦丁堡和亦必儿人[176]（Ibères）地区、哈希人[177]、不儿塔思人（Brutac），传说他们是剃光头的犹太人，齐克基人（Sic）地区[178]、谷儿只人和阿蛮人以及途鲁吉人地区。西部是匈牙利和斡罗思。库蛮尼牙这一地区特别辽阔宽广。

21. 我们骑马疾驰过此地，如前所述，除了穿过沙漠地区之外，我们每天要换五匹或七匹精神抖擞的马匹。过了沙漠之后，我们才骑上最好的和最能经受长时间竭力奔驰而又不停顿的好马，这种做法从封斋期的开始一直坚持到复活节的第八天。鞑靼人杀害了这里的库蛮人，仅有某些人在他们的杀戮面前逃脱了，其他则被沦为奴隶。而许多逃亡者又回来投降了鞑靼人。

22. 从此之后，我们进入了康里人[179]（Kangit）地区，那里许多地方都缺水，另外居民也很少。所以，斡罗思的大公叶洛斯拉夫的数人都在来鞑靼人地区与他会合时，由于干渴而死在这个沙漠里。在这一地区，如同在库蛮尼牙一样，我们发现地上有许多犹如垃圾般地散乱抛露着的死人头颅和遗骸。从复活节的第八天开始，直到将近耶稣升天节，我们才穿过了这一地区。康里人是些异教徒，他们与库蛮人一样，都不事耕耘，而是仅仅靠畜牧维生，他们不建房造舍，而是住幕帐。鞑靼人也消灭了这些人，而后他们自己便占据了原康里人的地区，残存下来的康里人也均被沦为奴隶。

23. 穿过康里人地区以后，我们进入了木速蛮人地区。这些人过去操库蛮语，现在尚在使用它，但他们信奉萨拉森教（伊斯兰教。——译者）。在这一地区，我们发现了无数被摧毁的城市，被拆除的堡塞和许多荒无人烟的村庄。此地有一条大河，但我们不知道它的名字。河畔有三座城市：一座叫养吉干城[180]，一座叫巴耳赤邗城[181]，另一座叫斡耳纳思城[182]，还有许多其他我们不知其名的城市。这里曾经有一位领主叫大算端，他和他的全家都惨遭鞑靼人杀害，但我们不知道他的原名叫什么[183]。此地也有一些大山。南面是耶路撒冷（Jérusalem）、巴比伦（Babylone）和整个萨拉森民族地区；不里[184]和合丹[185]就获采邑于与此相毗邻的土地上，他们是亲生兄弟。北面是黑契丹地区的一部分和海洋，拔都的兄弟昔班[186]就住在那里。我们于耶稣升天节开始，直到圣约翰节（6月24日）前八天左右才穿过了这一地区。

24. 接着，我们进入黑契丹人地区，这里只是到了最近才建了唯一一座叫斡密立[187]的城市，皇帝让人在这座城里建了一座宫院，我们被邀请进宫畅饮。皇帝在当地的代表派人命令市里的显官达贵，乃至他的两个儿子设宴招待我们。

25. 从那里出发后，我们发现了一个不太大的海，但不知道它的名字，因为我们没有询问别人。此海之滨有一座小山，山中似乎有一个洞口，冬天从洞里吹出如此强劲的风流，以至使人只有费尽气力，冒着很大的危险才能通过。夏天，人们在那里总能听到风的呼啸声，根据土著人告诉我们说，届时从洞里刮出来的风较微弱。我们沿着海滨一连走了数日。海里有许多岛屿，我们从它的右边穿过。此地有许多河流，但面积很小。河流的两岸都有森林，但面积均不甚大。鄂尔达居住在该地区，他是拔都的长兄，也是鞑靼人所有大首领中资历最深的一个。那里还有他父亲的斡耳朵或者宫廷，由一位王妃所掌管。实际上，鞑靼人的习惯是不废除诸王和高级权贵们的宫廷，而是用来安排其妻妾嫔妃们，以让她们来管理，仍然按照原来的王爷和主人的习惯而向她们提供钱财。

26. 然后，我们来到了皇帝的第一个斡耳朵，在那里住着他的一位皇妃，我们还没有见过皇帝，因为后者既不想让我们来，也不叫我们进斡耳朵。但是，他们在我们的帐篷里按照鞑靼人的方式周到地照顾着我们，并且挽留我们休息了一天。

27. 在圣·彼得瞻礼的前一天，我们从那里出发后，进入乃蛮人地区，后者也是异教徒。使徒彼得和保罗节那天，此地下了很多雪，我们特别冷。这个地区群峰起伏，气候也特别寒冷，只能在那里见到很少的平原。这两个小部族的人都不从事田地劳动，但却像鞑靼人一样栖身于幕帐中，而鞑靼人却消灭了他们其余的人。我们用了许多天才穿越该地区。

28. 接着，我们进入到西方称为鞑靼人的蒙古人地区。我们共用了三个星期骑马疾驰穿过了这个地区，似乎在圣玛大肋纳节的那天，我们来到了当今皇帝贵由宫中。因为为我们来领路的鞑靼人受命尽快带领我们去参加几年前就已预告为选举而举行的一次庄严隆重的集会，所以，我们在整个旅途中总是匆匆忙忙地赶路，以便得以按时到达。因此，我们一早就起身，不吃饭就一直赶路到夜幕降临，经常在到达目的地时天已经非常晚了，以至于在晚间都吃不上饭，直到晚上才能吃到早上发给的东西。只要马匹能够奔跑，我们就不断地驱马而竟直前进。正如人们说的那样，马匹倒下就换回去，一行人马就这样马不停蹄地迅跑。

29. 当我们到达时，正如鞑靼人平时所做的那样，贵由皇帝让人赐给我们一顶幕帐和一些食物，但比对其他所有使节都要友好一些。然而，我们没有被他召见，因为他还没有被推举为皇帝，尚没有主持朝政。但教皇陛下信函的译文和我们对拔都所说的话已经转奏他了。等候了五六天以后，他令人带我们去拜见其皇太后，庄严隆重的集会就在那里举行。当我们到达那里时，人们已经搭好了一个很大的紫色帆布帐篷，据我们认为，这个帐篷大得足可以容纳两千多人。四周围有木板栅栏，木板上绘有各种各样的图案。第二天或第三天，我们和负责照料的鞑靼人一起来到了这里，全体首领都被召集到一起，每个首领和他的部下都骑马行走在周围山坡及平原上。

30. 第一天，大家都穿着紫红缎子服装；第二天，换成了红色绸缎，贵由就在这个时候来到了帐篷；第三天，他们都穿绣紫缎的蓝衣服；第四天，大家都穿着特别漂亮的华盖布服装。栅栏里边靠近大门的地方，有两座大门；一座专供皇帝銮驾出进，那里虽然门敞开着，但没有禁卫军，因为任何人都不敢从那里进去；另一座门则供所有那些应召对的人出进，那里有佩带着宝剑和弓箭的禁卫。如果某人特别靠近规定界线以内的帐幕时，人们就要打他；如果他要逃跑时，人们就向他射箭，但箭支都没有铁头。马匹拴在两箭射程左右远的地方。佩带武器的首领们和他们的一些部下来自四面八方，但任何人都不能靠近马匹，除非十人一组；对于那些企图另外择路前往那里的人，就要对他狠狠地打。我们发现许多马匹都佩带嚼子、胸甲、马鞍和后鞧，据我们看来其价值共约二十马克的黄金。所以，首领们在幕帐里就这样议事，我们觉得他们可能在谈论着选举。全民族的其余所有人都站在栅栏另一侧，与会场保持一定距离。首领们就这样几乎一直恭候到中午，于是他们便开始喝马奶，喝的是那样多，一直到晚上为止，看起来简直叫人眼馋。他们传我们进去，请喝啤酒，因为已经没有马奶分给我们了。他们这样做为的是尊重我们。他们迫使我们喝得实在不能再喝了，因为我们不习惯这样暴饮。所以，我们向他们解释说这样做将使我们感到不舒服，这样，他们才停止无休止地劝酒。

31. 根据我们亲眼所见和管事所告诉我们的情况来看，在外面有苏斯达尔（Susdal）的斡罗思大公叶洛斯拉夫、数位契丹和肃良合的大首领、谷儿只国王的两个儿子、报达哈里发的使节（他本人曾是算端）、还有十多位其他萨拉森的算端。实际上，一共有四千多名使节，其中包括朝贡使，前来送礼的人，前来归附他们的算端和其他首领，奉鞑靼人之诏令而来的人，或者是替他们治理各地区的人。所有这些大权在握的人物都安排在栅栏的外边，人们同时也送给他们饮料。当我们和他们都在外边一起相处时，对于我们和叶洛斯拉夫大公，鞑靼人总是赐予上座。如果我们的记忆是准确的话，我们至少在那里度过了四个星期。我们认为选举就是在那里举行的，然而选举结果却没有就地宣布；使我们对此坚信不疑的主要是下面一件事，即当贵由从帐篷里出来时，只要他在外面，别人都用在顶端装饰有红色毛织品的漂亮小棍尽情地向他表示欢呼和致敬，他们对任何一位首领都不曾这样做过。在他们之中称这个地方为失剌斡耳朵[188]。

32. 于是，当我们大家骑马一起来到另一个距那里只有三、四古法里的地方，位于山中间靠近一条河流旁边有一个风景秀丽的平原，平原上已经矗立着另一顶幕帐，当地人称之为金斡耳朵或“金帐”；圣母升天节那天，应该在这里举行登基典礼，但是由于当天下冰雹（我在上文已谈到下冰雹一事），就只好推迟了。用来搭幕帐的支柱以金片相裹，然后用金键将其他支柱钉在一起。幕帐的天幕和内壁上也蒙上了一层华盖布，而外面则是用其他织物装饰的。我们在这里一直住到圣巴尔泰勒密节（Saint Barthélemy），这一天，成群结队的人聚集在一起，他们面对南方而立，彼此之间相隔投掷一石之距，他们一边跪拜祈祷，一边逐渐离开，始终面向南方。由于我们不知道他们是在念咒还是向上帝或另外的神跪拜，所以不想跪下祈祷。这样做完了很久，他们又回到幕帐，扶贵由登上皇帝宝座，首领们对他参拜，全体庶民都向他跪拜。因为我们不隶属于他，所以方得例外。接着，根据他们的习惯，全体开始不停地畅饮，直至夜晚。然后用车运来了一些没有放盐的熟肉，每四五个人分一大块肉。对于里边的人，他们所分的是带有调料盐的肉和汤，他们每次举行宴会时都这样做。

33. 正是在这里，我们被皇帝召见了。当首席书记官镇海[189]签完我们的名字和护送我们前来者的名字以及肃良合与其他首领的名字时，他就当着皇帝和全体大首领高声宣读着名册。这项仪程完毕之后，我们每个人都四次以左膝跪拜，人们警告我们不要触及内门槛。他们特别仔细地盘问我们是否带有刀，但没有发现。在这以后，我们才从东门进去，因为除了皇帝或者是他自己帐篷里的一位大首领之外，任何人都不许从西门进去。事实上，品级低微的小首领对这些事情几乎都不大注意。贵由当选为皇帝以后，让我们进入他的幕帐，这还是我们第一次在他在场的情况下进去的。他还在这里接见了其余使节，但进到他帐篷的使节相当少。

34. 那里有使节们敬赠的如此之多礼物、丝绸、布匹、紫色布、华盖布，缀金的丝带，毛皮或者其他礼物，看起来令人眼花缭乱。呈献给皇帝的礼物中还有撑在皇帝头顶上的那种华盖或天幕，遍饰以宝石。一位省总督为他牵来了一大批披着华盖布的骆驼，骆驼的鞍子配有一个可以使人遮风避雨安坐在那里的设施。我们觉得似乎有四五十头骆驼，此外还有很多披马衣的马匹和骡子，一部分披有皮甲，另一部分装以铁甲。有人问我们是否也想奉献一些礼物，但我们的东西几乎全部送完了，没有任何可奉献的礼物了。在离驻地尚有一段距离的高地上，停放有五百多辆四轮马车，车上全都装满了金子、银子和丝绸服装，人们将这些东西在皇帝和大首领之间进行分配。每个首领还可以将他得到的那一份在他的部下之间进行分配。但至少要他们表示乐意时方可这样做。

35. 离开那里，我们来到了另一个地方，那里也搭起一个富丽堂皇的帐篷，全都是以光彩夺目的紫红色布搭成，这种布是契丹人送给的。我们在那里被传入了帐内。每当我们进内时，人们总是送给我们啤酒或果酒；还请我们随便吃熟肉。人们在这里还用木板搭了一个高台，台上安排有皇帝的宝座。宝座是用象牙制作而成的，雕刻得令人仰慕。如果我没记错的话，还有金子、宝石和珍珠。人们由台阶一步一步地登上高台，高台的后部呈圆形。高台四周摆有长凳，夫人们坐在左边的凳子上，而右上方却没有人就座。首领们坐在摆放在幕帐里的长凳上，其余的人坐在他们后面①。每天都有一大群夫人于此集会。

36. 我们已描述过的三个幕帐都特别大。皇帝的嫔妃们都有其他白色毛毡幕帐，也都比较大而富丽堂皇。他们是分居的，皇太后居住在一侧，皇帝在另一侧审理公案。朝中已囚禁了皇帝的婶（伯）母②，因为她在鞑靼人大军于匈牙利〔190〕作战时鸩杀了皇帝的父亲，因此，驻扎在匈牙利地区的部队才撤退回师了。这位贵妇人和其他数人受到了审判，并被处以死刑。

37. 恰逢此时，叶洛斯拉夫逝世了，他是被称为苏斯达尔的斡罗思部分疆土上的一位大王。他应皇太后的邀请而去，后者亲自侍奉他吃喝，可以说皇太后亲自奉献是对他的厚宠。他回到宾客馆驿，马上就病倒了，七天以后就逝世了，尸体全身奇怪地变作青绿色。因此所有的人都认为他是被毒害致死的。因为这样一来鞑靼人就可以随意地和绝对地占据他的领地了。为了证实这种说法，应该补充说明，继此之后不久并瞒着在场的叶洛斯拉夫的亲信，皇帝③迫不及待地向斡罗思叶洛斯拉夫的儿子亚历山大〔191〕遣使，令他来晋见皇帝，因为皇帝想将其父的领地交由他治辖。亚历山大虽然答应践约，但他仍留在原地按兵不动。在此期间，他又发出了信件，以声明他刚刚接受了其父亲原来所管辖的地区。但是，人们普遍都认为，如果他来，也将会被杀害，或者至少是终生被当做俘虏而囚禁起来。

38. 如果我们牢记了这一时刻，那么叶洛斯拉夫死后，鞑靼

① 我们的这位作家再一次没有像我们所希望的那样阐述清楚。人们无法从中看到夫人们坐的凳子是放在哪里的：即是放在长凳上的大坐垫还是指放在这些长凳之间的小凳子？另外，如果任何人都不坐在右上方的话，这就应该意味着这里不是对于在左边就座的夫人们来讲的。我们知道，在鞑靼人中，左边的座位为上座；而实际上是与幕帐的地面相比较而言，事实上，大首领们的凳子是放在那里的（参阅上文Ⅸ，17，和范登温加尔为有关左边的荣誉座位问题所提供的参考资料）。

② 由于与上文所述同样的古文字学的一些原因，应该读作 amita，而不是 amica，即婶母或伯母。

③ 利斯说是摄政的皇太后。

人就带领我们去晋见皇帝了，皇帝从陪同我们的鞑靼人那里获悉本使节已到其地，他又命令我们返回皇太后处，因为他第二天要举起向所有的西方国家开战的大旗，正如那些熟悉内情的人对我们断言的那样，但他不想让我们洞察内情。我们返程以后，只在其母幕帐住了几天，便又去拜见皇帝，在他那里至少逗留了一个月，备受饥渴之苦厄，达到了勉强忍受的程度，因为他们送给我们四个人吃的东西最多够一个人吃，由于市场太远，我们又买不到任何东西。上帝派来一位皇帝较赏识的罗塞尼亚金银匠，名叫科斯玛（Cosmas），他供应我们一点粮食，而如果上帝不派他来，又不给其他帮助，我们认为自己很可能会遗尸异乡。

39. 这位金银匠让我们以皇帝的宝座而饱眼福，这是他在皇帝登位之前为之制作的。另外他还让我们欣赏了自己制造的皇帝的玉玺，并讲解了玉玺上的刻文及其他一些我们需要了解的秘密。在皇帝的宫廷里，我们还幸会了随其他首领①同来的人：几位懂得拉丁语和法语的罗塞尼亚人及匈牙利人，罗塞尼亚教士和与鞑靼人居住在一起的其他人。其中一部分人三十年来一直和鞑靼人一起进行征战或从事他业，他们熟悉鞑靼这一民族的全部历史，因为他们懂得鞑靼语，某些人与他们一起连续生活了二十年，另一些人也达十年之久，时间长短不一。所以，我们可以从他们之中了解有关蒙古人的一切。他们亲口向我们叙述了所有的事情，有时甚至无须发问，因为他们深知我们的意图。

40. 然后，皇帝向我们派来了一位官人，并且通过他的首席秘书镇海[192]转告我们，要求把我们的出使使命和我们行动的目的书面呈递给他。我们照办了，并且如同我们上文所述那样，把先前在拔都幕帐中所作的全部叙说都写下来。

数日的光阴过去了，他又派人来传我们，通过管理全帝国的哈达[193]（Kadac）告诉我们，要我们向他的首席秘书八剌[194]（Bala）和镇海以及其他书记官全面地陈述我们的使命。我们非常乐意地照办了。这一次我们的翻译与上次一样仍是叶洛斯拉夫

---

① 我们这里是根据范登温加尔在附录中发表的原卢森堡所藏手稿而翻译的。

的一名兵卒，名叫帖木儿[195]（Temer），在场的还有他的一名神父以及皇帝身边的另一名神父，当时他们询问我们在教皇陛下那里是否还有人懂得罗塞尼亚语、萨拉森语或者是鞑靼语。我们回答说那里没有任何罗塞尼亚文、鞑靼文或萨拉森文的作品，当地有许多萨拉森人，但他们离教皇陛下相当远。然而，我们却告诉他们用鞑靼文写复信似乎较合适，并且还应该给我们一份译文。我们再将它仔细地译成我们的文字，然后将信件和译文交给教皇陛下。这时，他们离开我们奏请皇帝去了。

41. 在圣马丁节那天，我们再次被召见。哈达、镇海和八剌等书记官前来宣召我们进见，并且为我们逐字逐句地翻译了信件。正当我们用拉丁文书写时，他们又让人将每句话译给我们听，以使我们不至于误解某些词句。当两份信函写毕之后，他们让我们读了两遍，以使我们不要有任何遗漏。他们说："争取对这一切都精通，如果你们没有全部领悟，那将是令人遗憾的，因为你们要出发前往如此遥远的地区。"我们回答说："一切都明白了。"然后，他们又将信函写成萨拉森文，以便在教皇陛下乐意的情况下，我们能在自己国内找到懂得萨拉森文的人去读信函。

42. 鞑靼皇帝的习惯是不屑于与随便一个什么人攀谈，除非通过中间人来进行，无论他的地位如何。正如我们已经讲过的那样，他是通过中间人聆听和回答的。每当向哈达呈交一件公案，或者聆听皇帝的诏令时，他的臣下都一直跪到最后，无论他的爵位级别如何。一旦皇帝对某一件事情作出定夺之后，任何人都不能，而且也决无习惯再妄加议论。这位皇帝有一位管事，一些秘书和书记员，而且还有各种处理公私事务的官员，但没有律师，因为一切事情都需遵照皇帝的喜恶办理，而无须经过司法机构。鞑靼人的其他诸王公在处理他们所管辖的范围内的事务时也同样行事。

43. 这位皇帝大约有四十至四十五岁，或者更年长一些；中等身材，聪明过人，遇事善于深思熟虑，习惯上举止严肃矜重。

任何人没有见过他放肆地狂笑或者凭一时的心血来潮而轻举妄动，正如一直和他生活在一起的基督教徒们向我们所叙说的那样。他宫中的一些基督教徒对我们说他们确信他将会受皈依而成为一位基督教徒，他们已经发现了一种明显的征兆，即他把一些神职人员留在自己身旁，而且还向他们提供俸禄①；在他的大幕帐之前一直设有一个基督教的小教堂，无论那里聚集有多少鞑靼人或其他人，但他们仍如同在其他基督教徒中一样在大庭广众之中唱圣歌，以希腊的方式敲钟报时。其他首领们则从不这样做。

44. 正如那些应该陪同我们的鞑靼人所说的那样，皇帝意欲派遣他的一些使节随我们同行。然而，他们却希望由我们提出请求，因为陪同我们的鞑靼人中最年长的一位已要求我们向皇帝作出这样的请求。但是，我们认为皇帝派遣使节去不合适，所以回答说，这不应该由我们提出请求，如果皇帝主动地派遣他们出使，我们愿在上帝的保佑之下安全地带领他们同行。我们认为由于许多缘由，他们不宜前来。第一，我们害怕他们见到我们之间的内讧和战争，将会鼓励他们向我们发起进攻。第二，我们唯恐他们刺探我们国家的活动。第三项原因是我们担心他们会被处死，因为我们这里的人常常表现得易怒和傲慢。事实上，曾经和我们在一起的仆人，后来去德国[196]拜见由红衣主教担任的教皇特使，穿着鞑靼服装应约前往，结果，几乎被德国人用石块击毙，只得被迫脱下这身衣服。然而，对于那些杀害他们的使节而又没有报仇的人，鞑靼人习惯上是从来不会与他们讲和的。第四项原因是，我们害怕他们将从我们身边被强行劫走，如同过去曾对一位萨拉森王子所作的那样，如果他还没死的话，至今仍被关在监狱里。第五，他们回访没有任何益处，因为他们没有为其他公务而奉命或领衔出使，而仅仅是向教皇陛下和其他国王们传送皇帝的信函。所以，我们认为可能由此而导致某些灾祸。这就是我们认为他们不适宜前来的原因。

45. 第三天，也就是说在圣布里齐节的那一天，他们准许我

① 范登温加尔版本中的标点符号使用不当，参阅利斯版本第 256 页。

们离去了，并交给一封已加封的皇帝的信札，他们又令我们去见皇太后，她送给每人一件里子絮有棉花[①]的翻毛狐狸皮大衣以及一匹紫色布。陪同的鞑靼人从每一匹布上偷走一步长的一条，而仆人的布料却被偷走了一大半。我们亲眼目睹了这一件事，但是不想因此而惹出麻烦。

46. 于是我们一行便启程返回，走了整整一冬天，经常在沙漠里的大雪中露宿，或者在没有树丛的旷野上用脚踢平一块地方以扎营；当大风卷着雪花吹来时，又经常完全被大雪覆盖。就这样，终于在耶稣升天节那天来到了拔都幕帐[②]。我们问他是否有什么话要回复教皇陛下。他回答说除了皇帝在信中所写之外，再没有任何其他事情要说的了。然而，他却要求我们向教皇陛下和其他达官贵人们非常仔细地重复述及皇帝的金言。我们倒换关文以后便离开了他，圣灵临降节八日庆期的星期六，我们来到了马兀赤驻处。来时的同伴和仆人曾被扣留在那里，现在才被他们放了出来。

47. 我们从马兀赤处来到阔连察幕帐，他向我们索求礼物。我们没有给他，因为已无物可赠了。他们调拨给两位已与鞑靼人同化的库蛮人，一直把我们护送到斡罗思的乞瓦。在到达鞑靼人的最后一个驿站之前，陪同前来的鞑靼人从不离开一步。阔连察调拨给的另外两个人在六天之内将我们带到乞瓦，圣约翰节的前十五天终于到达了那里。当乞瓦的人获知我们到达的消息时，所有人都兴高采烈地来迎接。他们祝贺我们如同死里逃生一般。在整个波兰、波希米亚和斡罗思都是如此。

48. 丹尼尔和瓦西里甚至为欢迎我们而举行盛大宴会，不由分说地挽留住了至少有八天。在此期间，我们与他们和一些主教以及其他重要人物之间就我们临出发前往鞑靼人那里时所讲过的问题进行了讨论，他们同意答复说，承认教皇陛下是最高的首领

---

① 这里是按利斯版本第258页进行翻译的，他将原文中 audato 一词译成“棉花”，但一般的字典中没有这个单词（audaco 是类似前面的一种误读）。

② 5月9日。

和父亲，愿意服从神圣罗马教会的统治和主宰。他们同样也向我们重申了他们已经通过自己一位修道院长向罗马通报了的问题，并且派遣了使节带着信函和副本一道去见教皇陛下。

49. 为了避免一些人对我们在鞑靼人地区的旅行产生怀疑，我们记录了曾经会晤过的一些人的名字。斡罗思国王丹尼尔及其全体陪同他的骑士和其他人，在合儿丹的住所附近会见过本使，合儿丹娶了拔都的一个妹妹为妻。在阔连察幕帐，我们会见了乞瓦的百夫长蒙格罗特[197]（Mongrot）及其同伴们，他们为我们送行一程。另外就是那些陪同本使到达拔都幕帐的人。本使团一行在拔都幕帐会见了叶洛斯拉夫大公的儿子，他随身带着一位斡罗思亲兵，名叫桑豁儿[198]（Sangor），本是一名受皈依而成为基督教徒的库蛮人，如同苏斯达尔地区的另一个罗塞尼亚人一样，他在拔都幕帐为我们充当翻译。在鞑靼皇帝处，我们看见了死在那里的叶洛斯拉夫大公，他有一个名叫帖木儿的亲兵，在鞑靼皇帝贵由汗幕帐中为我们充当翻译，他既翻译了皇帝给教皇陛下的信函，还在我们和皇帝交谈时担任口译。那里还有杜巴兹拉夫[199]（Dubazlav），他是大公的书记，还有大公的侍从雅科（Jacques）、米歇①和大公的侍从、另一个雅科（Jacques）。在返回木速蛮地区的途中，在养吉干城[200]（Ienikinc），我们遇见了格利涅[201]（Coligne），他奉叶洛斯拉夫王后和拔都之命前往寻找叶洛斯拉夫。此外我们还遇到过科克帖列班[202]（Cocteleban）及其全部随从。他们都回到斡罗思的苏斯达尔地区去了，人们偶尔可能会从他们那里了解到事情的真相。我们那些留居在马兀赤幕帐的同伴曾遇到过叶洛斯拉夫大公及其随从，还有斡罗思的另一位大公，名圣托波尔克[203]（Santopolc）及其随从。从库蛮尼牙出来时，我们又遇见了罗曼[204]（Rumain）大公，他和他的随从前往鞑靼人地区，而奥拉哈[205]（Olaha）大公及其随从则从那里来。契尔尼戈洛夫[206]大公的使节和我们一起从库蛮尼牙出发，并和我们在斡罗思同行了很长一段路；这些人全都是罗塞尼亚的大

① 应该打一个逗号将这两个单词分开（参阅利斯版本第262页）。

首领。

50. 乞瓦城是我们的见证，因为它为本使提供了一支卫队和一批马匹，一直护送到鞑靼人的第一个驿站。在从鞑靼人地区的归途中，它迎接了我们和鞑靼人的卫队及其马匹，这些马匹又与他们一起返回。同样可以作证的还有我们曾经过他们地区的斡罗思的所有人，他们收到过盖有皇帝印玺的信件以及为我们提供马匹和食物的命令，如有违者，则处以死刑。

51. 此外，布拉迪斯拉发（Bratislava）商人也是见证人，我们一道同行来到乞瓦，而且也知道我们曾去遭受鞑靼人的支配。在我们从去鞑靼人地区旅行之后，从波兰和奥地利来了许多商人，他们也都来到了乞瓦。当从鞑靼人地区返回时，君士坦丁堡的商人们正穿过鞑靼人地区前往斡罗思，正在乞瓦停留，他们也是我们的证人。这些商人的名字如下：Jean…（?）地区米歇勒、巴尔泰勒密（Barthélemy）、威尼斯人曼纽埃尔（Manuelle Venitien）、阿克人雅科·勒尼埃洛（Jacques Reniero）、一位比萨人（Pisan[①]），以上就是主要证人；其他次要的证人是：马尔克（Marc）、亨利（Henri）、约翰（Jean）、瓦西攸斯（Vascius），另一个是亨利·博纳迪耶斯（Henri Bonadies）、彼尔·帕萨弥（Pierre Paschami）。还有其他许多人，但我们不知道他们的名字。

52. 请阅读本书的所有读者，不要对本书进行增删修改，因为我们是按照实事求是的精神，根据我们的亲眼所见以及从我们认为可以信赖的人那里获悉的事实而写了这本书；上帝可以证明我们没有随意添枝加叶。鉴于我们经过的那些民族中，如波兰、波希米亚、德国、列日（Liége）和香巴尼，他们都高度评价这一部历史，在此书还未充分修订，甚至还没有完全写完之前，他们就已将它转抄下来了。因为我们那时没有所需要的时间来全部

① 范登温加尔版本中原文为 Iacobus Reverius Acre NicolausPisanus，我们采纳了 Iacobus Renerius incholans Acre Pisanus 的解读法，这是理查德·瓦干（Richard Vaughan）先生的读法，他是剑桥大学基督教学院的图书管理员，其依据是范登温加尔所发表的手稿 C。我们感谢他的这一校正。

完成它。所以，本书现在比以前增加了更多的东西，修改得更完善，任何人也无须对此大惊小怪。事实上，我们一旦有某些空闲时，就将全部地认真地誊写清楚并加以完善，至少要比还没完成的那份更完美一些。

被我们称为鞑靼人的蒙古人之历史到此结束。

柏朗嘉宾旅程路线

1245 年 4 月 16 日（复活节）：

柏朗嘉宾从里昂起程。经过了波希米亚国王文采斯拉斯一世（Wenceslas Ⅰ）和住在弗拉蒂斯拉瓦（Wratislava）的西里西亚（Silésie）大公博列斯拉斯（Boleslas）的疆域，来到了位于布祖拉（Bzura）河畔的兰齐（Lanciscie）城的宫廷中，此地位于卡利茨（Kalicz）与华沙之间，住在康拉德（Conrad）宫廷中。柏朗嘉宾然后又依次经过斡罗思的大公瓦西里的宫廷，紧接又来到沃里尼亚（Volhynie）的弗拉基米尔（Vladimir）。再经过丹尼洛夫（Danilov）而抵达乞瓦。

1246 年 2 月 3 日：

圣母净礼节的星期一从卡诺夫（Canove）出发，来到了第聂伯河河畔的卡诺夫（Canove）。

2 月 19 日：

他于四旬斋前的星期一从卡诺夫出发。

2 月 23 日：

柏朗嘉宾于行圣灰仪礼之后的第一个星期五首次与鞑靼人接触。

2 月 26 日：

他到达阔连察幕帐中，并于第一个封斋期的主日出发。

4 月 4 日：

柏朗嘉宾于圣周（复活节的前一周。——译者）的星期三来到了拔都幕帐中。

4 月 6 日：

为拔都翻译教皇的书札，圣周星期五。

4 月 7 日：

圣周瞻礼七（即圣周星期三，也就是望复活日。——译者），柏朗嘉宾受到了拔都的召对。

4 月 8 日：

他于复活节出发赴哈剌和林。

4 月 15 日：

他于复活节后的第八日结束了穿行库蛮尼牙地区，这次穿行是从封斋期之初开始进行的。

5 月 17 日：

他在耶稣升天节之后不久便完成了穿越康里人地区，这段旅程是于复活节之后第八日开始的。

6 月 16—17 日：

从耶稣升天节开始，一直到圣约翰洗礼节（6 月 24 日）的前八天左右，柏朗嘉宾穿越了木速蛮（穆斯林）人地区。

柏朗嘉宾穿越黑契丹人地区而到达鞑靼皇帝的第一个斡耳朵。

6 月 28 日：

他于圣彼得节的前一日出发。

6 月 29 日：

柏朗嘉宾涉越乃蛮人地区，使徒彼得和圣约翰节下大雪。

7 月 22 日：

他利用三周左右的时间穿越蒙古人地区，于圣玛大肋纳节（Saint-Madeleine）来到了贵由皇帝幕帐。经过五至六天之后，来到了太后幕帐，那里正在举行集会。在失剌斡耳朵共居住了约四个星期。

8 月 15 日：

柏朗嘉宾于圣母升天日出发前往举行皇帝登基大典。

8 月 24 日：

他在幕帐中一直居住到圣巴尔泰勒密节（Saint-Barthélemy），也就是进行选举的日子。

11 月 11 日：

他于圣马丁日出发前往皇家幕帐。

11 月 13 日：

柏朗嘉宾递交了皇帝的书札，于圣布里奇节（Saint-Brice）出发。

1247 年 5 月 9 日：

他于冬季返回，在耶稣升天节到达拔都幕帐之中。

5 月 25 日：

到达位于顿河与第聂伯河之间的马兀赤幕帐，其时间为圣灵降临节八日庆期的星期六。

6 月 3 日：

圣约翰洗礼节第十五日的前六日，柏朗嘉宾来到了蒙古人地区的最后一站。

6 月 9 日：

他于圣约翰洗礼节前十五天时来到乞瓦。

1247 年 11 月：

柏朗嘉宾回归里昂。

注 释

〔由于排字的需要，我们被迫采纳一种与一般所使用的转写法略有不同的形式，因为要取消一些区分符号。——韩百诗〕

〔1〕无论是在中国还是在西方，“鞑靼”（Tartares）一名均是对蒙古人的称呼。我们似乎应该到驻扎在东蒙古的一个部族“达达”（Tartar）所获得的巨大名望中去寻找解释，该部族从公元七世纪左右到成吉思汗登基期间名震遐迩。成吉思汗成功地灭掉了该部（1202 年）；也可能是由于该部族的残余并入了蒙古人中，所以才用“达达人”这一著名名称取代了“蒙古人”。此名也可能是通过阿蛮人（亚美尼亚人）的媒介作用而西传，在传播中由 Tatar 讹变为 Tartare，因为这一民族已由“被隔离起来的诸民族”所同化（见下文注〔60〕）。这后一批民族被认为是“穷凶极恶者”，所以把 tatar 一名与古人对地狱之名称 tartare 视为一体了。请参阅裕尔－考狄（Yule-Cordier）：《马可波罗游记》第 1 卷，第 12 页注①。

〔2〕有关波兰教友班努瓦的生平，我们所知甚少，柏朗嘉宾在奉诏出使蒙古期间以他作旅伴。我们仅仅通过柏朗嘉宾而获悉，在他经过波兰的布雷斯劳时才携此人同行并充作翻译。在他到达科隆（Cologne）之后，班努瓦教友亲口和非常清晰地解释了他的旅行史，该历史后来被记录下来并写成了书，这就是现今保存下来的《波兰人班涅狄克脱（Benedicti，即班努瓦。——译者）教友游记》。请参阅范登温加尔：《中国的方济各会士》，第 1 卷，第 133 页，出版者于其中刊出了他所能搜集到的所有资料。

〔3〕这一名词根据手稿不同而分别写作 Kitai 或 Kytai，但正确的写法似乎应该是 Kitai。它一般都出现在游记故事和地图著作中，用以指中国的北部（有时又写作 Catai），如在马可波罗游记中就是这样写的。在卡塔卢尼亚文（Catalane）地图中又作 Catayo，莫罗（Fra Mauro）作 Chataio，鄂多立克（Odoric de Pordenone）在其东游录中作 Catay 等等。

这一名词代表一个民族名称，汉文译作“契丹”。该蒙古种的民族从十世纪起到十二世纪初统治了中国北方。Kitai 这一名词完全相当于突厥社会中一些人所尽知的写法：Qïtay 或 Khitai，因而又产生了一些相似的希腊文和俄文书写形式。在俄文中，现在仍以 Kitai 一词来称中国。

〔4〕肃良合（Solangi）一名系指高丽人（Coréens，朝鲜人），到了晚期，蒙古人称之为 Solongros，即高丽人。满族人也以 Solho 一名称呼朝鲜人。因此，柏朗嘉宾游记中所出现的这一名称要追溯到十三世纪的蒙古人中，它已由《元朝秘史》第 274 节所证实，其中提到莎郎合思（Solangqas）人即相当于“高丽”人。到了明代，在 1598 年的汉—蒙词汇表中则作 Solongro。

〔5〕这一名词似乎是指古俄罗斯突厥斯坦地区的木速蛮人，即穆斯林居民，甚至在某些情况下还可能仅仅是指波斯人，请参阅下文注〔133〕。正是出于这一原因才应该称之为“木速蛮”人而不是称之为“萨拉森人”，因为这后一名词在十字军时代指所有穆斯林教徒，而且常常还是指西亚的穆斯林教徒。但是为了方便读者，我们在下文将仍写作“萨拉森人”。

〔6〕对于畏吾儿人中的途鲁古人这一民族名称，在范登温加尔文本中的三段拉丁文中写作以下各种形式：第 29 页：Huiomm；第 55 页：Uyrorum；第 88 页：Huyur。以上各种写法以及其他变态形式都应归纳为 Huiur 这种写法，它似乎应追溯到突厥史学家喀什噶里（Kachrari）于 1076 年，波斯史学家志费尼（Djuwaini）和拉施特（Rachid-ed-Din）的写法：Uirur，而此名又来自回鹘（Ouighours）一名，后者出现在于蒙古发现的八至九世纪的突厥碑铭中。此名字母换位之后的形式在西方也出现过，如在大食文献中作 Yuγur；在古叙利亚文献中又附带一个人种名词而形成了 Yuguraye；在马可波罗游记一书中又附带一个地名 Yuguristan；在鲁布鲁克游记中也曾提到过 Yugures，亚美尼亚的史学家海屯（Héthoum）有时写作 Jougour，有时又作 Yogur。有关畏吾儿（回鹘）问题，见下文注〔44〕。

〔7〕这一部族起源于突厥人，但又混入了一些蒙古人。该部族占据了今西蒙古的领土，一直到哈剌和林以西。有关该部族的栖身地问题，请参阅伯希和与韩百诗：《圣武亲征录》，第 1 卷，第 299 页。有关乃蛮人的问题，请参阅：同上引书，第 215—221 页。这一部族中还包括有相当数量的基督教徒，

但绝大部分则信奉萨满教。请参阅多维里耶（Jean Dauvillier）：《中世纪的内迦勒底省》，载《卡瓦勒拉（Cavallera）纪念文集》，见第308页。

〔8〕西方人是通过柏朗嘉宾而首次获悉蒙古人京都的名字叫做哈剌和林，此名后来又几乎分别出现在十三至十四世纪的所有旅行家们的故事中，其写法的确切程度不同，它相当于蒙古文名词 Qaraqorum。

该城于1235年根据窝阔台（Ögödäi）的旨令而筑起城墙，一直到忽必烈于1260年登基时仍保留其京师之作用，忽必烈于这后一个时间迁都到汉地北方。从此之后，哈剌和林仅仅变成了一个简单的省府。一直到十三世纪末，该城始终是忽必烈和窝阔台后裔们之间进行尔虞我诈、钩心斗角的赌注。哈剌和林城位于斡儿寒河（Orkhon，鄂尔浑河）畔，据曾在那里居住过的鲁布鲁克认为它并不比圣但尼（Saint-Denis，指留尼汪岛之首府。——译者）更为大多少，他还补充说圣但尼城的修道院的规模要大大超过蒙古人的皇宫。当蒙古人在全中国的元政权垮台（1368年）之后，蒙古皇帝从那里撤了出来，但也无法在哈剌和林坚持下去了：到了十五世纪，蒙古人所剩的地盘被卡尔梅克人（Kalmouks）所征服，但在该世纪末，这些地方最终又被蒙古人所重新收复。从1247年起，在哈剌和林城就已经存在有一座佛寺，但仅仅是当该城在以它为赌注的那些内讧斗争中成为一片废墟之后，才在距废墟有一定距离的地方修建起了额尔德尼召（Erdenidzô）佛寺。

有关哈剌和林的情况，见巴托尔德（Barthold）：《哈剌和林》，载《伊斯兰百科全书》，第2卷，见第785页；伯希和：《哈剌和林考》，载《亚细亚学报》，1925年，第1期，第372页；尤其是伯希和：《马可波罗游记注释》，第1卷，第165—169页。

〔9〕柏朗嘉宾和波兰教友班努瓦于1246年7月22日到达了蒙古人的皇家幕帐失剌斡耳朵，那里距哈剌和林有半日行程之远的距离。他们可能一直在那里居住到11月13日。“斡耳朵”（Ordo）一词在蒙古语中的意义为“皇家幕帐”或“宫廷”；“失剌”（Syra 或 Sira）在蒙古语中为 Shira，意为“黄色的”。因此，这一术语的全部意义是“黄色的皇家幕帐”或“黄色宫廷”，“黄色的”具有“如金子一般黄”之意。拔都设在伏尔加河下游的幕帐也可能享有同一名称，因而用“金帐汗国”（即钦察汗国）来指拔都世系的汗国。

〔10〕此词原来写作 bucaran，无论是在马可波罗的游记中，还是在中世纪的许多文献中，它都曾以各种不同的形式而出现过。有关这种织物的特性以及此名的起源，见伯希和：《马可波罗游记注释》，第1卷，见 Buckram 这一条目。

〔11〕柏朗嘉宾在其游记（第34页）中写作 baldakin，它实际上是指在八

吉打（Bagdad，巴格达）制造的织物，其中主要是由金线和丝线纺成，其原名叫做 baldachini，来源于西方在中世纪对巴格达的称呼，请参阅下文注〔148〕。根据其原料不同，这类织物同样还获得了另外许多种名称，对于这些名词的辞源，则应到大食语中去寻找。参阅海德（Heyd）：《利凡得（Levant，东方）经商史》，第 2 卷，第 698 页；裕尔—考狄：《马可波罗游记》，第 1 卷，第 65 页注④。

〔12〕这种头饰在蒙古语中叫做 boqtaq，通过其他旅行家们所言，它确实是名不见经传的。《鲁布鲁克东行纪》（范登温加尔本，第 182—183 页）中称之为 bocta，并且对此作了具体描述（同样也请参阅第 258 页）；《鄂多立克东游录》（范登温加尔版本）第 473 页；裕尔—考狄：《契丹及其通向那里的道路》，第 2 卷，第 222—224 页注⑤，其中还引用了其他文献。我们可以把这一切与中国道教大师长春真人（丘处机）晋见成吉思汗的游记故事相比较。参阅布勒士奈德（Bretschneider）：《中世纪研究》，第 1 卷，第 52—53 页。这种头饰早在六世纪中就于哌哒人中出现了，据中国取经僧宋云的记载，哌哒王妃“头戴一角，长八尺，奇长三尺，以玫瑰五色装饰其上”。参阅格鲁塞（Grousset）：《草原帝国》，第 113—114 页。这种头饰很可能是起源于西方人于中世纪末期所戴之圆锥形女式高帽。

〔13〕蒙古人的大神是“长生青天”，对天的崇仰传播到了中亚的所有游牧民族中。参阅《鲁布鲁克东行纪》（范登温加尔版本）第 232 和 298 页。马可波罗曾作过这样的记载：“他们声称存在有一尊伟大的，至尊的和蓝色的天神，每天都手捧香炉和神香进行祈祷，但仅仅祈祷和睦与健康，除此之外，别无它求。”十三世纪的蒙文文献中也记载说，成吉思汗每从事一项重要行动之前总要前往一块高地，以祈祷者的姿态祈告上天，即首先要脱帽，解开他搭在脖子上的带子上的扣节。穆斯林史学家们同样也指出，当拔都在他与匈牙利人进行决战的前夕，也登上一高地，用一昼夜的时间祈天，求天赐给他一次胜利。所有蒙古皇帝，尤其是成吉思汗都自认为是受命于天的，他们所有的圣旨和外交文书中都有以下启文程式：“在长生青天气力中……”；贵由汗致英诺森四世教皇的书札则是意味深长的，请参阅下文注〔158〕。有关蒙古人的大神问题，请参阅 J. P. 鲁（Roux）：《天，论阿尔泰民族的天神》，载《宗教史杂志》，1956 年第 149 卷和 1956 年第 150 卷。

〔14〕在蒙古人中，用毡毯模拟像来代表死者，给它们穿上珍贵的服装，并且还向它们奠酒和祭食。这种模拟死者像叫做“翁衮”（Ongones），而原名在蒙古文中则写作 Ongghon，意为“亡灵，守护神”。参阅《鲁布鲁克东行纪》（范登温加尔本）第 174，232 和 286 页；《鄂多立克东游录》（范登温加尔版

本）第490页；裕尔—考狄：《契丹及其通向那里的道路》，第2卷，第261页。著名俄国学者班札洛夫（Banzarov）曾对此作过下述定义："蒙古人称那些活在人世时受人崇拜或使人畏惧者们死后的灵魂为翁衮……随着岁月不断流逝，他们开始认为一位死者的灵魂可以对活人的祸福施加影响。"这种崇拜是萨满教的一种表现形式，曾在整个北亚地区出现过。请参阅泽列宁（D. K. Zélénine）：《西伯利亚的翁衮崇拜》，1936年莫斯科—列宁格勒版；法译文：《西伯利亚的偶像崇拜》，1952年巴黎版。

〔15〕皇帝祭奶仪礼的情节也曾由马可波罗在其《游记》第75章中描述过。马可波罗具体解释说，这一仪礼每年于8月28日举行，所用之奶应当挤自一群白牝马。因此，除了举行这种仪式使用之外，这群白牝马的奶只供皇帝及其皇族成员专用。参阅韩百诗：《马可波罗对世界的描述》，第96页。在中国元代的正式断代史《元史》中有关仪礼的一卷中也记载有同类事实。请参阅格罗特（J. J. de Groot）：《宇宙志》，1910年柏林版，见第155页以下。

〔16〕死者要经常享受祭祀，即在其坟墓上所摆置的供品和进行的祈祷，对于先祖的亡灵要供奉以食物。如果死者是一位高官贵人，便要专门委派一位官员主持祭祀亡灵。尤其是因为成吉思汗被作为蒙古帝国的创始人和王朝命运的主宰者而受到了崇拜。所以《白史》（该文献的大部分内容要追溯到十三世纪）介绍了为纪念他而举行的四种仪式。这些仪礼一直沿用到近代，如在成吉思汗的圣址鄂尔多斯的额济纳河（Edjin Khorô，黑水河），那里被假定为成吉思汗的坟墓。事实上，成吉思汗及其他蒙古皇帝的墓都集中在北蒙古的一座山上。请参阅下文注〔30〕。

〔17〕此人在俄国编年史中也很出名，其中把他及其忠实的仆从菲奥多尔（Feodor）一并置于圣人之列。他于1248年被处决。请参阅布勒士奈德：《中世纪研究》，第2卷，第75页。利斯：《柏朗嘉宾的蒙古史及其1245—1247年的游记》，1930年莱比锡版，第69页和注⑯。

〔18〕术赤儿子的名字一般均作拔都（Batu），它在蒙古语中的词义为"坚强的"和"结实的"。柏朗嘉宾对此名的写法Bati则相当于俄国编年史中的Baty，这就说明作者曾生活在斯拉夫人中。其中的俄文字母y即相当于突厥文中的i，而在历史上则又与字母u具有某种相似性，在许多情况下都用来转写俄文字母y。拔都是术赤的次子，他可能卒殁于1255年年中，对于他出生的时间尚未清楚地稽考成定论。有关拔都此人的生平情况，请参阅伯希和：《金帐汗国史札记》，1950年巴黎版，第28—29页；伯希和：上引《马可波罗游记注释》中有关Batu一条目。有关术赤家族，见韩百诗：《〈元史〉卷107译注》，第52—57页；下文注〔74〕。

〔19〕成吉思汗大名的这一转写方式与东方史料中所写的 Tchinggis-qan 的拼写法完全相符。有关成吉思汗的情况，见伯希和：上引《马可波罗游记注释》中有关 Cinghis 一条目；韩百诗：《成吉思汗墓志铭考》，载由高等中国研究所出版的《杂纂》第 2 卷，1960 年巴黎版。有关这位蒙古帝国创始人的历史，见格鲁塞：《草原帝国》，第 241—316 页。

〔20〕各种转写形式都应按原文的拉丁化形式读音：Ieroslaus 或 Ierozlaus。这里系指叶洛斯拉夫二世夫斯沃罗多维奇（Vsevolodovitch），即弗拉基米尔和苏斯达尔（Susdal）的大公，诞生于 1190 年，于 1238—1246 年临朝执政。他归附了蒙古人，并遣其子康斯坦丁（Constantin）到哈剌和林，后来又于 1245 年返回，在近两年期间没有再到哈剌和林。叶洛斯拉夫应拔都之召而来到了哈剌和林，在那里受到贵由的召对之后获准归国，但却在一种非常神秘的背景中死亡了。在有关叶洛斯拉夫和康斯坦丁蒙古之行的问题上，现在尚很难把由柏朗嘉宾提供的资料与由俄文编年史中所记载的资料相互统一起来，这一难题由于 A · 涅夫斯基（Alexandre Nevskii）及其弟安德烈（Andre）的游记而更加复杂化了。请参阅下文注〔191〕。然而，柏朗嘉宾似乎是对此作了某些澄清。

〔21〕蒙古人中的基本宗教信仰是崇拜天地，此外也崇拜其他物，如崇拜火和水，后者则被看做是来源于另外两尊基本神。柏朗嘉宾于此没有提到蒙古人崇拜太阴和太阳二神一事，这种崇拜可能首先来自伊朗和巴比伦的宗教，其次肯定是由于摩尼教和佛教的影响，在塔里木盆地定居民族的摩尼教和佛教圣址的壁画中经常出现月亮和太阳的图案。如同在契丹人中一样，在他们的宗教仪式中，崇拜太阳所起的作用要比对月亮的崇拜强烈得多。每当推举一位蒙古皇帝主持朝纲之后，他就要离开刚刚进行过选举的地方而率领全朝文武百官去朝拜太阳。最早的一卷蒙古文文献《元朝秘史》曾记载过成吉思汗进行祈祷时的情况："一般祭祀，说，向日，将系腰挂在顶上，将帽子挂在手上，椎胸，跪了九跪，将马奶子酒奠了。"实际上，唯有天和地才具有他们用来祈祷的名字：天神腾格里（Täṅgri），也就是"长生青天"；地神或大地女神额秃坚（Natigai）。请参阅上文注〔13〕和下文注〔24〕。蒙古人崇水和崇火主要表现在一些禁忌方面，然而，似乎也有一种真正的崇火，尤其是崇拜灶火。有关这种崇拜的遗迹还存在于当朝皇帝最为年轻的一位小王子的名字中，即斡惕赤斤（Ottchigin），意为"火王子"，这一习惯在蒙古人中一直维持到近代。在相当古老的时代，这些不同的崇拜还存在于阿尔泰诸民族，甚至存在于匈奴人中。

〔22〕范登温加尔版本中（第 39 页）采纳了 Chcrneglone 这种写法，但肯定应该读作 Chernegloue，也相当于 Cherneglove，正如此名在柏朗嘉宾游记第九章所出现的形式说明的那样，因为作者在这一段中则更为倾向于这种形式。这

里实际上是指斡罗思的契尔尼戈夫城（Tchernigov），安德烈即为其国王。安德烈是乞瓦的姆斯捷斯拉夫（Mstislav）的儿子，在1222年喀尔喀的战斗中遇难。他是契尔尼戈夫最后一位国王，参阅利斯版本第71页注⑳。

〔23〕蒙古人的禁忌与对某几尊神的崇拜是密切联系在一起的。鲁布鲁克在其游记（范登温加尔版本）第184页中提到：“蒙古女子从来也不洗系犬索，声称当把它们挂起来以晒干时，天神就会大发雷霆，于是就作雷声大作……她们也只能用热肉汤洗盆碗，然后再倒入小锅中。”柏朗嘉宾和鲁布鲁克引用了许多例证，我们还可以补充以蒙古人在当代所遵循的一些禁忌，如向火上泼水、以不合适的方式面向火而坐、用脚把燃烧的柴薪踢进灶膛中、在运灰时散落在地上、把清扫出来的垃圾与灰混合在一起等等。

〔24〕为了把这尊神的名字考证成大地神之名，曾经导致了无休止的争执。在阿尔泰民族中，此神则又被分别称为“额秃坚”或“亦秃坚”（Ätügän/Itügän）。柏朗嘉宾为这一本来就已经很复杂的问题起了火上加油的作用，因为他写道（原拉丁文版本第41页）：“他们的神叫做亦托哈，而库蛮人则称之为哈木。”参阅伯希和于《通报》第25卷（1928年）第148页和第26卷（1929年）第212—219页的解释；田清波（Mostaert）：《论马可波罗游记中的Natigay/Nacigay》，载《波利亚诺东方文集》，1957年版，第95—101页，特别是其中第100页注①。

〔25〕这一突厥民族的名称首次于1078年的拜占庭史料中出现；1154年，大食地理学家埃德里奇（Edrisi）曾提到库蛮人（Qoman），并称其地为库蛮尼牙；斡罗思人称之为“波罗维赤”（Polovcy），此名肯定系由Polovyï派生而来，意为“野兽”或“一种灰色动物”。匈牙利人称他们为“昆”（kún）。在蒙古人于1222年发动入侵的时候，他们之中的一小部分人逃向了匈牙利；在蒙古人于1240—1241年第二次入侵时，其他集团同样也逃向了匈牙利，由此而产生了大、小库蛮尼牙等地名，用以指由库蛮人居住的蒂萨河（Theiss）流域地区。有关库蛮人的具体情况，见马夸特（Marquart）：《关于库蛮人的民族特征》，1914年柏林版；伯希和：《库蛮》，载《亚细亚学报》，1920年，第1期，见第125页；拉索夫斯基（Rásovsky）：《波罗维赤人考》，载《库蛮人讨论会论集》，1935—1939年布拉格版。

〔26〕由于柏朗嘉宾把“哈木”与“亦托哈”视为一体，因而又提出了另一个问题。哈木的作用究竟是什么呢？在这二者之间究竟存在有什么样的真实关系呢？由柏朗嘉宾所提供的资料是否是以一种误解为基础呢？所有这些问题至今仍未能稽考清楚，不敢定夺。

〔27〕举行火净仪礼，特别是以在两堆火之间穿过进行涤罪的仪式在相当

古老的时代就已经在阿尔泰诸民族中出现了。当罗马帝国的查士丁尼二世（Justin Ⅱ）皇帝于568年向西突厥君主室点密（Istämi）派出泽马尔克（Zemarque）使团时，他也曾穿过火堆以举行火净。参阅沙畹（Chavannes）:《西突厥史料》第235页。这种仪礼一直在延续使用，因为在本世纪初的蒙古人中，当一位新媳妇进入婆家门时，也要从两堆火中穿过以举行净礼。有关以火涤罪的详细情况，参阅柔克义（W. W. Rockhill）:《鲁布鲁克东行纪》，1900年伦敦版，见第240—241页注②。

〔28〕一般死人要土葬，那些大人物的遗体则要置于根据其名望而定其规模大小的坟墓中。当一位皇帝晏驾时，用他的一些王后宫妃及奴婢，连同马匹一起殉葬并在其墓前举行祭祀，这一习惯同样也存在于匈奴人和途鲁吉（突厥）人中。马可波罗在其游记中记载说，当移尸进墓时，途中所遇到的一切人都要由护送灵柩的人用刀挑死。这些仪礼从最古老的时代起就从中国传到了西亚（见安阳墓和马斯河流域的一些墓），途中经过整个草原社会，即斯基泰（Scythes）人的草原地区和古突厥人地区（见阿蒂拉等地区的墓）。

〔29〕对于窝阔台汗一名的各种写法，范登温加尔版本第43页采纳了Occedaican这种写法，但在此人名所出现的另外两段文字中（第54和74页），出版者则更为倾向于使用Occodaican，这后一种形式似乎为最佳。因此他于此处所作的校正是正确的。这些形形色色的写法实际上都是指窝阔台（Ögödäi）皇帝，也就是成吉思汗的第三子和贵由的父亲，而柏朗嘉宾又把贵由汗的名字写作Cuyuccan，请参阅下文注〔62〕。有关这位皇帝，参阅韩百诗:《〈元史〉卷107译注》，第51—52页；有关其后裔的问题，见上引书，第71—87页。窝阔台的尊号是“合罕”而不是像柏朗嘉宾所认为的那样是“汗”，他可能诞生于1186年，而于1241年在五十五岁的时候晏驾。对于“窝阔台”（Ögödäi或Ögädäi）一名的具体意义，现在尚未注释清楚，此名可能是由一个表示从属关系的形容词所组成，而这一形容词又是由在蒙古文中曾经出现过的一个词形成的，即Ögö或Ögä，我们可以把它与同期突厥文Ügä或Ögä（贤明的）相比较。参阅下文注〔67〕，此名在那里出现时未带任何尊称。

〔30〕在蒙古地区，最早仅有蒙古皇族具有陵墓，但我们却不知道其具体位置。蒙古人把蒙古皇帝们的尸体从汉地运回，同时也要把皇族成员及宫廷重要朝臣们的尸体运回蒙古，埋葬于皇陵的周围。到了后来，成吉思汗家族各世系又建立了其他一些墓地；金帐汗国（钦察汗国）和察合台家族的可汗们也拥有他们自己的墓地；波斯的蒙古国王们薨逝后埋葬于距乌尔米牙湖不远的地方。

〔31〕参阅下文注〔135〕。

〔32〕肃良合人即为高丽人，参阅上文注〔4〕。这里系指出自王氏高丽王朝的第二十三代君主高宗，他从1214年9月2日到1259年7月21日执政；但也可能是指他派往蒙古人的代表。但这里肯定不是指以元宗之名继任王位的高宗的儿子，因为后者仅仅在1259年4月间到过蒙古人中。参阅韩百诗：《元代高丽史考证》，载1957年《通报》，第45卷，见第171—172页。

〔33〕参阅上文注〔23〕。正是出于这一原因，蒙古人所实行的那种被称为札撒（yasaq）的法典禁止穆斯林教徒举行仪礼性的大小净。参阅《多桑蒙古史》第2卷，第92—94页。

〔34〕“蒙古”一名首次出现在唐史（公元八—九世纪）中，一般被称为“蒙兀”或“蒙瓦”，它们分别是对蒙古文Mongrol和Mongra〔1〕的标准对音，一般系指居住在望建河（Amour，阿穆尔河）上游的一个部落集团。在十—十一世纪期间，这些部落向西南方向迁移，到达了斡难河（Onon，鄂嫩河）和怯绿连河（Kerulen，克鲁伦河）流域，它们最终占领了东蒙古地区，并且与鞑靼人对垒。这些蒙古部族当时遭受到严重挫折，到了未来的成吉思汗诞生降世时，它们正处于一片混乱之中，而成吉思汗则使他们控制了高地亚洲的所有游牧民。柏朗嘉宾所风闻的“Mongal”一名似乎完全相当于该部族在唐代时的第二种名称（即“蒙瓦”）；另外，鲁布鲁克却使用过“Moal”一名，而且这也是俄文古史中所出现的形式，该名称的历史是最难稽考的。

〔35〕柏朗嘉宾对“也可蒙古”一名所采用的转写形式Yekamongal就相当于Yäkä-Mongrol，本意为“大蒙古”。这一部族名称最早出现在贵由的御玺中，原文写作yäkä Mongrol ulus-un dalai-in qanudjarliq，即“大蒙古民族海洋（指天下）可汗之玺”。参阅伯希和：《蒙古与教廷》，抽印本第22页。此名似乎在元代的其他文献中未曾出现过，但到了明末又出现在一种百科全书性的著作，1598年的《登坛必究》之中，该书在第22卷，第67页中转写作“野克莽官儿”，亦即Yäkä Mongrol的对音。

〔36〕这一部族名称的意义为“水蒙古”。据伯希和认为，此名曾出现在元代汉籍之中，参阅《通报》，1931年，第28卷，第118页，尤其是出现在记载蒙古人最为古老的史籍之一中，即《黑鞑事略》，成书于1237年，其中提到了“斛速益律子”，并认为他们是“水达达”，我们在官方所修的《元史》中也多次见到过这一称呼。十三世纪初叶，在蒙古东北地区的蒙语读音中，“斛速”是蒙语Husu（其意为“水”）的对音。相反，柏朗嘉宾所提供的书写形式是一个复合词，其意确实为“水”，但却是一个突厥文词汇。“速蒙古”人可能居住在东蒙古，即今满洲的边缘地带，很可能是位于一块有水的潮湿地带。柏朗嘉宾认为这都是一些鞑靼人，在此情况下也就是“达达人”。达达人

居住在东蒙古，主要是集中于捕鱼儿湖（Buyür）和阔连湖（Kölän）两个湖泊之间，克鲁伦河在形成额尔古纳河之前曾穿过那里，而额尔古纳河则又是形成阿穆尔河上游的诸分流之一。他们在这些比较潮湿地区居住的现象可能会解释清楚“水蒙古”一名的来源。

〔37〕此河名未经考证，范登温加尔所采纳的 Tartur 一名似乎应改作 Tartar，这后一种写法也出现在由他所保留下来的各种形式中。

〔38〕蔑儿乞部族在蒙古各部族中是向西北方向深入最远的一个，他们在斡儿寒河（Orkhon，鄂尔浑河）与薛凉格河（Selenga，色楞格河）相汇合的地方。此河名从十一世纪末就在汉籍中出现了。有关蔑儿乞人与成吉思汗之间的战斗较量，参阅格鲁塞：《草原帝国》，第 256、262—263、264、269 和 272 页。

〔39〕蔑克里部族之名很难考订。范登温加尔在注释中对这一部族所作的考释是不妥帖的，因为鲁布鲁克所写的“克里”（Crit）人是克烈族人（Keraites），这后一个部族既名声赫赫，而又不为人们所确切了解。有关这后一个部族，见伯希和与韩百诗：《圣武亲征录》，第 1 卷，第 207—209 页。这一部族的名称也可能是在较晚的时期出现的，见伯希和：《〈明史〉中的火者（Hoja）和写亦虎先（Sayyid Husain）考》，1948 年莱顿版，第 133—134 页注〔102〕。同时还请参阅裕尔—考狄：《马可波罗游记》，第 1 卷，第 236 页注释和第 271 页注释。

〔40〕参阅上文注〔19〕。柏朗嘉宾在其游记（范登温加尔版本）第 52 页中认为“成吉思”这一尊号是一个专用名词，完全如同在其他地方写作“成吉思汗”（Chingischan）一样（同上版本，第 84 页）；波兰的班努瓦（同上版本，第 143 页）以及鲁布鲁克（同上版本，第 188、222、233 和 269 页等）、马里诺利（Jean de Marignolli）和马可波罗也持同样的看法。从这个时代起，所有的西方文献都把此名看作是一个专用名词，这种习惯用法一直延续到现在，因为当代史学家们还一直称作“成吉思——汗”。这一尊号变成了一个专用名词。另外，这种现象也既出现在穆斯林史学家的著作中，也出现在蒙古史著作中，《元朝秘史》也采取了相似的用法，除非在这种文献中我们可以把此名词解释成一个尊号再加上一个冠词。唯有西方人才习惯于使用“成吉思”这一术语以及作为一个专用名词的各种转写形式。唯有蒙古帝国的创始人才获得了这样一个尊号（“海洋皇帝”，即天下的皇帝）。他的继任者们则只享有“可汗”一名。所有人都被以他们的尊号“可汗”相称，或者是从这一尊号中再加入自己的个人名字。

〔41〕这里所涉及的人物叫做亦难赤必勒格不忽汗（Inantch Bilgä-Bügü-qan)，他可能于十二世纪中叶前后执政。这是一个突厥文名词，其中的亦难赤（Inantch）意为“值得信任的”，必勒格（Bilgä，毗伽）是“贤明的”，不忽（bügü）是“巫师”。因此，此名的全部意义就是“贤明的和值得信赖的巫师国王”，仆固可汗（Bügü-qan）原是一位古回鹘国王的名称，后来成了回鹘、乃蛮和钦察（Kiptchak，即库蛮人）人中的一位传奇性的人物。该可汗实际上有两个儿子，他们在蒙古史料中也很著名，分别继承了其王国的部分领土，互相对立起来了，这就使成吉思汗得以对他们各个击破。根据同一批史料来看，长者名叫台不花（Tai-buqa），实际上更以“太阳汗”（Tayang-qan）的名字而著称；次子叫做不亦鲁黑汗（Buiruq-qan)。然而，实际上可能应该把这一顺序颠倒过来，参阅伯希和和韩百诗：《圣武亲征录》，第1卷，第307页以下。太阳汗于1204年在成吉思汗对他发动的进攻中丧命，其弟（兄）不亦鲁黑汗于1206年（?）被杀。参阅格鲁塞:《草原帝国》，第269—273页。

〔42〕哈剌契丹汗国也就是黑契丹汗国，它于1130年左右由耶律大石所创，此人是契丹（Khitai）王室的国王，在契丹或辽王朝（916--1127）灭国后，他从中国北部逃走了，在热海（Issik-Köl，即伊塞克湖）和日亦烈河（Illi，即伊犁河）一带创建了一个国家，在短短的数年之内便吞并了可失哈耳（Kashgarie，喀什噶尔）和东伊朗的部分疆土，中亚的许多小突厥国王也都纷纷争相宣布归附。这一汗国可能一直维持到1218年，蒙古人在这一年仅用几个月的时间就征服了该地。参阅格鲁塞：《草原帝国》，第181—188，219—222和293—296页。哈剌契丹汗国的疆域成了察合台采地的主要组成部分，察合台是成吉思汗的二子，后来就以察合台汗国国王而名垂青史。

〔43〕此城位于叶密立河（Imil或Emil，额敏河），它注入了阿拉湖（Ala-Köl)。有关该城的情况，见布勒士奈德（Bretschneider)：《中世纪研究》，第2卷，第42—44页；此城可能距今之塔城（Tchugutchak）不远。参阅下文注〔187〕。

〔44〕我们在亚美尼亚国王海屯的行纪中也发现同类传说。参阅布勒士奈德:《中世纪研究》，第1卷，第168页。曾先后被巴耶兹德（Bayezid）和跛子帖木儿（Tamerlan）所俘虏，最后被掳至中亚并在那生活了很久的德国人希尔特贝热（Allemand Schiltberger）为我们留下了一些回忆录，他于其中也介绍了同类的传说。参阅朗曼特尔（Langmantel）版本，第27章，第39页。这一故事也可能是一种民间传说内容的反应，我们在汉文载籍中也可以看到，据这些文献记载，在中亚存在有一种被称为长“马腿”的人。

〔45〕参阅上文注〔6〕。

〔46〕畏吾儿人确实是把景教徒看做是自己本族的人。参阅多维利耶

(Jean Dauvillier):《中世纪外迦勒底省》，载《卡瓦列拉纪念文集》，第286—288页。但我们可以认为佛教在九世纪时的胜利导致了景教教会的衰落。然而，在元代，许多畏吾儿人仍为景教徒。他们的字母很早就被蒙古人所采纳，因为用蒙古文所写的第一篇碑铭就是借助于稍经变化的这种字母所表达的。参阅韩百诗：《成吉思汗墓志铭考》，载由高等中国研究所发表的《杂纂》第2卷，1960年巴黎版，第145—146页。

〔47〕范登温加尔采取了Sariemiur这种写法，但在他的版本中所保留下来的各种不同写法中，有一种为“Sarruyur”，这已由卢森堡所藏的一卷手稿所证实，所以后者是一种较好的形式。另外，柏朗嘉宾在下文不太远的地方又以一种更为高明的写法提到了这一民族：Sarihuiur。这里是指“撒里畏吾儿人”(Sari-uighur)或“黄畏吾儿人”，他们栖身于今甘肃南部的山区，参阅格鲁塞：《草原帝国》，第176页；对于更为详细的情节，见哈密顿(J. R. Hamilton)：《五代回鹘史》，1955年作为《高等中国研究所丛书》第10卷于巴黎出版，见第127—137页。

〔48〕对于哈剌尼惕人的考订，目前尚有许多难题，这里也可能系指柏朗嘉宾游记的注释者们所认为的“哈剌讷惕”人（Kananut）。哈剌讷惕人（Qaranut）也是蒙古人，他们形成了弘吉剌惕人（Qonggirat）的强大部族之一支，实际上变成了一个真正的部族，如同其他分支一样，如亦乞剌思部(Ikiräs)、斡勒忽讷兀惕部（Olqunut）和弘利乌惕部（Qongliut，Qongliut，?）等等。然而，我们感到非常奇怪的是柏朗嘉宾搜集到了一个次要部族的名称，即弘吉剌惕人的一个分支，它们也属于已由蒙古人所征服的各民族的名单中，这些民族中有一些则是蒙古人之外的民族，但与蒙古人却具有遥远的血缘关系；但他却遗漏了弘吉剌惕部之名。事实上，柏朗嘉宾名单中的两个名字，即哈剌尼惕和哈讷讷（Kanana）尚未被人考证清楚，或者是很难考证清楚。

〔49〕这里指的是斡亦剌（Oirat）或卡尔梅克人（Kalmouks）。据波斯史学家拉施特认为，斡亦剌人于成吉思汗以前那个时代居住在叶尼塞河（Iénisei）上游。这一部族的名字在马可波罗游记中可能是以Horiat的形式而出现的。仅仅是从元代蒙古皇帝们垮台之后，这一部族的历史才以令人比较满意的方式为人所知，也就是在明代（1368—1644年），他们的首领们试图取代成吉思汗世系的后裔。

〔50〕“哈讷讷”一名尚未考证清楚，在由范登温加尔所保留的各种不同写法中，有一种为Comana，严格地来说，此词就是指库蛮人或库蛮尼牙地区。请参阅上文注〔25〕和下文注〔112〕。但此项考订法中还含有很多的疑难，因为在柏朗嘉宾所列举的高地亚洲诸民族的名表中，也有“库蛮”（Comans）

一名。如果承认此名可以校正为 Corosmini，即指花剌子模人（Khorezmiens），但考订中也会遇到同样的难题。笔者本人确实不知此名究竟代表哪一个部族。

〔51〕柏朗嘉宾所介绍的故事涉及了反对女真（Djurtchet）或金人帝国的全部斗争，女真人的金政权创建于 1115 年，最后被蒙古人于 1234 年所摧毁。有关围困金都的全部详细情节并不仅仅包括围攻和夺取北京城，而且还涉及了围攻开封和一弹丸之城汝宁（原文为 Jouning，应为汝南。——译者），在由蒙古人夺取北京（1215 年）之前的一系列事件之后（1214 年），金帝国便迁都于开封，而女真的最后一位君主曾于汝南城避难。事实上，成吉思汗是于 1214 年包围金都北京城的，但却缺乏必要手段按照正常的办法包围全城，于是便接受了其对手的巨额战争纳贡。只是在这个时候，金朝皇帝吾睹补认为北京过分暴露于敌人了，于是便弃城而迁都开封，以黄河作为天然屏障。成吉思汗则以这一迁都决策为借口而重新发动战争，在兵临城下包围数月之后终于破北京城，屠杀了城中居民，在洗劫一空之后又纵火焚烧（1215 年）。在窝阔台临朝年间，蒙古人才彻底打败了女真人，开封城由速不台（Subutai，亦即柏朗嘉宾所称之 Sibedei）统大兵所围困。请参阅下文注〔96〕。开封城只是在经过长期围攻之后才于 1233 年 5 月间被攻破，金朝皇帝弃城而落难，仅仅逃到汝南，但该城也遭蒙古军队奇袭，他于 1234 年 2—3 月间自杀身亡。请参阅格鲁塞：《草原帝国》，第 286—293、321—323 页。

〔52〕“尚未征服契丹的另外半壁江山，因为它位于海上”，柏朗嘉宾这句话中的所指是中国南方，也就是马可波罗所说的“蛮子”（Mangi）人地区，这半壁江山即为中国的南宋王朝。元蒙军队于 1235 年与该帝国发生冲突。在柏朗嘉宾奉命赴蒙古搜集情报的时代，贵由不大注重中国南疆，战火长期拖延下来了，因为汉人曾奋起抵抗。根据蒙哥的旨令而又于 1252 年重新发动了一场战争，这场战争一直拖到 1279 年，直到那时宋室的最后一批抵抗者才被消灭。请参阅格鲁塞：《草原帝国》，第 323、350—352、353—355 页。

〔53〕柏朗嘉宾对契丹人所作的描述在欧洲人中是破天荒的第一次；同样，他也是第一位介绍中国语言和文献的人，但由于其中所涉及的都是寺庙和僧侣，所以他所指的很可能是汉文佛经。对于其他情况则相当含糊不清，唯有对汉人的性格和体形的描述除外。纪尧姆·德·鲁布鲁克提供了一些很重要的情况，参阅范登温加尔：《中国的方济各会士》，第 1 卷，见有关 Cathay 一条目。我们还可以从《海屯行纪》中发现同类资料，见《东方土地的希望之花》，载《十字军史学家文献集，亚美尼亚文献》，第 2 卷，第 121—122 页。

〔54〕范登温加尔版本（第 58 页）中采纳了 Tossuc 这种写法，并认为这是最佳写法，肯定是由于在该书下文不远处（第 65 页）又出现了 Tossuccan 一

词（见下文注〔68〕）。伯希和指出（《金帐汗国史札记》第18页），Tossuc 中的词尾——c 出自于 Chan 或 Can（=Khan），也就是汉语“汗”之对音，而且还应该附在一个人名的后面，事实上则应该理解为 Tossu-can，即术赤汗。换言之，柏朗嘉宾所说的 Tossu 完全相当于波斯史学家志费尼（Djuwaini）所说的 Tushi 或 Toshi，我们还会看到这种带有元音—o—的形式有时也可以附加于汉人的名字上和海屯（Hethum）的名字中，使后者变成了 Héthoum 这种形式。有关术赤名字的写法问题，见下文注〔68〕。

〔55〕“汗”（Chan 或 Can，即 Khan 之对音）是由突厥—蒙古部族许多王公所享有的一种尊号。有关其可能的起源问题，参阅韩百诗：《成吉思汗墓志铭考》，载由法国高等中国研究所编纂之《杂纂》，1960 年巴黎版，见第149—151 页。

〔56〕柏朗嘉宾于此混淆了对三个印度的称呼，参阅下文注〔152〕和〔156〕。对“小印度”（即“中印度”）的征服战争系指对伊朗诸小王国发动的军事行动，后者占据位于马克兰（Mekran，即 Makran）以西地区，也就是马可波罗所说的 Kesmacoran。请参阅韩百诗：《马可波罗对世界的描述》，第284 和 410 页。

〔57〕有关约翰长老（Prêtre Jean）的传说似乎是在十二世纪前半叶形成的，它最早出现在弗赖辛格（Otto de Freisingen）的史著中，后来又出现在阿德蒙（Admont）的编年史中，尤其是出现在于 1165 年传到罗马的一封信札中，此信札可能是由约翰长老致曼奴埃尔（Manuel）一世教母的，其中约翰长老自称为“三个印度和从巴贝尔（Babel）堡到信徒托玛斯（Thomas）墓之间辽阔地区的国王”。

这一传说似乎是与传到西欧的有关在中亚和南亚存在有基督教徒的古老故事的反响有关，特别是由于人们在有关圣·托玛斯（SaintThomas）以及由他所创建的基督教地区问题上又似乎是得到了一种貌似证据的东西，因为似乎可以由此而证明由阿尔弗莱德大帝（Alfreid Le Grand）于 883 年派向印度的英国主教西格尔穆斯（Sigelmus）的旅行，如果这里所指的是一件确实无疑的事实，那么在 1122 年就有一位叫做约翰的印度“主教”曾出使罗马卡利克斯廷（Calixte）教皇二世。参阅《蒂斯朗（Tisserand）红衣主教在印度创立的基督教东教区》，由昂比耶（E. R. Hambye）所译，1957 年伦敦版，第 19 页。

由于在 1140 年左右创建了哈剌契丹汗国，同时又有以成吉思汗为首的蒙古人出现了，在中亚所出现的这一连串事件又使东方基督教徒，尤其是使景教徒们把那些战胜了穆斯林教徒民族的君主们当做是基督教的赞助者；基于这一原因，他们认为距使一些君主皈依基督教的时间已经为期不远了，这一点是势在必行。不仅仅是那些君主们被认为如此，而且还认为其他那些地位高低不同的统治者们也具有这种可能性，这就使西方最终相信东方存在有一位基督教徒君主，同时又是宗教首领，即约翰长老。在与蒙古人的接触正常化以后，西方又派出了多明我会士与方济各会士作为使节出使东方，这些使节们便试图把中亚的某位所谓的基督教君主考证成约翰长老；后来，像马可波罗（很可能还有其他人，但已被人们忘怀了）那样的商人随着他们逐渐向亚洲推进，也都在试图找到约翰长老，但实际上从未能如愿以偿，以至于使这一传说也有所变迁，最后落到了阿比西尼亚及其君主头上了。

这一传说的第二种形式可能是随着阿比西尼亚进香人来到耶路撒冷朝圣时所叙述的故事而形成的。在1177年间，教皇亚历山大三世（Alexandre Ⅲ）通过其忏悔神甫菲利普（Philippe）而致函阿比西尼亚君主，称他为“著名的和卓越的印度国王约翰”；1329年8月21日被教皇敕封为印度主教的儒尔丹（Jourdain de Séverac）也谈到过约翰长老，并认为他就是阿比西尼亚皇帝；马里诺利（Jean de Marignolli）后来在谈到阿比西尼亚时也认为：“人称那里为约翰长老之地”。这一传说可能一直沿用到十六世纪末，甚至是十七世纪初叶，正如1622年于巴黎出版的一本有关约翰长老的小册子所证实的那样。西方人在六百多年期间一直在寻找一位既是信仰基督教的君主，同时又是宗教首领的人，但都是枉费心机，一无所获。

〔58〕从各种迹象来看，这里所说的进攻“约翰长老”的战争系指由成吉思汗及其部将们对花剌子模沙摩诃末（Khorezmshah Mohammed）的儿子札阑丁（Djelal-de-Din）所发动的战争。实际上，这位花剌子模王子在其父的汗国崩溃之时逃脱了蒙古人的加害，请参阅格鲁塞：《草原帝国》，第297—302页。该王子逃到了哥疾宁（Ghaznā，即今阿富汗之加兹尼），避难于阿富汗的深山密林之中，在那里重建了一支军队，在阿不里（Aboul，喀布尔）之北的八鲁湾（Perwan，帕尔万）击溃了一支蒙古军队。成吉思汗发大兵征讨，在辛头河（Indus，印度河）畔追上了这支军队，并挫败了他（1221年11月）。札阑丁又成功地逃脱，逃到了德里宫廷。次年，内蒙古八剌（Bata，札儿忽赤）率领的一支特遣军进入印度，一直深入到木尔坦（Multan），但由于气候酷热又被迫撤退。札阑丁又于1224年回到了伊朗，但却被克尔曼（Kirman）和法尔斯（Fars）的国王们所识破，他然后就去夺取亦思法杭（Ispahan，伊斯法罕）和波斯的伊拉克（Iraq Adjemi），最后于1225年前往夺取阿哲尔拜占（Azerbaïdjan，阿塞拜疆）。当他于1230年被大马士革和小亚细亚的伊斯兰君主们战败前夕，已经控制了整个伊朗西部。就在这个时代，蒙古人进入了舞台，并入侵西伊朗，因而才使前者的勃勃雄心化为泡影。他最后于1231年在

曲儿忒（Kurdistan，库尔德斯坦）被杀。然而，在蒙古人入侵和花剌子模汗国崩溃之后，他还多活了十年。在柏朗嘉宾搜集有关这些事件的时代，在印度一带再没有发动任何入侵了，只是到了十三世纪下半叶才又重新开始，但从此之后再没有发动过比较持久的征讨。

〔59〕柏朗嘉宾很可能是在他于哈剌和林居住期间搜集到这些有关中亚和北亚的民间文学故事的。范登温加尔版本（第74页注①）参照了对柏朗嘉宾游记的各位注释家们的观点。在所有这些故事中，有两项是特别引人注目的，这就是有关“狗国”和“牛腿人国”的故事（参阅下文注〔119〕，而且还是把这些人与萨莫耶德人同时引用的。实际上，这两个故事在汉人胡峤的游记故事（十世纪中叶）中都曾原文出现过，据这一故事记载，狗国可能位于东西伯利亚，而长牛腿的突厥人王国则居住在更靠北部的地方（见沙畹：《赴突厥和女真人中的汉族旅行家》，载《亚细亚学报》，1897年5—6月，第31—33页）。在一卷敦煌藏文写本（可能为九世纪）中同样也出现过狗国，此文书已由巴科先生以《八世纪时五位回鹘使节对高地亚洲北部的考察》为题而发表（载《亚细亚学报》，1956年，见第147页）。然而，同样也曾在哈剌和林居住过的海屯国王也用亚美尼亚文为后人留下了一篇游记故事，文中也介绍了同样的事实〔白罗舍：（Brosser）：《两位亚美尼亚史学家》，第1卷，第180页〕。这些故事中的记载在高地亚洲地区维持到很晚的时代，因为我们在十九世纪初叶的一篇藏文史料中还曾发现过。参阅胡特（Georg Huth）：《蒙古佛教史》，1896年斯特拉斯堡版，第2卷，第33页。事实上，柏朗嘉宾似乎也把狗国置于阿穆尔河下游，参阅利斯版本，第126—128页，有关确定狒狒生活区域的中世纪史料以及由范登温加尔文本第60页注①中所提出的不同说法。

〔60〕范登温加尔文本第60页中采纳了这种形式，而在下文不远的地方（第89页）却又更乐意使用Buritabet这种形式，虽然在他所保留的各种不同写法中还有一种形式为Barithabet，即波黎吐蕃。这里并不是指今之西藏，而是指大致位于库库诺尔湖（青海湖）以西的地区，如被称为柴达木盆地的地方，至少也是指库库诺尔以东的西宁。这一地区属于西夏或唐古特王国，后来被成吉思汗所征服，其时间或为1205—1209年之间，或为1226—1227年之间。只是到了晚期，即在1251—1275年之间，吐蕃人才被蒙古人所征服。

〔61〕范登温加尔版本第61页注④中认为，这里系指叶尼塞河流域的乞儿吉思人（Kirghiz，即今我国国内的柯尔克孜人或吉尔吉斯斯坦。——译者），由于其中提到了“里海山脉”，所以使人联想到文中本意并非指乞儿吉思人，而是指薛儿客速人。乞儿吉思一词（范登温加尔版本第74页）是在论述到绰儿马罕（Cirpodam，也就是Tchormaran）于1229—1231年对太和岭（Caucase，

高加索）和小亚细亚的远征时才出现的。因此，这一名词系指这些地区的一个民族，从各种迹象来看，很可能是指薛儿客速人（Circassiens，即今之切尔克斯人。——译者）。另外，范登温加尔版本中确实也辨认出了鲁布鲁克游记中的薛儿客速人（第181页注④），其中把此名称记载作Kerkis。

〔62〕如同上文的乞儿吉思人可能是指薛儿客速人一样，“里海山脉”也可能是指太和岭（高加索山）。有关大雾的现象，请参阅《海屯行纪》（《十字军史学家文献集，亚美尼亚文献》，第2卷，第119和169页），其中记载了由范登温加尔所提到的同样事实，当然肯定还应该从中补充以由马可波罗（参阅韩百诗：《马可波罗对世界的描述》，1955年巴黎版，第42页）所描述的有关卡罗纳斯（Caraunas）人施魔法的情况。

〔63〕范登温加尔版本（第62页注②）认为这里系指穴居人，但实际上似乎应该另当他论，值得去寻求另外一种解释。这里似乎是指一种民间传说的内容，也就是“自我封闭的民族”，这是对与亚历山大传奇史有关的廓族人（Gog）和玛廓族人（Magog）传说的反映。这些传说出现在《启示录》（《圣经·新约》中的一卷。——译者）第20章，第7节，似乎是来自《以西结书》（Ezechiel，《圣经·旧约》中的一卷，属《先知书》。——译者）第38章，第1节；也可能是来自被称为《创世记》（《圣经·旧约》中的第1卷。——译者）中，而《古兰经》中又重复了这些传说（尤其是第18和21卷），其中又掺杂了一些有关亚历山大修筑高城墙的传奇故事，这是亚历山大应他在向北征战途中所遇到的某些民族的要求而修筑的，以防备居住在世界东北地区一个民族的蹂躏，这一民族在世界的末日又向南进行劫掠；该民族被称为牙祖吉（Yadjoudj）和马祖吉（Madjoudj），即廓族和玛廓族人。因此，该民族一直自我封闭到世界的末日，徒劳无益地试图摧毁可以进入城内铁门的城墙。到了十三世纪末，又把这一传说的地方确定在高加索地区，因为在那里矗立起了一些防御工事和铁门，由该铁门便可以进入距里海海岸不远的打耳班（Derbend）。有关这一传说，请参阅安特生（Anderson）：《亚历山大的大门，廓族和玛廓族人以及自我封闭的民族》，剑桥大学所藏手稿，1932年作。

有关马可波罗所讲的由太阳所引起的不可忍受的隆隆声（参阅韩百诗：《马可波罗对世界的描述》，1955年巴黎版，第66页）似乎是针对罗布（Lop）沙漠而讲的。参阅利斯版本，第133—134页；穆耳（Moule）：《会唱歌的沙漠》，载《通报》，1931年，第28卷，见第86—87页。

〔64〕贵由大汗是窝阔台的长子，他诞生于1206年，1246年8月24日登基称帝，完全如同柏朗嘉宾所介绍的那样。贵由汗卒于1249年3—4月，由于过度贪恋酒色而精力衰竭，死于距别失八里（Besh-baliq）有七日行程的横相

乙儿（Qum-Sängir）。参阅伯希和：《蒙古与教廷》，第196—197页。在继承他的皇位的问题上出现了一系列的宫廷阴谋，最后导致了把窝阔台家族从皇位中排斥了出去，推举拖雷（Tolui）的儿子、窝阔台的弟弟蒙哥称帝的一系列事变。参阅下文注〔131〕有关此名的另一种转写法；有关这后者的情况，参阅下文注〔71〕。

〔65〕这里是指在脱列哥那（Törägänä）摄政初期（1242—1246年），成吉思汗最年幼的弟弟铁木哥（Tämügä）所作的一次尝试。此人离开了他那位于东蒙古和满洲吉林地区的采地，率领自己的部队向哈剌和林进军，其目的肯定是试图夺取政权，但后来又放弃了自己的计划而返回故地。请参阅格鲁塞：《草原帝国》，第334页；《多桑蒙古史》第2卷，第194—195页。有关铁木哥及其世系的情况，见韩百诗：《〈元史〉卷107译注》，第23和34—48页。因此，柏朗嘉宾在把铁木哥说成是成吉思汗侄子是误解了，而实际上则是他最小的弟弟；而且各种东方资料并没有说他曾被杀死，而是说他返回了自己的封地。另外，贵由在登基时也曾调查过铁木哥的态度，并且还惩治了其亲近中的某些成员。

〔66〕同样也请参阅下文注〔127〕。范登温加尔文本在这一段中（第65页）和在第6章，第2节开始处（第77页）又保留了其他形式：在第一种情况下为Tenebras，而在第二种情况下则为Tenebre。范登温加尔在其注释中所提到的任何一种写法都无法使我们改进这些异文，从前后文来看则可以肯定这是一个蒙文字tümän，意为“万”，但抄写得不好，在原文中则应该转写为“tumen”。这一混乱肯定来自由柏朗嘉宾在斯拉夫社会中所搜集的情报，俄文中的t'ma之词义为“黑暗的”或“含糊的”，同时也具有“万”的意思。

〔67〕请参阅上文注〔29〕，其中提到他的名字时所附的尊号为Can，即“汗”（根据所采纳的不同转写形式而应分别为Khan或qan）。柏朗嘉宾认为他是成吉思汗诸子中的最年长者，而在下文不远的地方又以Occodaycan（即窝阔台汗）的名字称呼他。他还认为窝阔台有数位儿子，长子是贵由，其次是阔端（Cocten，参阅下文注〔72〕）和昔列门（Chirenen，应读作Chiremen），此人正是下文注〔90〕中所提到的Siremen，并且还补充说：“如果他还有其他儿子的话，那我们则不知道其名。”

〔68〕有关术赤一名的各种形式及其名字的起源，请参阅伯希和：《金帐汗国史札记》，第10—27页，特别是第18页，伯希和于其中研究了由柏朗嘉宾所提供的写法，并且得出结论认为应该把这种形式复原为Tossucan，即术赤汗，请参阅上文注〔54〕。

〔69〕这种对音系指成吉思汗的第二子察合台（Tcharatai），这一蒙古人名

系由蒙古文 tcharan（白色的）派生而来的。此名在穆斯林和汉族史学家们的载籍中是颇为著名的，其五花八门的转写形式归根结蒂也都源出同一个原文。在西方，此名又分别转写成以下各种形式：马可波罗转写成 Ciagatai，使节克拉维若（Clavijo）转写成 Chacatay，希尔特贝热（Schiltberger）转写成 Zagatay，其中的 ch-和 z-就相当于 tch-。察合台诞生于 1185 年左右，卒于 1242 年。他从其父处继承了一部分穆斯林中亚的领土，正是出于这一原因，其后裔们所统治的这一部分地区在十四世纪就被西方人以其国王们先祖的名字相称，“察合台”一名从此之后变成了一个地理名称了。有关察合台汗国的问题，请参阅伯希和：《马可波罗游记注释》，第 1 卷中有关 Ciagatai（察合台）一条目；《伊斯兰百科全书》中有关 Caghatai-Khan（察合台汗）一条目。有关察合台的后裔，见韩百诗：《〈元史〉卷 107 译注》，第 57—64 页。

〔70〕这里系指拖雷国王，他的正宫娘娘是唆鲁禾黑帖尼别吉（Sorqaqtani-bägi），请参阅下文注〔83〕中有关 Soroctam 的条目。他们一共生了四个儿子：蒙哥、忽必烈（见下文注〔91〕中有关 Hubilai 一条目）、旭烈兀（Hülägü）和阿里不哥（Ariq-bögä）。该国王此外还有与王妃共生的七个庶子。拖雷可能诞生于 1186 年和 1190 年之间，因为前一个时间是其弟窝阔台诞生的时间，而他的长子蒙哥（见下文注〔89〕中有关“蒙哥”一条目）又诞生于 1209 年。他晏驾于 1232 年 10 月，享年四十岁左右。有关拖雷世系的后裔，见韩百诗：《〈元史〉卷 107 译注》，第 88—89 页。其名的起源至今尚未考证清楚。

〔71〕“贵由大汗”这一名称曾多次在柏朗嘉宾游记中出现过，但对于“贵由”一名，有时写作 Cuyuc（贵由），有时又写作 Cuyuccan（贵由汗，见上文注〔64〕），有时又作 Cuyuckan（贵由汗，见下文注〔131〕），所有这些不同写法均为原蒙古文 Güyük-Khan 的对音。穆斯林教徒及汉人的拼写法都应归纳为 Güyük 这种形式；唯有某些西方文献才提出了一些稍微有些不太规则的形式，特别是鲁布鲁克写成了 Keuchan，而马可波罗则写作 Cui，这一切实际上都是另一种不多见的蒙古文形式 Güik 的对音，源出于蒙古文 güi——或 güyü——，其本意为“奔驰”。有关贵由汗的家族及其生平年代，见上文注〔64〕。

〔72〕似乎应该把这种形式复原为 Coete，因为范登温加尔版本中（第 65 页）所保留的各种形式可以使我们联想到，第一个音节中的 – c – 应校正为 – e –。这位国王是窝阔台的第二子，名叫阔端（Ködön 或 Kötän），他膝下儿女成行，详见韩百诗：《〈元史〉卷 107 译注》，第 71 和第 74—76 页。

〔73〕柏朗嘉宾认为昔列门这一人物是窝阔台的儿子之一。事实上，他却

是窝阔台皇帝的孙子之一，也就是窝阔台的第三子阔出（Kötchü）的儿子，他与下文不远的地方（见下文注〔90〕中有关 Siremen 以及注〔92〕中有关 Siremun 等条目）所提到的人均为同一人。有关窝阔台的后裔，参阅韩百诗：《〈元史〉卷 107 译注》，第 71—73 和 76—78 页。

〔74〕参阅上文注〔18〕。柏朗嘉宾搜集了有关术赤家族的一些非常具体的资料，正如下文的世袭表所证实的那样：

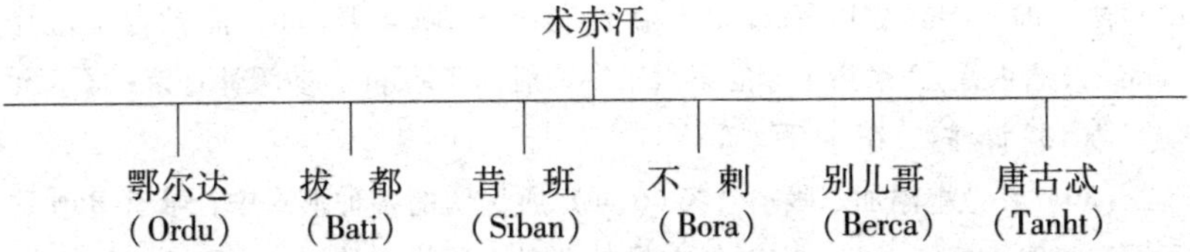

〔75〕在术赤逝世时，其长子并没有继承他所遗留下来的全部领土。拔都成了其父的真正继承人，似乎对全部领土都行使了他的权力，这片领地后来就被称为金帐汗国（钦察汗国）。该汗国的领土从欧洲的边界一直延伸到西伯利亚目前尚难以具体确定方位的地方，后一地区作为采地而分给了拔都的诸兄弟，但所有兄弟们都承认拔都的统治权。鄂尔达似乎曾统治过今之哈萨克斯坦大草原地区，也就是从锡尔河以北一直到北部目前尚难以确定的边界地区，从巴尔喀什湖西部一直到鄂比河盆地。请参阅巴托尔德：《蒙古人入侵时代的突厥斯坦》，第 392 页。他是“白帐汗国”（Horde Blanche）的缔造者。有关鄂尔达一名，请参阅伯希和：《金帐汗国史札记》，第 29—33 页。这一国王的名字很可能与“斡耳朵”（ordu/ordo，意为“皇家幕帐”）没有任何关系，柏朗嘉宾在其他地方又把“斡耳朵”写作 orda。

〔76〕昔班一名既作 Siban，又作 Shiban，他是术赤的第五子，获得了位于南乌拉尔东部和东南部的采地，地处赐予其兄鄂尔达采地的北部。有关昔班的情况，参阅伯希和：《金帐汗国史札记》，第 41—47 页。

〔77〕不剌王子是别儿哥（Bärkä）的幼弟，也就是金帐汗国的未来可汗。据波斯史学家拉施特认为（白罗舍版本《拉施德史集》第 2 卷，第 95 页①），术赤的第十一子叫谟罕默德（Mohammad）。参阅韩百诗：《〈元史〉卷 107 译注》第 55 页。但同一位拉施特（白罗舍版本第 2 卷，第 126 页①）又称他为“不剌”（Bora）。这位王子可能是在他受皈依进入伊斯兰教的时候才获得了谟罕默德一名，他是与别儿哥和伯勒克察耳（Bärkätchär）诸兄弟一起受皈依的。参阅伯希和：《金帐汗国史札记》，第 49 页。

〔78〕这一对音形式系指术赤的第三子别儿哥，此名在蒙古文中的原意为“困难的”。在拔都于 1255 年逝世之后，其长子撒里答（Sartaq）于当时继其位，但不幸早逝，其逝世时间可能为 1256 年，最晚不超过 1257 年。这样一

来，金帐汗国的君权便落到了别儿哥手中，后者在皈依伊斯兰教之后于1265年或1266年薨逝，但从来没有取过穆斯林教名。他是成吉思汗世系后裔中第一位皈依此教的人。有关别儿哥，见《伊斯兰百科全书》中所发表的Berke一条目；伯希和：《马可波罗游记考释》中有关Berca一条目；《金帐汗国史札记》，第47—51页。

〔79〕范登温加尔版本中采纳了Thaube这种写法，实际上则还有两种不同的写法，即Tanht或Bercathauth。后者应读作Berca Thauth，前者肯定应作Tanhut（唐古忒），系指术赤的第六子，一般作Tangqut。参阅韩百诗：《〈元史〉卷107译注》，第54页。

〔80〕在范登温加尔版本（第66页）所保留的各种形式中，唯有Buri这种写法最为正确。因此，应对他在另外两段中所采纳的Burim和Brin（第67页）这两种写法进行校正。不里王子一名不见于汉文载籍，其原因肯定是由于他仅仅在西亚起过作用；而穆斯林史料中对他却十分熟悉，一般均称之为Büri。他是木阿禿干的第二子，而木阿禿干又是成吉思汗最为宠爱的孙子之一，他留下了许多后裔，各自在中亚史上都曾起过重要作用。参阅韩百诗：《〈元史〉卷107译注》，第23和24幅图表。有关他的逝世情况，见《多桑蒙古史》，第2卷，第269页。

〔81〕合丹（Qadan）并不是察合台的儿子，而是窝阔台的第六子。参阅韩百诗：《〈元史〉卷107译注》，第71和81—84页。有关此人在匈牙利所起的作用，见《多桑蒙古史》，第2卷，第138、147、156—159页。

〔82〕尽管范登温加尔本（第66页注⑩）中具有许多不同的和发人深省的异体，他却采纳了Mongu这种写法，但Mengu这种写法则更为令人满意一些。拖雷（成吉思汗的第四子）诸子中最为年长者叫蒙哥，在突厥语中的写法为Mängü，这也是柏朗嘉宾所风闻的叫法；在蒙古文中则为Mongka。此名之义为“永久的”。有关这位皇帝的生平，见格鲁塞：《草原帝国》，第341—352页。他诞生于1209年1月10日，晏驾于1259年8月21日。

〔83〕虽然蒙哥大汗母亲唆鲁禾帖尼的名字有许多不同的写法，如Serectan和Seroctan等，但范登温加尔却采纳了Sorocan这种写法。这一王后的名字人所共知，因为她在穆斯林文献、蒙古文、古叙利亚文和汉文史籍中都曾出现过，虽然其写法的正谬程度不同，但我们可以将之复原为Sorqaqtani-bägi。伯希和在《论唆鲁禾帖尼的真名》（《通报》，1932年，第43—54页）得出结论认为，应该采纳Seroctan或Soroctan这两种写法，而且最后一种又似乎为最佳。

〔84〕在由范登温加尔版本的注释中（第66页）所保留的各种不同写法

中，Bechac 这种形式也可能为最佳。这里实际上是指拖雷的一个儿子，名叫拔绰（Bödjäk 或 Bötchök）；汉文载籍中认为他是第八子，而穆斯林史料中则认为是第七子。其母是迎娶自乃蛮部的一位妃子。有关该王子的情况，见韩百诗：《〈元史〉卷 107 译注》，第 88—89 和 100—103 页。

〔85〕参阅上文注〔80〕。

〔86〕有关这一人物，请参阅上文注〔76〕。在柏朗嘉宾游记的这一段文字中，与这一人物（昔班）和上文所提到的他的一位同父异母兄弟（合丹）之间可能发生了混淆（参阅上文注〔81〕）。实际上，在范登温加尔版本注释中所保留的各种形式中，有三种似乎是指合丹，其混淆也可能是由于这两个名字的尾音相同；另外，合丹和昔班都曾参加了远征匈牙利的战争。柏朗嘉宾也可能是同时列举了这两个名字，因为有些手稿中保留了 Cadan 的写法，而其他手稿中则作 Syban。

〔87〕这里是对唐古忒（Tangqut）一名不太规则的对音。参阅上文注〔79〕。

〔88〕范登温加尔版本（第 67 页）在绰儿马罕的名字问题上采纳了 Chirpodan 这种形式，而在另一段中（第 74 页），他则更倾向于采纳 Cirpodam 这种形式。在第一段文字中，他共保留了三种以-n 结尾的形式，其中两种形式的开头字母为 ch-，即 tch-；而在第二段中，他又保留了两种以 - n 结尾的形式，其中一种形式与第一段中的写法相同。这些不同的写法均指蒙古将军绰儿马罕，完全如同另外两段文字所指出的那样，因为文中认为他指挥了对西亚穆斯林教徒们的军事行动。因此，绰儿马罕一名的 Chirpodan 这种写法最为正确，因为它保留了一种正确的结尾-n。但此名的对音（正如现在已保留的那样）是很难解释的。

〔89〕参阅上文注〔82〕。

〔90〕由柏朗嘉宾所提供的名单中两次提到了同一个名字的两个不同对音形式：Sirenen（应读作 Siremem）和 Sirenum（应读作 Siremun）；这里指得是窝阔台的孙子昔列门（Shirämün 或 Shiramum）。有关此名和这位王子，参阅伯希和：《蒙古和教廷》，抽印本第 203—204 页。

〔91〕对于柏朗嘉宾通过 Hubilai 一名而指的那个人物的考订还有一些困难，如果初看起来，人们也可能认为这里并不像范登温加尔所想象的那样系指忽必烈（Qubilai）皇帝；各种手稿中的写法互相之间并不相互吻合，尤其是用开首音节 hu-来转写 qu-的做法显得有些脱离常规。事实上，在柏朗嘉宾游记中所出现的用声母 h-开始转写的形式相当罕见，我们可以从中发现 Huiri 和 Huyur = Uiguri 和 Hordu = Qrdu，其中的字母 h 有时相当于 Hordu 中的一个开首

清唇声母，有时又相当于一个简单的元音声母，完全如同在 Vighur 一词中的情况一样。另一方面，西方人对忽必烈（Qubilai）一名的转写法始终附带有一个喉音声母。马可波罗曾写作 Cublai；在尼古拉三世（Nicolas Ⅲ）致伊利汗阿八哈（Ilkhan Abagha）的书札中把忽必烈一名写作 Quobley；尼古拉四世于 1289 年致书忽必烈汗时写作 Cobla Chan；伊利汗阿鲁浑（Ilkhan Arhun）又写作 Coble；唯有 1375 年的卡塔卢尼亚文地图中才出现了一种讹变形式 Holubeim。然而，这里确实是指忽必烈皇帝，因为此名是与拖雷后裔们的名字以及蒙古将军们的名字写在一起的。

〔92〕参阅上文注〔90〕和〔73〕。

〔93〕这里系指术赤的第八子桑库尔（Shingqru）。参阅韩百诗：《〈元史〉卷 107 译注》，第 55 页。

〔94〕范登温加尔版本中采取了 Chuacemur 这种形式；然而，该版本在第 67 页中也保留了各种不同写法，如 Tuatemur、Thuatenyr 和 Thuatamur；除此之外，还应补充以卢森堡所收藏手稿中的 Tuathemur 这种异体。根据人们所普遍承认的一种突厥文或蒙古文发音的规则，这些书写形式应读作 Thuatemyr 或 Thuatemur，第一种形式似乎是最为正确的，应复原为 Thuatemyr。因为这里系指术赤的第十二子脱哈帖木儿，波斯史学家拉施特写作 Tuqai-temür。参阅韩百诗：《〈元史〉卷 107 译注》，第 55 页。

〔95〕范登温加尔采纳了 Caragai 这种写法，但他在其文本第 67 页中又保留了其他各种形式，如 Karanchay、Cyragay 和 Baragay 等等写法。但实际上似乎应采纳 Caragai 或 Karachay 等形式，这些形式均源出于其原文 Qaradzai 或 Qaratchai。我仅仅知道有一位王子叫做 Qaratchar，即窝阔台的第四子哈剌察儿，但既由于政治原因，又由于他的采地在东亚，所以这里似乎不可能是指此人。另外还有范登温加尔的假设，他希望将此名看成是 Tcharatai，亦即成吉思汗的第二子察合台，这一点是可能的，但其中依然困难重重。

〔96〕这里系指著名的蒙古将领速不合（Sübägätäi > Sübätäi），既由于他南征汉地而名声赫赫，又以其统大兵西征而军威远震。参阅格鲁塞：《草原帝国》，第 306—308、322、328—333 页。在中国元代的正史中存在一有这位将军的两篇传记。但我们仅掌握其中一篇的古老译文，由雷慕沙（Abel-Rémusat）翻译发表在《亚洲新杂纂》，1829 年巴黎版，第 2 卷，第 89—97 页；此外还有布勒士奈德的不完整译文，载《中世纪研究》，第 1 卷，见第 287、297 和 330—331 页。他可能于七十三岁时卒于设在秃纳河（Danube，多瑙河）的幕帐中。

〔97〕参阅上文注〔77〕。

〔98〕参阅上文注〔78〕。

〔99〕这里可能系指察合台的长子（而不是像范登温加尔在其文本第67页注⑨中认为的那样是第二子）马兀赤（Motchi），但这仅仅是一种可能性。有关这一人物的生平，请参阅韩百诗：《〈元史〉卷107译注》，第23幅图表。在那些参加西征的王子名表中所讲的并不是马兀赤，由于察合台的长子是出现在距其父领地如此遥远的地区，因而使这一考证变得疑难很大了。这里很可能是指一个同名者，此人也可能与术赤家族具有亲缘关系。

〔100〕此人的名字有时写作Corrensa（范登温加尔版本，第67页），有时又作Corenza（同上引书，第104、106、108、109、121和128页）。波兰的班努瓦也以第二种形式提到过此人（范登温加尔本）。现在可以肯定，这些不同的写法都应改作Coremsa或Curemza，它系由"花剌子模人"忽鲁木石（Qurumshi）的名字演变而来。现在几乎完全可以肯定，此名系指术赤长子鄂尔达的第三子，波斯史学家拉施特编制了该家族的世系，见白罗舍版本《拉施特史集》（世界通史），1911年伦敦版，第93页。有关这种假设，见伯希和：《金帐汗国史札记》，第9页；同一作者：《汉籍中的花剌子模一名》，载1938年《通报》，见第151页。

〔101〕柏朗嘉宾前后四次谈到了木速蛮（Bisermini）或"木速蛮地区"，此名词的最常见形式为Busurman，即为人所共知的Musulmans（穆斯林教徒）的讹变形式，这在俄文中是常见的写法。Altisoldani（大算端）被柏朗嘉宾看作是一个专用名词，但却出现在一个更为正确的词组中："terra Altisoldani"，意为"大算端的地区"；实际上，似乎应该把这个词看作是一个专用名词，因为博韦的樊尚（Vincent de Beauvais）在其著作中则写作Altissodan。所以，这里很可能是指札阑丁，即花剌子模算端摩诃末（Sultan Mohammed）的幼子（Altisoldan < 〔Dj〕alti〔n〕Soldan < Djalaldin-Soltan < 蒙古文Djalalding-Soltan）。"大算端"地区和穆斯林教徒地区均指花剌子模沙（Khorezmshahs）古老领地的北半部。

〔102〕此城位于锡尔河下游，有关此名在东方和汉文史籍中所出现的各种写法，见巴托尔德：《蒙古人入侵时代的突厥斯坦》，第179页注③。

〔103〕范登温加尔版本中采纳了Sakint这种写法，但他表现得束手无措。此外他还提供了一些不同的写法，其中之一为Iamkint，它可以促使我们决定应将之读作Iamkint或Ianikint，而且更可能为后者，也就是养吉干城（Yänikänt）。有关养吉干城的情况，请参阅下文注〔108〕。

〔104〕对于该城的考订衍出了各种不同的观点，正如范登温加尔版本第70页注⑥中所指出的那样，其原因是由于波兰的班努瓦（同上版本，第137

页注⑨）将此城置于可萨人地区。然而，后者在谈到该城时还补充说，“这是一个很富裕的地区，鞑靼人用以水淹城的方式而夺取了它”。这一事实可以使我们把该城考订为玉龙杰赤（Urgentch），即花剌子模的古都，我们通过穆斯林史学家们而获悉，由于鞑靼人决开了一条阻挡阿母河的堤坝而水淹城池，这就可以使人肯定此城在蒙古人破坏之后又遭水淹。有关这一问题，请参阅《多桑蒙古史》，第 1 卷，第 270 页。有关对该城的考订，请参阅巴托尔德：《蒙古人入侵时代的突厥斯坦》，第 437 页注②。柏朗嘉宾在这段文字中把锡尔河与阿姆河混淆了。

〔105〕可萨人于 13 世纪占领了位于克里米亚山区与彼列科普地峡（Isthme de Perekop）之间的地区，此外还包括伸向北部的一部分草原地区，即沿着黑海和第聂伯河向东南方向延伸的地区。请参阅邓禄普（D. M. Dunlop）：《犹太可萨人史》，1954 年普林斯顿版。

〔106〕柏朗嘉宾始终以罗塞尼亚人（Ruteni，乌克兰人）指斡罗思人（俄罗斯人），同时也称其地为斡罗西亚（Ruscia）。

〔107〕柏朗嘉宾在其游记下文中提到这一民族时也称之为：“生活在亚洲的阿兰人”，此民族包括阿兰古民族的残余部分，居住在太和岭（高加索）以北以及达里亚尔（Darial）山口地区，他们在那里则以阿速人而著称，由此而衍出了后来的各种奥谢梯人（Ossètes），后者是谷儿只人对他们的称呼。中世纪的阿兰人可能出自于阿兰人的大部落联盟，该联盟于 4 世纪末在匈奴人的攻击下而崩溃，他们是由东伊朗部族所组成，在公元初年左右似乎是居住在靠东部更远一些的地方，西方人则以阿奥尔斯人（Aorse）称呼之，甚至还可能是汉人所说的奄蔡人。参阅下文注〔145〕。

〔108〕波兰的班努瓦也以基本相同的转写形式而提到了此城：Iankynt，这就是养吉干（Yäng-Kant 或 Yänikänt）古城，位于锡尔河下游的左岸，穆斯林史学家们则以一个波斯文名称 Dih-i Nau（意为“新城”）而称呼之。参阅《世界境域志》（Hudud al-'Alam），米诺尔斯基（Minorski）版本，第 122 页；W. 巴托尔德：《蒙古人入侵时代的突厥斯坦》，第 178 页；《伊斯兰百科全书》第 4 卷，第 469 页中有关 Sir-Darya（锡尔河）一条目。有关柏朗嘉宾文中此名的其他形式，请参阅下文注〔180〕和〔200〕。

〔109〕柏朗嘉宾以此名指大盐池（Aral，咸海），被他混淆的锡尔河与阿姆河都注入此海。养吉干城即位于锡尔河畔，斡尔纳思城（Ornas）位于阿姆河畔。

〔110〕元代之乞瓦即指今之基辅城，此名是柏朗嘉宾从斡罗思人那里听来的。

〔111〕有关袭击斡罗思人的战争，请参阅格鲁塞：《草原帝国》，第330页；《多桑蒙古史》，第2卷，第113—120页。

〔112〕参阅上文注〔25〕，库蛮人所居住的地区库蛮尼牙（Coumanie或Comanie）被大食地理学家们称为Qumaniya。该地区包括南斡罗思草原的大部分地区以及太和岭以北，肯定还包括伏尔加河以东。库蛮人或钦察人在那里与康里途鲁吉人（Turcs Qangli）地区相接壤。这块领土后来变成了钦察汗国蒙古君主们的领地。

〔113〕有关对波兰人和匈牙利人发动的征战，请参阅格鲁塞：《草原帝国》，第330—333页；《多桑蒙古史》，第2卷，第120—159页。

〔114〕莫儿多瓦（Mordves）一名曾由柏朗嘉宾三次写作Morduan；鲁布鲁克（范登温加尔版本第199页）在提到该民族时是这样记载的："莫克萨人（Moxel = Moqsha）又叫做莫儿多瓦人（Merdas），在拉丁文中作Merdinis，实际上是萨拉色尼人（Sarraceni）。"事实上，鲁布鲁克在提到莫儿多瓦人时也分别写作Merdas和Merdinis，但似乎应校正为Mordas和Morduini。该民族在1223年似乎受到过蒙古人的首次攻击，最后在1237年被彻底征服。参阅《多桑蒙古史》，第2卷，第113页；布勒士奈德：《中世纪研究》，第1卷，第311和317页；米诺尔斯基：《世界境域志》，第462—465页。

〔115〕柏朗嘉宾对必列人名称的转写形式Biler或Byler可能源出一种次要的形式Bulrar，即不里阿耳人（Bulgares），于此系指后来迁徙到伏尔加河中游和卡玛河流域的那个民族的一部分。这种写法可以通过在《元朝秘史》中出现的孛剌儿（Bular或Bolar）这种形式进行解释，而且也如同来自各种不同史料中的其他写法一样。大食舆地学家阿布尔菲达（Abulfida）写作Bolar或Bular；曾被帖木耳所俘虏的德国人希尔特贝热写作Bolar；在莫罗的地图上写作Boler。有关此名，见伯希和：《马可波罗游记注释》中Bolgara一条目；尤其是参阅《金帐汗国史札记》第135—137和224—230页，以及随后所附某些突厥文民族名称和人名。有关伏尔加河流域不里阿耳人的历史，见巴托尔德：《中亚突厥史》，1945年巴黎版，第54—56页；《伊斯兰百科全书》中的Bulghar一条目。

〔116〕范登温加尔版本在这一段文字中（第73页）把巴失乞耳人写作Baschart，而在另外两段文字中则更加偏爱于Bascart（第89页）和Bastarcos（第111页）两种形式，但应校正为Bascartos，后者才是最佳写法。这些形式均指巴失乞耳人（Bashrird），现今乌拉尔地区的巴什基尔人（Bachkirs）即由此衍变而来。有关此名，见伯希和：《金帐汗国史札记》，第137页以下；《伊斯兰百科全书》（第7版）中有关Bashdjirt一条目，但令人遗憾的是后一部著

作仅仅以穆斯林史料为基础而论述巴失乞耳人。

〔117〕柏朗嘉宾在文中共三次提到过巴罗昔惕人，其中在第73和89页中作Parossiti，而在第111页中则作Parrositas。据范登温加尔认为，这就是今之彼尔姆人（Permiens），柏朗嘉宾游记的注释家们也都是这样认为的。利斯在《柏朗嘉宾》第153页中又援引迪马斯基（Dimashqi）在《宇宙志》中所提到的一个民族名称波拉西亚（Borassia），梅朗（Mehren）在《大马士革的赛姆·丁（Shems-ed-Din）的宇宙学手册》（1874年哥本哈根版，第377页）又将此名转写成Belaciah，这个民族可能与萨莫耶德人为近邻。这种考证的可能性不大。有关这一民族的传说在上古时代就已经存在了，无论是在普林尼（Pline）还是斯特拉波（Strabon）的著作中都曾出现过。

〔118〕这里系指今之萨莫耶德人。参阅巴拉斯（Pallas）：《在俄罗斯帝国数省和北亚的旅行》，1794年巴黎版，第5卷，第162—208页；凯·多纳：（Kai Donner）：《西伯利亚》，1946年巴黎版，第75—78页以及以下。柏朗嘉宾在引用该民族的名称时分别作Samogedos和Samogedi，而范登温加尔版本中（第111页）则转写作Samogetas。

〔119〕柏朗嘉宾可能是当他在哈剌和林居住期间搜集到了这一传说。在介绍这一传说的各种汉籍中，都提到这是一种长有牛腿的人。柏朗嘉宾可能把他从这一传说中搜集到的内容与有关“狗”的传说相混淆了，请参阅上文注〔59〕。这一民间传说的内容在很古老的时代就已经在东亚流传开了。请参阅沙畹：《魏略·西戎传笺注》，载1905年《通报》，见第561页；同一位汉学家：《赴契丹人和女真人中的汉人旅行家》，载《亚细亚学报》，1897年5—6月，抽印本第31页；巴科：《八世纪五位回鹘使节对高地亚洲北部的考察》，载《亚细亚学报》，1956年，见第148和152页。许多人都企图将此考证成一个西伯利亚民族，但事实可能完全并非如此。除了传说本身之外，另一很有意义的事实是它在许多文献中都与“狗国”同时存在，并且认为这些怪物是食人者。

〔120〕参阅上文注〔88〕。事实上，似乎应该保留两种写法：Chirpodan和Cirpodan（绰儿马罕）。但我们无法说明那种写法为最佳，人们可能更为倾向于使用第一种写法。

〔121〕有关1232年和1239年之间阿蛮（亚美尼亚）绰儿马罕人的这种做法，参阅格鲁塞：《草原帝国》，第326—327页；有关更详细的情况，请参阅《多桑蒙古史》，第3卷，第75—78页。

〔122〕斯特拉波、普林尼和塞维利的伊西多尔（Isidore de Séville）都介绍过这一传说，实际上是指一种非常著名的民间传说的内容，一直到16世纪，

它仍然在东亚和西亚流传。参阅：《小兄弟会士博特罗·贝内斯的世界游记》，共分7卷，1622年维尼斯版。

〔123〕有关在1235—1236年谷儿只绰儿马罕人的这种做法，参阅格鲁塞：《草原帝国》，第327页，有关更详细的情况，见《多桑蒙古史》，第75、87—88和89页。

〔124〕鲁迷（Rum或Urum）的塞尔柱算端的京城是小亚细亚的科尼亚城（Qonya）。征服该国的军事行动是在1242和1243年间发动的，远征军是由于1242年取代了绰儿马罕的拜住（Baidju）将军所统率的。参阅格鲁塞：《草原帝国》，第328页；对于更多的详细情况，参阅《多桑蒙古史》，第3卷，第78—84页。

对于塞尔柱算端，蒙古人了如指掌，后者一直将他的居民看做是西方民族，一般都称之为鲁迷（Rum，即罗马，指拜占庭）。但在蒙古文中不允许在开头字母中有R这一辅音，于是在前面又加入一个元音，在此由于在Rum一词中有一个唇元音，所以就加入了一个字母u-。塞尔柱算端叫做凯，库斯佬二世（Kaï-Khosrau Ⅱ，1237—1243年）。

〔125〕这里不可能是指对北部叙利亚的征服，阿勒颇（Alep）只是在1260年初才被征服。实际上似乎是指在绰儿马罕指挥下对迪亚尔巴克尔（Dyärbekir）和埃尔比勒（Erbil）的征服，也可能是指由拜住所指挥的1245年对曲儿忒（库尔德斯坦）的征服，这后一次征服使毛夕里的别都鲁丁·鲁鲁（Mossoul Bedr ed-Din Loulou）的阿塔毕（Atäbeg）承认了蒙古人的宗主权。参阅《多桑蒙古史》，第3卷，第68—69、73、84—86和88页。

〔126〕这里不可能是指征服报达（Bagdad，巴格达）的战争，因为于1258年2月13日夺取阿拔斯王朝（黑衣大食）疆域的是旭烈兀；这里只能是根据蒙古人驻伊朗总督对其辖地边境的袭击，其目的是为了对那些哈里发们进行恐吓，这些哈里发的使节曾多次出使蒙古宫廷。参阅《多桑蒙古史》，第3卷，第69、73—74、88—89页。有关中世纪对报达这一地名的拼写方式，参阅伯希和：《马可波罗游记注释》中有关Baudac一条目。

〔127〕参阅上文注〔66〕。

〔128〕对描述蒙古人甲胄的这一段文字的译文有时也会导致一些不确切的解释。请参阅符拉基米佐夫（Vladimirtsov）：《蒙古社会制度史》，卡尔索（Carsow）译文，1948年巴黎版，第52页注③。

〔129〕原文中的Precursores（先遣队）在蒙古文专门术语中为tamatchi，也就是指一支骑兵先遣部队。有关此名，见伯希和：《蒙古与教廷》，载《基督教东方研究杂志》，1924年，第24卷，抽印本第108—109页；巴托尔德：

《蒙古人入侵时代的突厥斯坦》，第423页；比兹利（Beazley）：《柏朗嘉宾和鲁布鲁克游记及其各种校订本》，1903年伦敦版，第42页。

〔130〕唯有柏朗嘉宾才提到过这一习惯。然而，有关围攻镇巢（Ciangiu）城的时候，汉籍中记载说军事长官伯颜（Bayan）曾下令用人的遗体炼油，然后再用来作为军械的润滑油。裕尔—考狄：《马可波罗游记》，第2卷，第180页注③。

〔131〕参阅上文注〔64〕。

〔132〕范登温加尔版本第85页采纳了dorcoci这种写法，并且在注释中指出这种动物是仓鼠。在由他所保留的各种不同写法中，有一种作dochori，在卢森堡收藏的手稿中同样也持这种写法。这里实际上是指黄鼬，它在俄文中恰恰就叫做dikhori。柏朗嘉宾在其他地方又讲过："罗塞尼亚地区有一种动物叫黄鼬。"

〔133〕这是亚历山大·聂夫斯基的观点，参阅下文注〔191〕。

〔134〕范登温加尔版本中共保留了此名的两种写法：bastacos和bastak；实际上可能是指蒙古人总督"八思哈"这一著名的职称，应恢复为bascac（镇守官，在俄文中则作baskak，与basqaq同义。此词衍出于bas-压迫，压制），这也就是元代的突厥文形式"达鲁花赤"（darughatchi），其词源相同，意为"镇守官"；均来自蒙古文daru（压迫）。

〔135〕这里系指谷儿只的王公大卫·拉撒（David Lacha），他是谷儿只最后一位国王乔治·拉撒（Geoge Lacha）的私生子。另外一位大卫王子叫做大卫·纳林（David Narin），他是鲁苏丹（Rusudan）的儿子，而鲁苏丹又是乔治（George）国王的妹妹，他继承了父亲的王位。贵由把谷儿只国瓜分给了两位王权的觊觎者：大卫·拉撒获得了卡尔特利亚（Karthli），大卫·纳林仅仅保留了伊梅勒蒂亚（Iméréthie）。Mélic的词义仅仅是"国王"。

〔136〕柏朗嘉宾（第89页）曾写道："斡别思（Obesi）和谷儿只（Georgiani）"，所以这是最为理想的转写方式。实际上，他所提到的那些资料主要搜集自斯拉夫和途鲁吉人士中，其中有一些也可能是从蒙古人士中搜集的。我们这里所掌握的是俄国人所称的Abkhazes（阿布哈兹人），也就是Obezi（斡别思）的现名。有关这一民族，请参阅《伊斯兰百科全书》中有关Abkhaz这一条目。

〔137〕范登温加尔版本第88页注⑦中采纳了Cumae这种写法，而正如其注释中所列举的各种不同形式所证实的那样，其中最好的形式则应为Tumat。这里指的是秃马惕部族，在元代居住在贝加尔湖一带，距斡亦剌（Oirat，即柏朗嘉宾所说的Voyrat）人的居住地区不远。13—14世纪的汉族和穆斯林史学家

们非常熟悉秃马惕部族。

〔138〕唯有柏朗嘉宾才提出过这种写法，这里指的是今之克什米尔。马可波罗写作 chesmir 和 chescemir。有关这一地名，见伯希和：《马可波罗游记注释》中有关 chescemir 一条目。尽管相继不断的入侵席卷忻都西北部，但怯失迷儿（克什米尔）还是成功地保持了自己的独立地位。蒙古人在 13 世纪时也试图征服怯失迷儿。唯有 1305 年才发生了一次来自北部的入侵，并且蹂躏了整个地区。那些从冰天雪地的道路上返回可失恰耳（Kachgarie）的蒙古人几乎全都丧生了。

〔139〕柏朗嘉宾所采纳的已经拉丁文化之后的萨拉森（原文如此，可能有误，应为 Sarraceni，即萨拉色尼人。——译者）这一民族名称曾在长时间内导致了许多错误，如范登温加尔在注释中把此名与 Sarrasin 相混淆了。伯希和对此作出了一种真实的解释（《蒙古和教廷》，抽印本第 9—13 页），他研究了贵由致罗马教皇的一封著名的信札，该信札是由柏朗嘉宾携回罗马的。柏朗嘉宾本人也曾针对此而讲过："萨拉色民人致罗马教皇的诏令信。"这封信是用波斯文写的，所以我们应该认为柏朗嘉宾所说的萨拉色尼人在某些情况下系指波斯人。

〔140〕参阅上文注〔101〕。

〔141〕突厥蛮人（Turcomans 或 Türkmän，土库曼人）的本意为"纯血途鲁吉人"，目前尚仍用此名指居住在里海和大盐池之间以及阿姆河下游地区的大多数居民，也就是土库曼人。这些民族起源于突厥乌古斯人（Tuks Oghouz），他们在很早的时候即在其他突厥部族的压力下西迁。似乎从 6 世纪起，他们就开始向里海的东南地段渗透。这些部族集团在数世纪的岁月中得到了加强，塞尔柱人部族就出自这一集团。塞尔柱人是几乎包括了整个西亚的一个大帝国的缔造者。参阅格鲁塞：《草原帝国》，第 203—219 页。

〔142〕范登温加尔未能考证清楚此名，仅仅在注释中指出这里系指一个居住在大匈牙利一带的部族，也就是说是一些巴失乞耳人，接着又附带着一个疑问号。《金帐汗国史札记》第 139—141 页中，伯希和研究了这一部族名称，认为最好的写法应是 Carola 或 Corola。令人遗憾的是在稍晚不久的时代，在西方文献中又用一个几乎是相同的名词来指卡累利亚（Carélie）。伯希和认为 Corola 应该是指卡累利亚人，但柏朗嘉宾在由蒙古人所征服的民族中提到 Corola 这个名称使我们又可以进行另一种比较，即把此名与指匈牙利人的克列儿人（Käräl）相比较。

〔143〕尽管范登温加尔版本中提出了一种不同的写法 Comiti，但他还是采纳了 Tomiti 这种形式，而且在注释中还补充说"可能是达吉斯坦（Daghestan）

的部族”。通过这条注释（第89页注⑩），他似乎是同意了利斯和更为古老的注释者们的意见。据伯希和认为（《金帐汗国史札记》，第157页注①），这里很可能是指达吉斯坦的库梅克人（Qumuq），正是出于这一原因才应该把此词复原为Comici或Comuci。有关库梅克人的情况，请参阅《伊斯兰百科全书》中有关Kümücks一条目。

〔144〕目前对Cassi一名的考证尚难以定夺。从它在柏朗嘉宾列举的名表中所处的地位来看，人们似乎由此只能推断出一种结论，这就是它处于那些居住在太和岭和乌拉尔地区的各部族之中，而且此名前面不仅有波黎吐蕃，即吐蕃的东北部，甚至还有巴罗昔惕人，后者指一些更为遥远的地区。

〔145〕参阅上文注〔107〕。这两个名词同样也由鲁布鲁克所证实。因为他谈到过“居住在阿速人附近的阿兰人”，在下文不远的地方又提到过“阿兰人和阿速人”居住在他所穿越的地区以南（位于顿河以西的平原），栖身于高山之中。元代的汉人也都知道这两个名称，因为蒙古人征募了一些阿兰人军团，这些人形成了大汗散班护卫的组成部分。当这些阿兰人随大汗从中国北部逃了出来之后，从而混合在蒙古人中。有关阿兰人的情况，请参阅巴托尔德为《伊斯兰百科全书》所写的“阿兰人”（Allan）一条目；同样也请参阅米诺尔斯基：《世界境域志》，1937年伦敦版，第445、456和457页；尤其是请参阅伯希和：《马可波罗游记注释》中有关阿兰人（Alains）一条目。

〔146〕这里并不是指一个民族或部族，而是指景教教会成员，当时景教教会在近东的规模是很庞大的。参阅蒂斯朗（Tisserant）：《天主教神学辞典》中的《景教教会》条目，第11卷，1931年版，第158—288和313—323页。

〔147〕此名尚未被解释清楚。我们仅仅知道它系指康里人，这种写法可能是由抄写者的错误而造成的。然而，伯希和却搜索枯肠地寻找另一种解决办法，试图通过一个单数名词Qangïn（由qang > qanq，qanqa派生而来，意为“马车”）来解释这种写法。Kangit这种写法可能是蒙古文名词Qangïn的复数形式。参阅伯希和与韩百诗：《圣武亲征录》，第1卷，第114—115页。伯希和的论据是相当令人信服的，但尚有待于解释鲁布鲁克把这一名词记载为Cangle（也就是Canglï）的原因。我们不禁要问，曾穿越过康里古领地的柏朗嘉宾是如何得以搜集到这样一种谬传之名呢？

〔148〕下文又以Bruthachios的转写形式而提及此名。范登温加尔于此（第90页）采纳了Brutachi这种写法，虽然他还将之保留在有关不儿塔思（Bruthachy）的各种不同写法之中。据疏注者们认为，这里系指太和岭（高加索）地区一个信奉犹太教的民族。

〔149〕脱鲁黑（Torci）一名可能是由柏朗嘉宾风闻到的，该词起源于斯

拉夫语。俄文史著中就是用这一名词（但写作 Tork）指古兹（Ghouz）或乌古兹（Oghouz）突厥（途鲁吉）人，该民族的部分人转移到了南斡罗思，被拜占庭人称为乌兹（Ouzoi）；而他们之中的绝大多数成员仍居住在札牙黑河（Oural，乌拉尔河）和里海以东，他们在这一地区的后裔被称为突厥蛮人（土库曼人），参阅上文注〔141〕。这些途鲁吉人或古兹人，从 1054 年起就在俄文编年史中出现，而拜占庭史料是在谈到他们于 1065 年所发动的一次入侵时提及的。这一民族很快又被别切内克人（Petchenègues）、不里阿耳人和拜占庭人所灭，或者是被居住在斡罗思草原的库蛮人或钦察人所征服和同化。参阅米诺尔斯基：《世界境域志》，第 311—312 页。

〔150〕参阅上文注〔105〕。

〔151〕尽管在三种手稿中均作 Tati，但范登温加尔却采纳了一种最为谬误的写法 Tarci，并认为此词系指历史学家海屯（Hethoum）所说的达娑（Tarse）王国，也就是畏吾儿人的王国（第 90 页注⑩）。这里所指的是太和岭东部穆斯林教徒们的塔特王国。参阅伯希和：《金帐汗国史札记》，第 155 页、第 154 页注释末尾。

〔152〕柏朗嘉宾于此混淆了在他那个时代对三个印度的称呼。参阅下文注〔156〕。这里不是指“小印度”，而是指包括埃塞俄比亚和马克兰（Mekran）部分海岸在内的“中印度”。本文中很可能是指位于波斯湾以北和马克兰以西的广大地区。

〔153〕范登温加尔在其版本第 90 页中采纳了 Circasi（薛儿客速）这种写法，而在第 111 页中又作 Circassos。这样一来，在这两个名词与在下一页（第 112 页）中所出现的原拉丁文词组 Terram Siccorum 之间就没有任何关系了。在上述三种情况下，所指的均是西部的薛儿客速人（Circassiens），也就是今之切尔克斯人（Tcherkesses）。有关此名的各种写法，见伯希和：《马可波罗游记注释》中有关 çic 这一条目；有关该民族的历史，见《伊斯兰百科全书》中有关 Tcherkesses 一条目。有关 Terram Siccorum 一词组的各种拼写方式，见下文注〔178〕。

〔154〕对于报达一名，范登温加尔有一次在其版本第 90 页中作 Baldach，而另一次在第 113 页中则又作 Baldac，这后一种写法似乎为最佳。有关中世纪西方史料中对巴格达一名的各种写法，见伯希和：《马可波罗游记注释》，第 1 卷中有关 Baudac 一条目；有关这一城市的历史，见《伊斯兰百科全书》中有关 Baghdad 一条目。

〔155〕此名当然是由柏朗嘉宾所采纳的一种已经拉丁文化之后的形式：Sarti。范登温加尔版本中的注释需要全部重新审核，因为他把萨拉色尼人（参

阅上文注〔139〕）与一个更为通用的名词“穆斯林教徒”以及途鲁吉——蒙古社会中生活的撒儿塔（Sartes，萨尔特或布鲁特人）相混淆了。事实上，Sarti 明显系指河中地（Transoxiane）地区，特别是位于更靠北部的察赤（Tashkent，塔什干）、拔汗那（Ferghâna，费尔干纳）和七河（Semiretchié）一带的定居穆斯林民族。有关撒儿塔一名的起源及其各种书写形式，见韩百诗：《成吉思汗墓志铭考》，载由法国高等中国研究所编辑发表的《杂纂》第2卷，1960年巴黎版，见第151—153页；同样也请参阅《伊斯兰百科全书》中有关 Sart 一条目。

〔156〕大印度包括从位于马八儿（Marbar）东海岸的摩陀罗国（Madra）一直到马克兰（Mekran）之间的大部分地区。切勿忘记，对于中世纪的地图学家们来说，印度的海岸呈现出一种与事实相差甚远的形状。所以，当时人们一共区别出了三个印度："小印度"包括亚洲的东南部，一直到马可波罗所说的穆蒂菲利（Mutifili），也就是说位于戈达瓦里河（Godaveri）和基斯特纳河（Kistna）之间的地区，也就是今之科罗曼德尔；本处所讲到的“大印度”和“中印度”，后者包括埃塞俄比亚，也就是马可波罗所说的阿巴斯（Abasce），同样也包括其毗邻地区。后来由于葡萄牙人的发现，“印度”一名才仅仅是指现有的疆土。

〔157〕这里系指特特拉克西特哥特人（Goths Tetraxites），柏朗嘉宾在下文不远的地方（范登温加尔版本第137页）谈到他们时又提出“我们那些值得信赖的哥特人”。他们所占据的领土一直延伸到克里米亚南海岸，从苏达克（Sudak），也就是马可波罗所说的苏尔达尼亚（Soldanie）或13和14世纪西方文献中所说的苏尔达亚（Soldaia）起，一直到巴拉克拉瓦（Balaklava）。马可波罗称他们的领土为古蒂亚（Gutia）。参阅韩百诗：《马可波罗对世界的描述》第418页。哥特人一直到公元16世纪仍保持自己的语言，正如夏尔·坎特（Charles Quint）派向奥斯曼帝国宫廷（La porte）的使节布斯贝克（Busbecq）所介绍的那样。参阅裕尔：《契丹及其通向那里的道路》，第3卷，第58页注②和米诺尔斯基：《世界境域志》，第442页。

〔158〕我们所得到的是皇帝信札开始部分的拉丁文译文，其中包括有一种几乎是始终如一的程式用语：“强大的、无所不知的人间皇帝”，紧接着就指出收信人的姓名。这一前言部分大致与贵由信札的开头部分相同，后一封信札已在梵蒂冈档案中发现，原文是这样的：“具有永生青天力气的全体伟大民族的海洋（普天下）汗圣旨。”参阅伯希和：《蒙古与教廷》，第11—28页。贵由玉玺中的刻文字样如下：“具有永生青天力气的大蒙古民族海洋汗圣旨。敕旨所至归附或未归附诸民族，无论他们遵守还是畏惧。”有关皇帝信札的引

言，参阅科特维茨（W. Kot Wicz）：《十三—十四世纪蒙古文书中的起始程式用语》，载《苏联东方学报》第10卷，第131—157页，1934年利沃夫版；列维奇（Marian Lewicki）：《用方块字所写的未刊布的蒙古碑铭》，载《东方学丛刊》，第12期，1937年威尔诺版。

〔159〕这两个位于波罗的海沿岸的地区直到那时为止似乎幸免了蒙古人的入侵。只是到了1259年，一支蒙古军队才袭击了立陶宛（Lithuanie），然后又掉转方向而进攻波兰。到了1285年，蒙古人又劫掠了匈牙利，一直挺进到佩斯（Pest）。这两个地区后来经常遭受蒙古人入侵的蹂躏。当时利沃尼亚（Livonie）和普鲁斯（Prusse）均属于条顿人的领地，所以免遭了蒙古人的袭击。只是到了很晚的时候，也就是在16世纪期间，金帐汗国的某些王公们才与斡罗思人在军事上合作以进攻利沃尼亚。

〔160〕这条注释需要纠正。1230—1253年的波希米亚国王是文采斯拉斯一世（Wenceslas Ier）。

〔161〕这里并不像范登温加尔所认为的那样是指腼腆的博列斯拉斯四世（Boleslas Ⅳ），而是指西里西亚大公博列斯拉斯二世，其母安娜（Anne）是文采斯拉斯一世的妹妹，他居住在弗拉蒂斯拉瓦（Wratislava）。参阅利斯版本，第217页。

〔162〕范登温加尔版本中所采纳的Lancisci这种写法应校正为Lansciscìe（<Leczysa），正如该地名的另一种写法Lantiscie所证明的那样。该城位于布祖拉（Bzura）河畔，介乎于卡利什（Kalisz）和华沙之间。本处所指的是康拉德（Conrad），也就是纯洁的博列斯拉斯的叔父、是马左夫（Mozovie）和库雅夫（Kouyavie，华沙地区）的大公。参阅《多桑蒙古史》，第2卷，第121页。他卒于1247年。

〔163〕他曾是沃利尼亚（Volhynie）弗拉基米尔的大公，据当时的史料记载，他的名字叫瓦西里科·罗曼诺维奇（Vasil'ko Romanovitch），是加利奇（Galicie）国王罗曼·姆斯齐斯拉沃维奇（Roman Mstislavovitch）的儿子，卒于1269年。

〔164〕这位国王统治了加利奇公国。他是瓦西里科的兄弟，名叫丹尼尔·罗曼诺维奇·加利奇（Daniel Romanovitch Galickii，1201—1264年）。他同样也成为弗拉基米尔的大公。当蒙古人于1240年入侵时，他逃到了匈牙利。

〔165〕这里是指腼腆的博列斯拉斯的王后库尼亚（Kunya）或古内贡德（Cunégonde），也是匈牙利贝拉四世（Béla Ⅳ）的女儿。因此，范登温加尔的注释需要重新研究。参阅《多桑蒙古史》，第2卷，第121页。

〔166〕此人名叫普尔多达·觉哈内斯（Predota Johannes），在1242—1266

年间行使他的神职。

〔167〕这里肯定系指黑子列什科（Leszek le Noir），他于1279年继纯洁者博列斯拉夫而出任克拉科夫大公。

〔168〕范登温加尔于其文本第103页中作Ruthuanos，即罗塞尼亚人（柏朗嘉宾一直以此名指斡罗思人。——译者），稍后作Ruthenis，在第106页中又作Ruthuanorum，虽然他在103页中也提出了另一种不同的写法Lituanos，在第106页中作Luthuanorum（后两个名称均指立陶宛人。——译者）。这最后两种形式为最佳，均指今之立陶宛人，当时经常与斡罗思人（即柏朗嘉宾所说的罗塞尼亚人，也就是乌克兰人）进行战争，此时尚未遭到蒙古军队的冲击。正文中的第二种写法Ruthenis（罗塞尼亚人）同样也应校正为Luthuanis（立陶宛人），完全如同前后文所引起我们联想到的那样。

〔169〕范登温加尔采纳了Danilone这种写法，似乎应改正为Daniloue，也就是说是指丹尼洛夫（Danilov）。文中多处出现的此地名似乎是无法考定的，从柏朗嘉宾的行程路线来看，此地应该位于弗拉基米和乞瓦之间。

〔170〕本名系指位于第聂伯河河畔的卡诺夫（Kanov）或卡尼耶夫（Kaniev）村，地处乞瓦以南。

〔171〕参阅上文注〔99〕。

〔172〕范登温加尔版本在第108页中保留了一种不同的写法Tirbon，但我们无法确定哪种方式最为理想。此名在其他地方未曾出现过，也无法知道其来源如何。请参阅伯希和于1930年在《通报》第27卷，第207页注①所作的考释。除了柏朗嘉宾游记之外，此人在其他地方都未曾出现过。

〔173〕此河后来被俄国人称为乌拉尔河，是现在所知道的突厥文中最为古老的河名之一。柏朗嘉宾所提供的这种形式与我们在中世纪的穆斯林文献中所遇到的名称相吻合：Yayiq。请参阅米诺尔斯基：《世界境域志》，第215、309、313—314页。

〔174〕柏朗嘉宾于此把黑海与里海相混淆了。

〔175〕当俄文编年史中在论述到契尔尼戈夫（Tchernigov）的米歇尔（Michel）逝世时，此人名则以按迪加（Eldega）的形式而出现过。有关此名和此人，请参阅伯希和：《金帐汗国史札记》，第107页。

〔176〕本名实际上是指谷儿只人。

〔177〕此名系指太和岭地区的一个民族名称。有关对此进行考订的疑难问题，请参阅伯希和：《金帐汗国史札记》，第154—155页。

〔178〕该名词于此系指西部的薛儿客速人，即上文提到时作Circassos。这是对这一民族古代名称的转写方式，它从斯特拉波时代起就出现在载籍中了，

在拜占庭史料中以 Zixxoi 的写法来指该民族，而同时又以 Zixio 这种形式而指其地。此名一直保持到中世纪，如果说鲁布鲁克讲到了 Ziquia，那他也一定提到过 Cherkis，也就是薛儿客速人（Tcherkesses 或 Circassiens）。有关齐克基人（Sic），请参阅伯希和：《马可波罗游记考释》，第 1 卷，见 çic 一条目。柏朗嘉宾没有洞察到在他列举同一名录中的这两个民族名称之间的关系，范登温加尔混淆了薛儿客速人和乞儿吉思人。他编的索引第 603 页有关 Kirgiz 一条目即可证明这一点。

〔179〕参阅上文注〔147〕。

〔180〕参阅上文注〔108〕和下文注〔200〕。这里系指养吉干城（Yängi-Känt），在其他两段文字中又作 Yänikant。本文中没有附带尾音-t。

〔181〕参阅上文注〔102〕。

〔182〕这里系指位于锡尔河流域的一座城市。在对该城进行考订的问题上存在有各种各样的观点，范登温加尔似乎是接受了布勒士奈德和柔克义的观点，即认为斡耳帕尔城（Orpar）就是讹答剌城（Otrar）。参阅布勒士奈德：《中世纪研究》，第 1 卷，第 285 页注〔676〕和第 2 卷，第 57 页。这种考订很可能是正确的，但无法肯定。

〔183〕参阅上文注〔101〕。

〔184〕参阅上文注〔80〕。

〔185〕参阅上文注〔81〕。

〔186〕参阅上文注〔76〕。

〔187〕有关斡密立城的情况，请参阅上文注〔43〕。范登温加尔认为应该保留的 Divult 这种书写形式是抄写者造成的错误。形形色色的写法都应归纳为 Omyl 或 Omul。

〔188〕参阅上文注〔9〕。

〔189〕柏朗嘉宾正确地转写了“镇海”（Tchinqaï）这种形式，此人出身于克烈部族。我们则更倾向于采纳 Chingay，而不是 Cingay 这种写法，因为前者更为接近原文。成吉思汗发现了此人的才能，因而在窝阔台登基时成了书记官。当窝阔台于 1241 年 12 月 11 日晏驾时，他在女摄政王脱列哥那面前失宠了，后来逃脱了此人的恶感。当贵由登基时，他又变成了书记官；在 1251 年夏季，当揭发了推举蒙哥为皇帝（1251 年 7 月 20 日）之后的阴谋时，他被处决了。他可能是景教徒，因为其膝下二子分别叫尤斯姆（Yoshmut）和乔治（George）。

〔190〕原文中的 amica Imperatoris 应改为 amita Imperatoris，意为“皇帝的姑母”。这里可能系指成吉思汗的爱女阿尔塔伦（Altalun）。参阅达维札克

(d'Avezac):《柏朗嘉宾教友在蒙古人中或鞑靼人中的游记》，载由地理学会发表的《游记和论文集》，1839 年，第 4 卷，第 761 页；《多桑蒙古史》，第 2 卷，第 247 页。

〔191〕这里指的是亚历山大・聂夫斯基（Alexandre Nevskii)，他首先曾是诺夫哥罗德（Novgorod）的国王，后来奉诏到哈剌和林，并由其幼弟安德烈(André）陪行，于 1249 年返回。他被蒙古人授权统治斡罗思南部，于 1252 年成为弗拉基米尔的大王。

〔192〕参阅上文注〔189〕。

〔193〕柏朗嘉宾无意中提到了哈达名字的 Kadac 和 Cadac 这两种写法，我都全部保留下来了。哈达（Qadaq）与镇海一样，也是贵由的主要谋士之一，柏朗嘉宾称他为“整个帝国的检察官”。他也遭到了与镇海相同的命运，由于他是贵由的主要谋士之一，所以极力怂恿窝阔台的后裔反对推举蒙哥为帝，因而在 1251 年夏季由蒙哥判处死刑并遭处决。有关这些事件，参阅伯希和:《蒙古和教廷》，抽印本第 189—202 页；波伊勒（J・A・Boyle）版本的志费尼('Ata-Malik Juwaini）名著:《世界征服者史》，1958 年曼彻斯特版，见第 263—264 和 583—585 页。

〔194〕八剌的生平不大为人所知，他肯定出生于畏吾儿族。此人也曾与镇海和哈达而共同行使重要职责，肯定是秘书。在 1251 年推举蒙哥为皇帝的大会期间，他曾作为贵由遗孀斡兀立海迷失（Orul-qaïmïsh）的代表而出席了大会。斡兀立海迷失在其夫晏驾后曾于 1248 年春天到 1251 年间行使摄政权，也曾极力反对推举蒙哥为帝。八剌于 1252 年被蒙哥判处死刑，但当蒙哥为了治愈其抱病卧床的母亲而颁布的特赦令中，他也获赦。八剌获赦之后遣回了畏吾儿人中，由于在那里又陷入了一场导致处死畏吾儿国王的阴谋之中，所以第二次被判死刑，但蒙哥不希望由他特赦的人被处死。八剌的家庭及其财产仅仅被抄充官，他个人受遣出使叙利亚和埃及，这是一项危险的使命，他几乎在那里光荣殉职。

〔195〕此名可以通过其库蛮语形式 Temir 来解释，而其突厥文的正常形式为 Tämur/Temür，本意为“铁”。

〔196〕这里系指皮埃・卡波希略（Pierre Capoccio）红衣主教，他曾参加过 1247 年 10 月 3 日在科隆举行的荷兰伯爵纪尧姆（Guillaume）的登基典礼，事实正如范登温加尔版本第 126 页注③所指出的那样。参阅伯希和:《蒙古和教廷》，第 69 页注释，载《基督教东方杂志》，1924 年第 3—4 期抽印本。

〔197〕此人名无考。

〔198〕此人名无考。它似乎是来自突厥语，可以与 Shingqur 或 Songqur 相

比较，后者之意本指产于北欧的一种大隼（借用来做人名。——译者）。这里可能是指一种库蛮语的写法。

〔199〕此名无考。

〔200〕范登温加尔版本中所采纳 Lemfinc 这种形式应改为 Jenikinc 或 Jenikint，正如比兹列在《柏朗嘉宾游记及各种修订本》（1903 年伦敦版，第 383 页）中所提议的那样。这里与我们在柏朗嘉宾游记中遇到的 Iankint（拉丁文本第 71 页）和 Iankinc（第 113 页）是指同一地名，即养吉干城。参阅上文注〔108〕和注〔180〕。

〔201〕未经考订。

〔202〕未经考订。

〔203〕范登温加尔保留了 Sancopoltus 这种写法，但应改为 Santopolcus，也就是斯维亚托波尔克（Svyatopolk）。这位国王尚未经考证，如果深入钻研俄文编年史，也可能会使我们能够找到其踪迹。

〔204〕尚未考订。

〔205〕尚未考订。对于此人和对于罗曼一样，如果仔细翻阅俄文编年史肯定会找到。

〔206〕这里系指契尔尼戈夫城（Tchernigov），参阅上文注〔22〕。

附录一　波兰人班涅狄克脱对柏朗嘉宾出使的叙述

何高济　译

有关柏朗嘉宾的约翰教友出使的一个记述，引自他的同伴、波兰人班涅狄克脱（Benedict）教友的口述[1]。

公元1245年，小兄弟会教友约翰·德·柏朗嘉宾，奉教皇陛下的派遣，和另一个僧侣[2]出使鞑靼，于复活节（4月16日）离开教皇驻地法兰西的里昂；并在抵达波兰后，在布雷斯劳（Breslau）接纳同会的第三名教友、出生于波兰的名叫班涅狄克脱，作为他跋涉劳累的同伴，充当他的翻译。因波兰大公康拉德（Conrad）的帮助，他们抵达斡罗思的一座城市乞瓦（Kiew），它现在鞑靼人的统治之下。该城的首脑派人护送他们从那里旅行六天的路程，抵达库蛮尼牙(Comania)边境的第一座鞑靼营帐。

当这座营帐的头目听说他们是教皇的使臣，就向他们索取、并且接受礼物。奉头目的命令，约翰和班涅狄克脱僧侣把衰弱不堪的第三个僧侣，还有他们携带的马匹和奴仆，留了下来，乘坐鞑靼人供给的马匹，及驮兽一起进向第二座营帐。于是，在几处营地交换过马匹后，他们在第三天晋见一员统帅八千军士的将官，将官的扈从索取和接受礼物，再领他们去见他们的将官库伦察（Curoniza）。他询问他们此行的动机和他们任务的性质。陈述之后，他把手下三名鞑靼人派给他们，这些鞑靼人使他们从一支军队到另一支军队得到马匹和食物的供应，直到他们最后到达一位叫做拔都的王公那里。拔都是鞑靼人的大王公之一，也是那个蹂躏匈牙利的人。

在途中他们渡过叫做聂伯（Nepere）[3]和顿（Don）的河流。他们在路上走了五周和更多的时间，即是说，从四旬斋节的第一个礼拜日到圣礼拜四[4]，在这天他们进抵拔都处，发现他驻于也的里大河畔，斡罗思人称之为伏尔加河，据认为它是塔赖思[5]（Tanais）。拔都的手下人索取和接受礼物，包括四十张海獭皮和八十张獾皮，这些礼物是从两堆祭神用的火中通过；教友们被迫随礼物前行，因为鞑靼人的风俗是用火把使臣和礼物涤净。过了火堆，有一辆车，上面有一尊皇帝的金像，按风俗也要向它礼拜。但是教友们断然拒绝拜它，不过被迫在它面前敬礼。拔都听到教皇的信函，逐字审查它，五天后，也就是复活节后的礼拜二，送他们到蒙古本土去见大皇帝的儿子，名叫贵由的，同时把他的信函交给他们自己的一名鞑靼向导带去。

离开拔都王，僧侣们把腿用布带包扎好，以便能够经受骑行的辛劳，两周后便把库蛮尼牙留在后面。在这个地方，他们发现大量的艾草，因为这地方一度被称为滂沱斯（Pontus），而奥维德（Oviduis）谈滂沱斯说：

苦艾草在无边原野上颤动。

当教友们经过库蛮尼牙时，在他们右边是撒克斯（Saxi）的国土，据认为他们是哥特人（Goths）并且是基督徒；然后是信仰基督的可萨人（Gazars）。在这地方有富庶的斡尔纳努[6]（Ornarum）城，它被鞑靼人用灌水法攻占。然后是撒耳柯思（Cricasses）人，他们是基督徒；然后是谷儿只人，他们也是基督徒。在这之前，还在斡罗思时，他们左面是摩达维人（Morduans），这些人是异教，他们大多把后脑勺剃光。继之是不列尔人[7]（Bylers），他们是异教徒；再就是巴只吉惕人（Bascards），他们是古代的匈牙利人；接着是长着狗头的昔诺色帕里人（Cynocephales）；再有帕罗西泰（Parocitae），他们长着小而狭窄的嘴，不能咀嚼任何坚硬的东西，而是靠流汁为生，吮吸肉和水果的汁。

在库蛮尼亚边境，他们渡过一条叫做札牙黑（Jaiac）的河，康里（Kangitae）国土从那里开始。他们走了二十天穿过这片国土，同时他们在那里很少看见人，只见很多沼泽和大盐泽及盐河，据认为那是梅阿泰德（Maeotide）泽。他们八天越过一片大沙漠，光秃多沙。过康里国土后，他们到达突厥地（Turkya），在那里他们头一次看到一座叫做养吉干（Janckynt）的大城，于是他们在这突厥地旅行了十天。突厥地信仰的是回教。过突厥地后，他们进入叫做哈剌契丹（Kara-Kytai）的国家，那意思是黑契丹，那里的百姓是异教徒。他们在那里没有看到城镇，但是他们在左侧看到海，据认为那是里海。然后他们进入乃蛮人（Naimans）的国土，乃蛮人一度是鞑靼人的主子。在这里他们也没有发现村落或城镇。最后他们在玛利亚·抹大拉节进入鞑靼国土。

他们发现该国的皇帝住在一座叫做失剌斡耳朵（Syra Orda）的大帐中。他们在这里居留了四个月，并且参加了推选鞑靼人皇帝贵由汗（Cuyuc kan）的大会。就是这位波兰教友班涅狄克脱，他口头告诉我们说，他和另一教友在那里看见五千大贵人，他们在头天选举皇帝时都身穿绸锦缎，但是在那一天和第二天，当他们身穿白锦缎时，他们没有达成一致的意见。但在第三天，当他们穿上红色锦缎时，他们达成一致协议并且进行了选举。这个教友也说，来自世界各地的大约三千名使节，携带使信、函件、各色各样的大量贡品和礼物，入朝这座宫廷。这两名参与其中的教友，出自必须，也在他们的袍上加着锦缎，因为使者们除非穿着适当，否则不得朝见那位当选的登基皇帝。

于是他们被接纳进失剌斡耳朵，也就是皇帝的营帐，他们看见他头戴皇冠，身披闪光的华贵袍子，坐在用金银盛饰的台上，台顶有华盖，边上有四条分开的阶级通往它上面。三条阶级在台前；中间的仅供皇帝上下之用，旁边两条供贵人及其他人使用，

第四条在皇帝身后，供他的母亲、妻子和亲属登临。失剌斡耳朵有三个像门一样的入口，中间的远比其他的要大，总是没有守卫，仅皇帝一人进出。如果有别的人从它进入，那他肯定会被处死。旁边两门用绸帘封闭，并且有严格的守卫，武装把守，所有别的人因害怕规定的刑罚，都敬畏地穿过这两扇门。

第三天，通过官员和译员的审阅，教皇陛下的信函得到聆听。然后教友们被送往皇帝的母亲[8]那里，他们发现她在另一地点，住在相同的一座极漂亮的大帐中。她很有礼貌和友好地接待了他们，再送他们回到她儿子那里。当他们在那里居留期间，他们经常遇到一些住在鞑靼人当中的谷儿只人。谷儿只人很受鞑靼人的敬重，因为他们是强大和善战的人民。他们称作谷儿只人，那是由于圣乔治（Saint George）帮助他们打仗；他是他们的保护人，而他们之尊敬他超过尊敬所有其他圣人。他们在他们的《圣经》里使用希腊典故，同时他们在他们的营帐和车辆上有十字架。在鞑靼人那里，希腊的风俗保留在做圣事中。

教友们前来的使命完成后，他们便向皇帝告辞，携回有他印玺的致教皇陛下的使信，于是他们返回，和巴比伦算端的使臣一同西行，后者与他们同行十五天后离开他们，转向南行。教友们继续西行，经过在科隆（Cologne）的莱茵河后，回见在里昂的教皇陛下，呈上鞑靼皇帝致他的信函，根据其拉丁译文，大旨如下：

> 天神的力量，全人类的皇帝，致大教皇的真实信札
>
> 因提议与吾人缔和，你教皇及所有基督徒遣使给我们，这是我们从使者那里获悉并且是你的信札所宣布的。故此，若你希望与我们缔和，你教皇及所有国王、诸侯当立刻前来与我订立和约，然后你将同样得知我们的回答和我们的期望。你信函的内容说我们应受洗，成为基督徒。对此我们简单答复说，我们不明白我们为何应这样做。至于你信函的其余内容，即：你对屠杀那么多的人，特别是基督徒，波兰人、摩拉维亚人和匈牙利

人，感到震惊，那么我们同样回答说，这也是我们所不明白的。然而，为避免我们对此置不作复，我们给你如下的回答。

因为他们不服从天神的旨意，及成吉思汗、合罕的命令，而设谋杀害了我们的使者，因此天神命令我们消灭他们并把他们交给我们手里。设若天神不如此做，人又焉能奈他人何？但你们西人认为仅你们是基督徒并且蔑视他人。而你们焉知天神意图将其恩典赐予何人？但我们在天神护佑下摧毁了从东到西的整个土地。如这不是天神的力量，人们又焉能为此？因此若你接受和平，愿意把你的城堡交与我们，你教皇和基督教王公当立即前来见我缔和，然后我们将知道你希望与我们保持和平。但若你不相信我们的信札及天神的旨令，也不倾听我们的告诫，那么我们将明确知道你们希望战争。然后我们不知道将发生什么事，仅天神知道。

第一位皇帝成吉思汗，第二位窝阔台汗，第三位贵由汗[9]。

〔1〕这是由班涅狄克脱口述，笔录而成的一份文献，藏于巴黎国家图书馆，达维扎克（d'Avezac）首先在1838年刊布。英译文见于柔克义的《鲁布鲁克东行纪》及道森的《蒙古传教记》。中译文系据这两个英译本翻译。（中译者注）

〔2〕他的名字是波希米亚的司提芬（Stephen）。（柔克义注）

〔3〕即第聂伯河（Dnieper）。（中译者注）

〔4〕1246年2月26日到1246年4月5日。（柔克义注）

〔5〕塔赖思指顿河，这当然是不正确的。经典地理学家都认为伏尔加河和顿河合流而入阿速夫海（Azov）。（中译者注）

〔6〕柏朗嘉宾称它为Omas。（柔克义注）

〔7〕应即Bulgarians，元代的不里阿耳。（中译者注）

〔8〕当为脱列哥那。（中译者注）

〔9〕这封信的英译文不见于柔克义译本，这里据道森的英译本译出。（中译者注）

附录二　译名对照

A

Alains	阿兰人
Alan：即 Alains	阿兰人
Alep（城市名）	阿勒颇
Alexandre	亚历山大
Altisoldan	大算端
Andre（俄罗斯大公）	安德烈
Armeniens	阿蛮人，亚美尼亚人
As	阿速人

B

Babylone	巴比伦
Bala	八剌
Baldac：见 Baldach 条目	报达
Baldach（城市名）	报达

Baldakin	华盖布
Barchin（城市名）	巴耳赤邗
Barthelemy	巴尔泰勒密
Bascac（总督）	八思哈
Bascart	巴失乞耳
Bati	拔都
Bechac（成吉思汗之孙）	拔绰
Benoit de Pologne	波兰的班努瓦
Berca（成吉思汗之孙）	别儿哥
Biler：即 Byler	必烈儿
Bisermin	木速蛮
Bohème	波希米亚
Boleslas	博列斯拉斯
Bonadies，Henri	亨利·博纳迪耶斯
Bora（成吉思汗之孙）	不剌
Bougran	硬挺织物
Bratislava（城市名）	布拉迪斯拉发
Brutach	不儿塔思
Buri（成吉思汗之孙）	不里
Burithabet	波黎吐蕃
Byler	必列儿

C

Cadan（成吉思汗之孙）	合丹
Cadac：见 Kadac 条目	哈达
Canove（村名）	卡诺夫
Caracorom（城市名）	哈剌和林
Caragai（蒙古王公）	哈剌海
Carbon	合儿丹

Cassi（民族名）	合思
Cathi（民族名）	哈希
Catora（民族名）	火罗剌
Champagne	香巴尼（香槟）
Chan（ = khan）	汗
Cherneglove	契尔尼戈洛夫
Chiaaday（成吉思汗之子）	察合台
Chingay（贵由汗之臣）	镇海
Chingiscan	成吉思汗
Chiremen（窝阔台后裔）	昔列门
Chirpodan（蒙古将军）	绰儿马罕
Circassiens	薛儿客速人
Cirpodan：即 Chirpodan	绰儿马罕
Cocteleban	科克帖列班
Coeten（窝阔台之子）	阔端
Coligne	格里涅
Coman：即 Couman	库蛮
Comici	火木黑
Conrad	康拉德
Constantinople	君士坦丁堡
Coremsa（鞑靼王公）	阔连察
Cosmas（贵由汗之金银匠）	科斯玛
Cosmir	怯失迷儿
Coumanie	库蛮尼牙
Coumans	库蛮人
Cracovie	克拉科夫
Cuyuc	贵由
Cuyuccan：即 Cuyuc	贵由汗
Cuyuckan：即 Cuyukan	贵由汗

D

Daniel	丹尼尔
Dinget：即 Tanhut	唐古忒
Dniepr	第聂伯河
Dochori	黄鼬
Don	顿河
Dubazlav	杜巴兹拉夫

E

Eldegai	按迪该

G

Gazar（民族名）	可萨
Géorgie	谷儿只
GrandeBulgarie：Byler	大不里阿耳
GrandeHongrie：见 Bascart 条目，	大匈牙利
GrandeInde	大印度
GrandeMer	大海（黑海）
Gréce	希腊

H

Henri（君士坦丁堡商人）	亨利
Hongrie	匈牙利
Horde：Orda	斡耳朵
Hubilai	忽必烈

Huiur	畏吾儿

I

Iaec	札牙黑河
Iankint（城市名）	养吉干
Ianikint：即 Iankint	养吉干
Ibere（民族名）	亦必儿
Ieniking：即 Iankint	养吉干
Ieroslav（大公）	叶洛斯拉夫
Inde Mineur	小印度
Itoga（神名）	亦托哈

J

Jarusalem	耶路撒冷

K

Kadac（贵由汗臣）	哈达
Kam	哈木
Kanana	哈讷讷
Kangit	康里
Kara Kitai：见 Kitai noirs 条	哈剌契丹
Karanit	哈剌尼惕
Kergis（民族名）	乞儿吉思
Kiev（城市名）	乞瓦
Kitai	契丹
Kitai Noirs	黑契丹

L

Lanciscie（城市名） 兰齐
Liege（城市名） 列日
Livonie 利沃尼亚
Lithuaniens 立陶宛

M

ManuelleVenitien（君士坦丁堡商人） 威尼斯人曼纽埃尔
Marc（君士坦丁堡商人） 马尔克
Mauci（蒙古王公） 马兀赤
Mecrit 蔑克力
Mengu（成吉思汗之孙） 蒙哥
Merkit 蔑儿乞
Michée 未歇
Michel（俄国王公） 米歇尔
Mongal 蒙古
Mongols 蒙古人
Mongrot（蒙古百夫长） 蒙格罗特
Moraves 摩拉维亚人
Morduan（民族名） 莫儿多瓦人

N

Naiman 乃蛮
Nestoriens 景教徒

O

Obesi：见 Géorgie 条 斡别思
Occoday 窝阔台
Occodaycan，见 Occoday 条 窝阔台汗
Olaha（俄国王公） 奥拉哈
Omyl（城市名） 斡密立，叶密立
Orda 斡耳朵
Ordu（成吉思汗之孙） 鄂尔达
Ornas（城名） 斡尔纳思
Orpar（城市名） 斡尔帕尔

P

Parossit（民族名） 巴罗昔惕
Perses 波斯
PierrePascami（君士坦丁堡商人） 彼尔·帕萨弥
Pologne 波兰
Prusse 普鲁斯

R

Reniero，Jacques（君士坦丁堡商人） 雅克·勒尼埃洛
Rumain（俄国王公） 罗曼
Russie 斡罗思
Ruthènes 罗塞尼亚人

S

Saint-Georges 圣·格奥吉亚

Samoged（民族名）	萨莫耶德
Sangor（俄国士兵）	桑豁儿
Santopolc（俄国王公）	圣托波尔克
Sarihuiur	撒里畏吾儿
Sarrasins	萨拉森人
Sart	萨儿塔
Saxi	萨哈辛
Siban（成吉思汗之孙）	昔班
Sibedei（蒙古将军）	速不台
Sic（民族名）	齐克基人
Sinocur（蒙古王公）	胜那忽尔，桑库尔
Sira orda：即 SyraOrdo	失剌斡耳朵
Siremen：即 Chiremen	昔列门
Solangi（民族名）	肃良合人，高丽人
Soroctan（公主）	唆鲁禾帖尼
Sumoal	速蒙古，水蒙古
Sumongal	速蒙古
Susdal（城市名）	苏斯达尔
SyraOrdo	失剌斡耳朵

T

Tanhut（成吉思汗之孙）	唐古忒
Tartar	鞑靼河
Tartares	鞑靼人
Tat	塔特
Temer	帖木儿
Torc	脱鲁黑
Tossu（成吉思汗之子）	术赤
Tossucan	术赤汗

Tuhatemur（蒙古王公）	脱哈帖木儿
Tumat	秃马惕
Tumen	土绵，万夫长
Turcomans	突厥蛮，土库曼
Turcs	途鲁吉，突厥

U

Urum	鲁迷

V

Vascius（君士坦丁堡商人）	瓦西攸斯
Volga	伏尔加
Voyrat	斡亦剌人

W

Wassili（俄国王公）	瓦西里

Y

Yekamongal	也可蒙古

鲁布鲁克东行纪

〔美〕柔克义　译注
何高济　译

W. W. Rockhill
The Journey of William of Rubruk to the Eastern Parts, 1253—1255
*
Hakluyt Society, **London**, 1900

中译者前言

在蒙古史研究的领域内，13 世纪一些旅行家的游记、行纪，对当时社会的记述是很有参考价值的，前四汗统治时期尤其是这样，因为有关成吉思汗、窝阔台、贵由和蒙哥四朝的史料毕竟不多，这类游记就更显重要。所以，欧洲教士柏朗嘉宾和鲁布鲁克的行纪同时受到中外关系史学者和蒙古史学者的重视。

鲁布鲁克的威廉（William of Rubruk）是法国佛兰德斯（Flanders）鲁布鲁克村人，圣方济各会士。同时代的著者没有留下关于这位旅行家的记载，我们只能从他的《东行纪》中了解到他旅行蒙古的一些情况。据《行纪》中所说，他是奉法兰西国王圣路易士九世的秘密使命，携带着信函，于1253 年5 月7 日从康士坦丁堡出发到钦察草原去见拔都之子撒里答，因为传闻说撒里答是基督徒，信函中大致是一些诫谕和友好之词。撒里答对此没有作出回答，而是把鲁布鲁克一行人送去见他的父亲拔都。拔都又把他们送往蒙古去见蒙哥汗。鲁布鲁克请求让他留在蒙古地区传教，遭到蒙哥的婉言拒绝，因此鲁布鲁克不得不返回，并于1255 年8 月15 日到达的黎玻里。当地的主教不允许他赶到法国去见圣路易士王，叫他把旅行经历写下来，另派人转交国王。他遵命以长信的形式记下了他的行程，这就是这部《东行纪》的由来。

鲁布鲁克赴蒙古的真正使命是什么，即使在他的《行纪》里也没有交代得很清楚。一方面他携有路易士致蒙古君王的信函，另一方面他始终不承认他担负有任何正式的使命。我们推测，鲁布鲁克的东行可能带有一种窥探蒙古人动向的目的。当时欧洲正在进行所谓的十字军圣战，蒙古人的兴起使教皇和欧洲的君王意识到这股可怕的力量的存在，他们需要摸清蒙古人的情况，以便决定能否和蒙古人联合起来共同对付伊斯兰教势力。鲁布鲁克要求留在蒙古传教和布道，仅仅是一个借口，因为他根本没有接受教廷方面的传教任务。他以传教为掩护，通过那些被蒙古人俘回的欧洲人，就能够收集到许多关于蒙古人的可靠情报。他透露说，他希望看见蒙古人武装起来，而且一直没能看到他们的武器，尽管很想看到。这说明他真正想了解的是什么了。

在鲁布鲁克笔下，无论是蒙古地区的风土人情，还是他本人的种种活动，描述都是那样细腻和具体，以致我们怀疑他是否在行程中作了某些记录或日记。最有价值的，也许是他对强大的蒙哥汗的描写了。他曾几次有幸见到蒙哥，与他有过交谈，所以他的描写是最原始的，也可能是唯一的史料了。此外，他是提到贵由死因的唯一史家，说他在旅途中听说贵由是被拔都派人毒死的，或者是拔都派人去朝见贵由时，使者（拔都之弟司提堪）和贵由因酒发生争吵，彼此都把对方刺死。这提供了蒙古宫廷斗争的一些重要线索。

柔克义的《鲁布鲁克的威廉行纪》英译和注释本，至今仍是较有学术价值的一个本子①。1929 年温加尔（Wyngaert）的拉丁文编本则是较晚出的、受到普遍承认的编本②，道森（Dawson）于 1955 年收在《蒙古传教志》③ 中的一个英译本就是据温加尔的拉丁文本译出。现中译本以柔克义本为基础，参照道

① W. W. Rockhill: The Journey of William of Rubruk to the Eastern Parts, 1253—1255, Hakluyt Society, London, 1900。

② A. Van den Wyngaert, ed, in Sinica Franciscana I, Quaracchi, 1929。

③ Dawson, The Mongol Mission, London, 1955。

森本翻译，个别有出入的地方则以译者本人的判断予以取舍。小标题是道森本原有的，但略有修改。柔克义的注释，有的仍有参考价值，但有的稍嫌陈旧，所以中译者又据有关史料补充了一些，以利于阅读原书和进一步研究之用。

何高济

1982. 9. 7

英译者序言

（有删节）

1222年，蒙古人已经统治了从中国海到巴尔喀什湖的整个亚洲北部：摧毁花剌子模帝国，蹂躏河中，穿过高加索，在当时称作钦察的南俄、伏尔加河流域及北抵今天喀山城的地区，进行洗劫和破坏。但是这次侵入的消息极少传到西欧，同时代的著者仅留给我们几条有关入侵及鞑靼人的报道。鞑靼人是若干世纪来对蒙古人及其盟军的称呼。到1238年，蒙古人发动第二次规模更大的对基督教世界的远征，差不多蹂躏了半个东欧，这时西欧和南欧的君主、侯王才开始稍稍感觉到威胁他们的巨大危险，其中几个认识到，除非他们能够联合基督教世界对抗蒙古人，否则他们，连同他们的十字军、无聊的战事，以及教皇和帝王之间无休止的争吵、竞斗，都将永告结束，很快被汹涌的蒙古征服洪流扫荡一空。

1238年，亦思马因人向法国和英国国王遣送使信，要求帮助抵御鞑靼人。这封信可能首次向西欧传递了有关蒙古人的可靠信息。尽管这样，下面引用的1240年马太·巴黎的文字，仍对这支新民族作了详尽的报道，它实际体现了包括亦思马因使信在内，西欧迄至1246年柏朗嘉宾的教友约翰出使蒙古宫廷前，所了解到的有关蒙古人及其国土的一切初期情报，因此我将这段文字全文译出：

“人类的欢乐，尘世的幸福，不是永久没有哀伤的，因此在这一年（即1240），一支可憎的撒旦人，也就是无数的鞑靼人马，从他们的群山环绕的家乡杀出，穿过（高加索的）坚硬山岩，像魔鬼一样涌出地狱（Tartarus），因此他们被恰当地称作地狱的人（Tartari 或 Tararians）。像蝗虫遍布地面，他们恐怖地毁坏了（欧洲的）东部地区，用烧杀把它变成荒凉。经过撒剌逊人的国土，他们夷平城镇，砍倒树林，堕毁堡垒，拔掉葡萄树，破坏园林，杀戮城民和农夫。偶尔他们饶恕一些乞命的人，但他们强迫这些被贬为最低贱奴的人，到最前列去跟自己的同胞打仗。那些假装去打仗，或者躲起来想逃命的，就被鞑靼人赶上来屠杀掉。如果有人勇敢地（替他们）作战，而且取得胜利，他们也得不到奖赏和报酬，所以鞑靼人虐待俘虏，就像虐使他们的雌马。因为他们残酷不仁，与其说是人，还不如说是怪物。嗜饮鲜血，撕裂、吞噬人肉狗肉，穿牛皮，有铁甲武装，矮而壮，粗短，强健，所向无敌，不屈不挠，背后无护卫，胸前有甲胄。喜饮他们牲口的纯血，有大而健的马匹。马匹吃树枝，甚至吃树干，他们因腿短，要靠三级阶梯才能登上马。他们没有人类的律法，不知安乐，比狮熊更凶猛。有牛皮制作的舟，十人或十二人共有一只。他们能够游泳，或者驾舟，因此他们可以毫无阻碍地渡过急流大河。当缺乏血（为饮料）时，他们喝混浊泥水。他们有单刃的刀剑，是神射手，不管老幼、性别，任何情况下概不宽恕。除自己的语言外，他们不懂其他的语言，别人也不懂他们的；因为迄今为止，没有跟他们接触，他们也没有（从本土）出来，所以不能通过人们的相互交往了解到他们的风俗或人物。他们带着畜群和妻妾游牧，妻妾也受训像男人那样去打仗。因此他们闪电般来到基督徒的国境，烧杀掳掠，无比恐怖和可怕地攻打一切人。正是因这个缘故，撒剌逊人企图和基督徒联合，希望能够合力抗拒这些怪物。据认为这些该死的鞑靼人是抛弃摩西律法，崇奉金牛的十个部族人，马其顿的亚历山大最初极力要用沥青覆盖的石头把他们关闭在里海的崎岖山里。当他发现这件工作超过人力范围的时候，他祈求以色列的上帝的力量，于是山顶都合拢，形成一个无法接近，不可通行的地方。约瑟谈这个地方说：‘上帝为信徒所作的，和为异教徒所作的，会是一般多吗?’因此，看来上帝不想让他们出来，不过据圣史所载，到世界末日时他们将出来对人类施展大屠杀。然而，现在从那儿出来的鞑靼人是否就是他们，这是有疑问的，因为他们不使用希伯来语言，没有法律，也不受法律约束。对此的回答是，且不管这些，可信的是，他们是那些被封锁的人，而且有材料提到他们……另一方面，据说鞑靼人得名于他们早期抵述的、流经山里的一条河流，该河叫塔塔儿；同样，大马士革的河流叫做法法儿。”①

1241 年 4 月 9 日在里格尼茨交战，西里西亚大公亨利败阵，蒙古人扫荡了他的公国和摩拉维亚，同时候在拔都率领下另一支军队进入匈牙利。侵入中欧和西欧的最后屏障被除掉，而教皇、教廷和欧洲的诸侯仅软弱地、过晚地组织防卫。1241 年 3 月 10 日，洛林的伯爵亨利致函给布拉班特的大公亨利，请求立即支援。后者把这封信函抄录一份给巴黎的主教。日耳曼的圣职人员命令举行隆重的斋戒，宣传一次圣战。

但是在这关键时刻最重要的一封信是弗列德里克二世写给英国亨利三世的。这位皇帝因和阿拉伯人有长期友好的交往，对蒙古人及其战事的正确认识，可能超过他同时代的任何人。在这封信里他相当详尽地提到第一次蒙古人的入侵欧洲，库蛮和南俄的征服。然后他谈到第二次入侵，匈牙利的征服，国王贝拉四世在佩斯的败北，以及里格尼茨的更大惨败。他把波兰、波希米亚遭到蹂躏、奥地利遭到进攻的事告诉亨利王，特别谈到所有基督教诸侯为共同防御而采取联合行动的迫切需要，因教皇对他的残酷打击使这件事变得困难。他的信结尾说，他信赖上帝，希望靠基督教国家的共同力量，鞑靼人最终将被赶回他们的地狱里去。

然而，欧洲大部分人对这位皇帝反感如此强烈，以致我们得

---

① 马太：《历史编年纪》第四卷，页 76—78。(Mathew Paris：Chronica Majora，iv)。

知，这封信没有受到普遍的采纳，它被视为是对基督教欧洲进行防卫的无意义的要求，而且为达到他个人反对教皇的目的，他捏造了这个“鞑靼祸害”。因此教廷认为此信仅仅进一步证实它的大敌的奸诈，没有任何西欧的国家企图用人力或金钱去援助弗列德里克。他们只关心教皇的争吵，关心耶路撒冷和康士坦丁堡。

得到蒙古人侵入匈牙利的消息，教皇格利哥里九世致函给贝拉王，一如头一年他写信向格鲁吉亚皇后表示同情，他安慰他，鼓励他继续抵抗，并且许诺，一切向蒙古人进行圣战的人，将得到如同他们开赴圣地那样的赦免。他用同样口气致函给贝拉的兄弟科罗曼，颁发一道诏谕，命令为圣战做宣传。

贝拉在佩斯的败北，及他的国土沦陷于蒙古人，很快引起老教皇的警觉和不安。他在 7 月 1 日给贝拉写信，再次安慰他，向他许诺，只要弗列德里克表示认错，返回教廷，恢复基督教世界的和平，那就派所有教廷的军队援救匈牙利。尽管如此，皇帝和教皇仍在策划消灭对方，教皇对弗列德里克十分愤怒，而弗列德里克继续在意大利向教皇开战，所以蒙古的入侵仍在进行。1241 年 8 月 21 日，教皇格利哥里九世逝世，同年 12 月蒙古皇帝窝阔台也相继进入坟墓。

在蒙古人那里，皇帝是由成吉思汗家族的各支成员、大将和廷臣组成一种议会形式进行推选。因此窝阔台去世的消息中止了对欧洲的入侵；大将军拔都和所有军事首领都将参加马上要在蒙古哈剌和林附近举行的大聚会（库里勒台），推选窝阔台的继承人。这样，尽管蒙古人在匈牙利一直待到 1243 年，甚至分军进入奥地利和达尔马提亚，他们却停止了大举西进，衰弱和分裂的欧洲得救了，虽则它不知道这点，仍在绝望地等待致命的打击；因为蒙古人声称要统治全世界，当时在欧洲是人所皆知，人人都不怀疑他们有力量实现它。

1243 年，英诺森四世被选为教皇。以他特有的精力，他不失时机地运用他所能掌握的宗教手段，鼓励去组织军队，抗拒所谓危在旦夕的蒙古入侵。在 7 月 22 日，他写信给阿奎莱的大主教，宣布一次圣战，勉励日耳曼人高举十字架去援助匈牙利人，“对抗撒旦的使者，地狱的牧师”，答应给予和圣地十字军一样的赦免权。

但是，除这些措施外，教皇还立即采取别的措施，以便更符合于他的神圣号召，他的著名的改革热情，以及他对扩展强大圣多明尼克、圣方济各托钵僧团工作的兴趣。他不仅在欧洲和亚洲各个异端教派及东北欧异教部族中组织传教，还遣使蒙古人，如他在一封致“鞑靼国王和百姓”的信中所说，希望“他们畏惧上帝的愤怒，不要进攻基督的国土，”并且向他们宣讲基督教；另一方面也暗中打算通过传教士确实摸清蒙古人对欧洲的计划。当时流传着一个说法：远东某地存在着一个长老约翰的聂思脱里基督教国家，同时，教皇刚得到在入侵者前面逃到里昂的俄罗斯主教彼得带来的消息：“蒙古人崇拜一个神，不是没有宗教信仰的”，这使得教皇相信，他的做法可能对蒙古君王产生某些影响。

教皇组织了两个使团去见蒙古人。他给每个使团的首领一封信，据估计要递交给他们遇到的第一个大头目，一在俄罗斯，另一在亚美尼亚或附近的国家。他把这两个使团都委托给方济各教士。遣往俄罗斯蒙古人那里的使臣是佩鲁贾的柏朗嘉宾的教友约翰，当时他是他的教会驻科隆的大主教；另一个是葡萄牙的教友劳伦斯，他从前的经历我们一无所知。这些使团看来是由教皇个人倡议组成的，使臣们准备在首次召开宗教大会前启程，因为给他们的致蒙古皇帝的信函，注明日期是1245年3月9日，而在6月26日召开的会议仅表赞同教皇的行动。

里昂的会议特别是为了“找到一种对付鞑靼人、其他反宗教分子及迫害基督百姓者的补救办法”① 而召开。但就鞑靼人而论，会议的做法具有时代特征，而且，如果需要如此做，那倒进一步提供欧洲士气十分低落的证明。它决定说：“这样看来，鞑靼人是基督名字的死敌，基督徒仍然有遭到他们攻击的危险——

① 马太：前引书，第4卷，页411。

因为没有把基督徒完全征服，如他们按照消灭基督教的愿望那样做，他们将肯定返回来，而在波兰、俄罗斯、匈牙利及其他国家所见到的恐怖，将重新出现。”因此，它劝告、恳请和祈求所有基督教百姓，用壕堑、墙垣、堡垒或他们认为最好的其他方法，封锁敌人可能通过的道路或入口，敌人一出现就马上通报教皇，为的是他可以采取更多的防卫措施。至于这些防卫所需的费用，教廷本身愿意资助，并且促使所有直接有关的基督教地区进行资助①。

柏朗嘉宾的教友约翰于1245年4月16日从里昂出发，旅途中经历了种种危难后，他把教皇的信函交给了当时在蒙古北部、离哈剌和林城不远的贵由汗本人，没有交给在俄罗斯的蒙古王公。1247年6月9日，约翰教友和他的同伴、波兰人班涅狄克脱返回斡罗斯的乞瓦，同年秋季，他们再抵达里昂，把贵由的复函交给教皇，而且叙述了他们在危险旅程中的遭遇。

至于劳伦斯僧侣的出使，我们实际上一无所知，留下来的著作中没有提到它。据《教会年鉴》② 的一条记载说，1247年教皇派这个教友作为他的使节到小亚细亚去，我们可以推测，他可能真的已启程去完成1245年交给他的使命，并且可能访问了西亚地区，因此获得有关该地区的知识，教皇选他任这个新的职务；但是，同一年，即1247年，教皇向亚美尼亚蒙古军统帅拜住派去新使节，却倾向于证明劳伦斯没能够把1245年的信函递交出去。

不管怎样，1247教皇决定再遣使小亚细亚的蒙古人，携带有一封信函，内容和1245年交给教友约翰和教友劳伦斯的相同。他这次选择多明我会的僧侣阿思凌即昂塞姆为首领。多明我会当时已在西亚创立。博韦的文森有一部大百科全书题为《历史通鉴》③，保留了有关这次行纪的简短叙述，他是取材于圣昆丁的

① 雷纳尔多：《编年纪》，第二卷，页332。（Raynaldus：Annales，ii）。
② Ecclesiastical Annals。
③ Vincent of Beauvais：Speculum Majorum。

西蒙教友所写的一个报告，但报告没有传下来。西蒙是使团的成员。它没有给我们增添多少有关蒙古人的一般知识，也没有提供使节行程的什么详情，但它仍然使人感到兴趣。西蒙教友的报道，和柏朗嘉宾的约翰教友的相似，大抵分为两个部分——旅行本身，以及有关蒙古人及其邻近各族历史、人种的说明；因为我们发现，散在《历史通鉴》第二九和三十卷中，夹杂在逐字逐句引自嘉宾著述对蒙古人的大量报导内，还有另一些附加说明，这只能来自西蒙教友的报告。

阿思凌教友在蒙古人的骄狂和天生粗野面前，受尽凌辱和折磨，一如他的前驱和后继者在同样遣使中的遭遇。住处远离宫廷，少得可怜的食物，侮辱，数不清的阻挠。样样事情都要使使者感到自己是多么渺小，教皇又是遭到怎样的蔑视。这位使节的行为无补于事，尽管我们必须承认，他大大地被触怒；他表现得不屈不挠，态度一点不和蔼，丝毫不愿讨好蒙古人。结果可以预料得到——给教皇信函的回答是粗暴的，这次遣使彻底失败。到1250年阿思凌才敢返回去见教皇，报告他的出使。

当嘉宾在1247年下半年抵达里昂时，一支讨伐撒剌逊人的十字军正准备行动，而在1245年曾参加十字军首次布道的法兰西国王路易士九世，正要前往爱古斯莫尔帖斯，在那里乘船赴塞浦路斯。但是教皇害怕这位国王的离开会使他遭到魔王弗列德里克的攻击，因此，希望劝说国王暂缓行期。等到他的人身安全有充分保障的时候，他就在1248年初派遣已到达三个月的嘉宾教友和他的同伴波兰人班尼狄克脱到巴黎去，向国王表示他的急迫需要，极力推迟他赴圣地的行期。

当时在路易士王的宫廷内有许多他喜欢的托钵僧教会的成员，其中有个叫威廉的圣方济各会士，法国佛兰德斯的鲁布鲁克村人。他正要随国王去参加十字军，而圣路易士要在四年后派遣他秘密出使蒙古宫廷，有关的报导构成本书的主题。有种种理由推测威廉教友在巴黎遇到那两位返回的旅行家，听他们口述他们危险的旅行故事。他可能在那个时候已有意访问那遥远的地区，宣讲正教，把散居在蒙古帝国内的基督徒携归罗马教廷。约翰教友已向他透露了这些人的存在。在后来的四年中，威廉教友伴随圣路易士，注定要扩大许多见闻，有助于坚定他访问蒙古人的意愿，提供他可贵的指导情报。

1248 年 9 月 21 日，圣路易士在塞浦路斯登陆，三个月后，波斯蒙古军统将野里知给歹的一个使团到达尼科西亚，携来向国王致敬的信函，“国王的名声已传遍了整个西亚”，而且，一致认为，他将把西亚从撒剌逊人手里解放出来，为恢复圣地向蒙古人提供反对伊斯兰的援助。使臣是沙不丁·摩里法特·大卫，或者单称大卫，这是鲁布鲁克对他的叫法。他向国王谈了许多有趣的消息：他说教皇在蒙古人当中已经鼎鼎有名；大汗之母是个基督徒；三年前主显节日，由一个撒剌逊主教叫做穆剌真的教化，大汗本人和鞑靼大王公也成了基督徒；野里知给歹甚至在那以前已受洗；蒙古大汗最支持基督徒；还讲了许多这类话。这是由一个多明我僧侣隆如满（或隆如默）的安德烈翻译给国王的，他除了通阿拉伯语外，还和阿思凌在 1247 年出使过蒙古人，并且在西亚蒙古统将拜住的营帐里见过这个大卫。几年后，路易士王将要发现，野里知给歹的使节是没有得到蒙古皇帝批准的，而大卫提供他的消息是那种不实在的东西。东方人太容易提供这类消息，因为他们知道他们的听众是乐于听闻的。不过，当时国王听进去了，还得到一个确证，那就是同时候收到的亚美尼亚长官写给塞浦路斯国王的一封信，其中称他在出使大汗旅行蒙古国的过程中，发现那里有大量的基督徒，因此国王马上决定，不仅复信给野里知吉歹，还派人出使蒙古皇帝，据使者说蒙古皇帝叫做贵由汗，为的是劝告他和他的王公履行基督的职责，也对蒙古人有信仰基督教的良好倾向表示欣慰。安德烈教友自然当选为使臣，陪同他的有他的兄弟——另一个没有传下名字的僧侣、四个世俗兄弟——其中一个好像是英国人，以及大卫。他于 1249 年 2 月中旬向蒙古皇帝的营地出发，携带有国王和教廷使节的信札，及丰富的赠礼，其中有一座状若教堂的营幕，墙上饰有天使报喜和其他宗教故事的景色。使团到达叶密立的蒙古宫廷时，贵由已死，摄政者是斡兀立海迷失皇后。她接待了使团，并且立即对大法兰克君王的意外提议加以实际利用。约因维尔写道：“当鞑靼国王（皇后）接受使者和礼物时，他把几位他保证其安全，但没有臣服于他的国王召去，然后搭起教堂，对他们说出如下一番话：‘列位君王，法兰西国王已来向我称臣，这是他进贡的礼物，如果你们不归顺我们，那我们要派他去打你们’。到场的很多人因为害怕法兰西国王，就自动臣服于鞑靼国王。”①

1249 年春，圣路易士、玛迦烈皇后、鲁布鲁克的威廉，及全体十字军乘船赴埃及。在曼苏拉进行决战，国王被俘，不久在达米塔签订和约。1250 年春或夏，国王及其残兵在巴勒斯坦的托勒密登陆。1251 年，在那附近，当他正忙于巩固凯撒利亚城时，他接见了从蒙古宫廷归来的教友安德烈，及摄政者斡兀立海迷失的使节，携来一封她致法兰西国王的信函，内容傲慢无礼，因此约因维尔说：“完全可以肯定，他（国王）对于曾向蒙古遣使十分后悔。”②

如果这次出使在外交上是个失败，那它却给国王提供了许多有关蒙古人的极宝贵和原始的情报。他得知，鞑靼人来自一大片沙漠地带，它的东头是崇山峻岭，还听说他们有一个大首领以及他的法律，尽管安德烈教友没有提到成吉思汗之名、蒙古人当中有基督教、在一座营地中有八百个装在车辆上的教堂、塔剌思有日耳曼俘囚、一年长途旅行中看见过许多城市的废墟、成堆的白骨说明蒙古人进行的杀戮、使者在进见君王前要携带礼物从火里走过。他必定也听说俄罗斯东南部有一个信仰基督教的蒙古大首领撒里答——强大的拔都之子，这故事是基督徒和伊斯兰徒都相信的。还有其他同样的稀奇古怪的事，但这些都鼓舞这位基督教国王和鲁布鲁克的教友威廉，使他们产生去教化和寻求和平的

① 约因维尔：《圣路易士传》，米开勒编本，巴黎，1867，页 48。（Joinville: Historie de Saint Louis; Francisque Michel edit. Paris, 1867）

② 约因维尔，前引书，而 148。

希望。

安德烈教友走的路线，由于材料缺乏，只能简略地予以说明。我们仅知道他从安提俄克出发。可能他走北面的大道，穿过小亚美尼亚、卡帕多西亚的凯撒利亚、瑟瓦斯和额儿哲隆。过第比利斯后，他或者到大不里士，或者到达莫安平原的营盘，那里经常是西亚蒙古人的大本营。估计他在那里会见野里知吉歹，递交了信札。在完成这部分使命后，安德烈及其同伴沿里海南岸而行，可能从那里经锡尔河谷到达奇姆肯特和塔剌思。他们在这里转向东行，渡过楚河和巴尔哈什以南的伊犁诸水，到达叶密立河畔斡兀立海迷失的营地。至于回程，我们只从鲁布鲁克那里得知，他们是沿里海东岸而行。

安德烈刚讲完他的历险，当国王仍在凯撒利亚时，图昔的菲利普率一个使团从康士坦丁堡到来。他是前帝国摄政者之子。皇帝巴德文二世曾派遣这位骑士及其他贵人出使南俄的库蛮人，国王从他那里得知他们的奇异历险。菲利普告诉国王，库蛮人怎样用杀一条狗的方式来表示誓忠于友谊；他怎样看见一个库蛮部长的葬礼，那是用一只松鼠和一匹马殉葬；还有别的稀奇的事。这支骑士使团共有十人，看来其中有个叫做海瑙特的巴德文的人，不仅参加了这次赴库蛮的使团，而且实际上还在那里跟库蛮王公的女儿成亲。不止于此，他可能还奉皇帝之命出使，穿过亚洲，远抵蒙古皇帝在哈剌和林附近的营帐。鲁布鲁克从他那里得到许多有价值的情报，最后促使自己决定走俄罗斯方向的道路赴蒙古，不走亚美尼亚的道路。前一条路，他已从嘉宾的使团那里了解到，它有利于把他带到撒里答的营地，据称撒里答是个信仰基督教的蒙古人，那么他能指望得到撒里答的帮助继续旅行，同时得到帮助在蒙古人中建立传教团。

路易士王对菲利普及伴随他的骑士感到满意，以致让他们在他身边待了一年才放他们返回康士坦丁堡。这使得早已下决心进行冒险的鲁布鲁克有足够的时间作准备。国王乐于供给他必需的费用，以及给予致撒里答和蒙古皇帝的信函，但小心地避免带有正式的性质。鲁布鲁克可能在阿克里登船，和菲利普使团的返回一起，在1252年初春平安抵达康士坦丁堡，停留到次年5月7日，然后赴蒙古。当他返回时，他原来打算亲自把旅行报告交给路易士王，但当他于1255年抵达塞浦路斯时，发现国王已不在巴勒斯坦，而是返回法国去了。同回的大主教不许他赶到法国去见国王，并把他带到阿克里，命他将报告从该地转送给路易士。鲁布鲁克只得这样做，但要求国王允许他到法国去见他。路易士王必定同意了他的要求，因为我们得知，几年后罗杰·培根在法国遇到他，向他详细询问了旅途的经历和发现，并且几乎将每个地理细节都在他的名著《大著作》中披露出来。

除罗杰·培根的记述，我们没有其他任何关于这位旅行家的史料。但是可以肯定，他是法国佛兰德斯的鲁布鲁克村人，而不是如一般所认为，他出身于布鲁塞尔以南几英里布拉班特的鲁伊斯布罗克（Ruysbrock）。

1600年，李查德·哈克鲁特从卢门莱爵士（Lord Lumley）所收藏的抄本中刊布了部分鲁布鲁克的报告。1625年普察斯（Purchas）又据剑桥伯涅特学院（今基督圣体学院）收藏的另一个抄本全文予以刊布，收在《朝圣者丛书》中。巴黎地理学会于1839年在《行纪和记录集成》第四卷内再刊布了一个更权威的本子，其中不仅利用了哈克鲁特和普察斯的刊本，还参考了当时发现的另五种抄本，三个藏于基督圣体学院，一个藏于不列颠博物馆，另一个藏于莱顿大学。但这些抄本之间文字出入不大，看来都源出于一个抄本。至于各种语言的译本，都是根据哈克鲁特或普察斯的本子作出的。

鲁布鲁克旅行路线

1253 年

5 月 7 日	离开康士坦丁堡
21 日	到达索尔对亚(苏达克)
6 月 1 日	离开索尔对亚
3 日	首次遇见鞑靼人
5 日	抵达斯克台的营地(停留到 8 日)
12 日	彼列科普地峡的营地
22 日	抵达地峡以东的第一营地
7 月 20 日	抵达塔赖思河(顿河)岸(停留到 23 日)
31 日	抵达撒里答的营地
8 月 3 日	离开撒里答的营地
5 日	抵达也的里(伏尔加)河岸
9 月 16 日	离开拔都的营地
27 日	抵达札牙黑(乌拉尔)河
10 月 31 日	采取向南的道路

11月8日	抵达金察特
9日	向东行
18日(?)	抵达海押立
30日	离开海押立
12月3日	到达阿拉湖的源头
6日	加快速度
13日	通过有魔鬼的峡谷
27日	抵达蒙哥的营地

1254年

1月4日	得到蒙哥的接见
3月29日	前往哈剌和林
4月5日	到达哈剌和林
5月24日	与蒙哥相见
30日	和脱因(道人)的争论
8月8日	获允离开
18日	离开哈剌和林
9月16日	到达拔都的营地
10月16日	离开拔都营地
11月1日	离开萨莱
15日	抵达阿兰人的山区
17日	到达铁门(打耳班)
19日	到达沙马龙
21日	到达沙马格
22日	进入莫安平原
11月23日	到达纳希阿(纳希契凡)

1255 年

1 月 13 日	离开纳希阿
2 月 2 日	在艾尼
15 日	到达阿拉克斯河源
17 日(?)	到达马尔森根
22 日(?)	到达幼发拉底河畔的卡马斯
3 月 23 日(?)	到达塞巴斯特(瑟瓦斯)
4 月 4 日	到达卡帕多西亚的凯撒利亚
19 日	到达伊康尼翁(科尼亚)
5 月 5 日	到达海岸边的库尔塔
17 日	离开库尔塔
6 月 16 日	到达塞浦路斯
29 日	在安提俄克
8 月 15 日	在的黎玻里

鲁布鲁克的教友威廉，小兄弟会中之最贱者，向优秀的君王、最信仰基督的路易士、上帝护佑的法兰西名王，致以敬礼，祝愿他为基督而永远获胜。

圣贤在《传道书》里写道："彼将进入异族的国土，将在万事中经历祸福。"[1]我王陛下，这事我已履行，但愿我的行为犹如贤人，非如蠢徒，因为很多人行贤人之所行，尽管不是以聪慧之方式，而是以最愚蠢之方式。我恐怕我就是这类人。且不管我是采取何种方式，既然在我向你告辞时，你吩咐我把在鞑靼人中的见闻向你报告，而且还告谕我说，不要怕写长信，所以我按你对我的吩咐办，虽然有所畏惧和腼腆，因为我应当写给如此伟大一位国王，所用的适当语汇，没有浮现在我思想中。

第一章　可萨利亚省

那么圣王陛下当知者，公元1253年5月第7日（5月7日），我进入滂沱斯海，它通称为马勒·马祖斯，即大海[2]。我从商人那里得知，它长为一千四百英里，可以说分为两部分。大约在它的中间，有两个岛点，一在北，一在南。南面的叫做辛诺玻里斯[3]，是土耳其算端的一个港口和堡垒，而在北面的是今天拉丁人称作可萨利亚的省份，但它沿岸居住的希腊人把它叫做卡萨利亚，即克萨利亚[4]。朝着南面的辛诺玻里斯，有一个伸入海中的海岬。辛诺玻里斯和卡萨利亚之间有三百英里，故从长宽方面说，从这两个点到康士坦丁堡有七百英里，到东面的锡伯利亚，即格鲁吉亚[5]，是七百英里。

于是我们驶向可萨利亚即卡萨利亚省，它呈三角形，西面是一座叫做克尔松纳的城市[6]，圣克列门特在这里殉教。当我们驶过它时，我们看见一个岛子，上面有一座据说是天使手筑的庙宇。在中间，那可说是三角的尖上，靠南有一座叫做索尔对亚的城市[7]，它面向着辛诺玻里斯。想到北方诸州去的土耳其商人，都到索尔对亚来，那些想进入土耳其的罗斯[8]和北方诸州的商人也一样汇集于此。后者携来松鼠皮、貂皮及其他珍贵的毛皮，别的人（即前者）携来棉布即奔巴赫、丝料及芬芳的香料。这个省的东面有一座叫做马特里卡[9]的城市，塔赖思[10]河在这里从一个宽十二英里河口流入滂沱斯海。这条河在流入滂沱斯海之前，在北面形成一个方圆为七百英里的小海，深度到处都不超过六步，因此大船不能进入，但是，拜访上述马特里卡城的康士坦丁堡商人，把他们的船只一直驶到塔赖思河，购买诸如鳣鱼、白鱼、鲤鱼等鱼干及其他种种鱼类。所以，上述的卡萨利亚省三面被水包围，那就是：有克列门特之城克尔松纳的西面；有我们正在驶往的、位于该省尖端的索尔对亚城的南面；以及靠近塔赖思海的东面。在这个口子的那边是不服从鞑靼人的柴库亚[11]，（它的）东面是苏埃甫[12]和锡伯利，他们都不臣服于鞑靼人。然后，在南面，是特列比松，它有自己的君王，名叫基托，出身于康士坦丁堡的王族，他臣服于鞑靼人[12]。然后是瓦斯塔丘斯的国家，他的儿子按他外祖父的姓叫做阿思卡尔，他不臣服于（他们）[13]。从塔赖思（海的）口子向西直到多瑙河，都属于他们（鞑靼人），甚至从多瑙河那边，直到康士坦丁堡之地：弗拉吉亚[14]——它是阿散的国土[15]、小不里阿耳及斯拉夫尼亚，都向他们纳贡；而除了常赋外，他们在过去几年向每户征收一把斧子和所有没有锻铸的铁。

于是我们在旧历6月12日（5月21日）到达索尔对亚。一些康士坦丁堡的商人已先于我们到了这里，他们说，想去见撒里答[16]的圣地的使臣正在到来。然而，棕树主日（4月21日）我曾公开在圣索菲亚宣称，我既不是你的也不是任何人的使节，我和这些异端同行，不过是奉我会之命。所以当我到达时，上述那些商人就告诫我说话要谨慎，因为他们曾表示说我是名使者，如果我说我不是使者，那不会让我通过。因此我向该城的长官，或不如说长官的代表说了下面的一番话，因为长官在冬天带着贡赋去见拔都，尚未返回：“我们在圣地听说你们的君王是基督徒，而基督徒们对此都很感欣慰，最信仰基督的法兰西君王更是如此。他曾到圣地去进香，正和撒剌逊人打仗，要把圣洁的地方从他们手里夺过来。正是为此我希望去见撒里答，向他递交君王的信札，其中劝告他照顾所有基督徒的利益。”他们很殷勤地接待了我们，让我们在主教派的教堂居住。这所教堂的主教曾见过撒里答，他向我谈了不少有关撒里答的好处，后来我本人却没有发现。

接着他们让我们选择，用牛车或驮马来搬运我们的行李。康士坦丁堡的商人劝我乘车，要我购买正规的罗斯人用来装运皮毛的有盖车，那我可以把不愿每天卸下的行李放在这些车里；如我使用马匹，那就必须在每个站把行李卸下来，并且放到其他马匹上；而且我可以随着牛的步子缓慢地骑行。然而这时我倒霉地采纳了他们的意见，因为我路上走了两个月才到达撒里答那里，如我骑马，只需走一个月。

按商人的劝告，我从康士坦丁堡随身携带了果品、麝香葡萄酒和精美的饼干，送给头一批（鞑靼）长官，好让我旅途方便些，因为在他们看来，空着手去是不礼貌的。这些东西我都放在一辆车里，因为我没有见到该城的长官，而且我被告知，如果我能把东西带到撒里答那里，那他会十分满意地收下。我们在旧历6月初（6月1日）和四辆有盖车及其他两辆他们借给我们装运过夜卧具的车，登上旅程。他们还供给我们五人五匹马骑：我自己、我的同伴克雷莫纳人巴托罗姆僧侣、运送礼物的哥塞特、译人哈莫·德依[17]，及尼古拉童子，他是我用你的捐助金在康士坦丁堡购买的。他们再供给我们两个赶车和照料牛马的人。

现在从克尔松纳直到塔赖思河口，沿海全是高耸的岬角，而在克尔松纳和索尔对亚之间有四十个村子，几乎每个村子都有自己的方言，其中有很多哥特人，他们说条顿语。

越过这些山的北面，有一片极美的森林，生长在充满溪流的平原上，过了这片森林，是一个广阔的原野，往北走五日抵达此省的边缘，平原在那里变得狭窄，东、西濒海，因此从一个海到另一个海之间有一条巨大的渠道。在这片平原上，鞑靼人到来前，一向居住着库蛮人[18]，他们强使上述的城市和城砦向他们纳贡。但当鞑靼人到来时，那么多的库蛮人涌入该省，他们都逃到海岸上，以致他们彼此残食，活人吃死人。如一个目睹的商人告诉我说，活人用牙齿撕咬死人的生肉，好像狗吃尸体。此省的尽头处有很多大湖泊，岸边是盐泉，当泉水流入湖里时，变成像冰一样硬的盐巴。拔都和撒里答从这些盐泉上得到大量的赋税，因为人们从罗斯各地到那里去取盐，每车盐要交两匹价值半个叶帕尔拍拉[19]的棉布。很多船只还从海上来取盐，按照（它们所取）的数量纳税。

离开索尔对亚，我们在第三天到达鞑靼人那里，当我发现自己在他们当中时，我真感到好像我是到了另一个世纪。我将尽力向你描写他们的生活方式。

第二章　鞑靼人和他们的住所

他们没有定居在任何地方，他们也不知道他们将去何处。他们自身划分为西徐亚[20]，它从多瑙河伸延至日出之地。而每个首领，按他手下人数的多寡，都知道他牧地的范围，以及冬夏、春秋游牧的地方。因为在冬季他们下到南方较暖和的地区去，夏季他们则上到北方较寒冷的地方。他们在冬天降雪的时候到缺水的牧地放牧，因为雪可以给他们当水用。他们把宿夜的住宅安放在用棍条编织成的圆形框架上，顶端辐凑成小小的圆环，上面伸出一个筒当做烟囱，而这个（框架）他们覆以白毡。他们常常用白粉，或白黏土，或骨粉涂在毡上，使它显得白些，有时（他们把毡子）也涂成黑色。顶端烟筒四周的毡子，他们饰以种种好看的图案。入口处他们还悬挂有各种彩色绣花的毡子，因为他们给毡子绣上五颜六色或者素色的藤、树、鸟兽的图像。

他们把这些屋舍造得很大，有时宽为三十英尺。我有次亲自测量一辆车的轮距为二十英尺，当把房舍放在车上时，它在轮的每侧至少伸出五英尺。我估算一下，每辆车用廿二头牛拉一所屋，十一头和车并行，另十一头走在前头。车轴粗若船桅，并且有个人站在车上房门口，驱赶着牛群。

还有，他们把细枝编织成方形大箱，上面加上一个也用细枝编成的盖子，整个盖严，正面开一扇小门。然后他们用牛脂或羊奶涂抹过的黑毡，把这个箱子，也就是小房屋遮起来，防止漏雨，而且他们同样用五彩图案把它装饰。所有的卧具和贵重物品，他们都放进这类箱子里，再给紧紧系在骆驼拉的大车上，以致过河（不会打湿）。这种箱子他们从不取下车来。

当他们安顿好他们的住所时，他们始终把门朝向南方，然后他们把装箱的车辆，分列在住所附近一投石之遥的两侧，因此住所在两排车辆之间，就像是在两道墙中。主妇为自己制作了极漂亮的（行李）车，除了用图画外我不知道如何向你描绘，如果我会作画，那我要把它们画给你看。仅一个富裕的蒙古人即鞑靼人便有一百或二百辆这种带箱的车。拔都有二十六个妻妾，每个都有一所大住宅，尚有其他安置在大住宅后面的小住宅，它们像小房间，其中住着做针线活的妇女，足足有二百辆车跟随着这些（大）住宅。他们安置他们的屋舍时，长妻的住宅在最西边，其他的妻妾按照地位在她之后排列，因此最小的妻妾在最东边；两位妻子的禹儿惕[21]之间有一投石距离。一个富足的蒙古人的斡耳朵看来像一个大镇子，尽管里头没有多少人。一个妇女要管二十或三十辆车，因为土地平坦。他们把牛车或驼车一辆辆连接起来，同时有一个妇女坐在头一辆上赶着牛，其他的用同样的步调跟在后面。倘若他们碰上坏的道路，那他们把车辆解开，一辆辆通过。所以他们行进缓慢，好像牛羊在行走。

当他们安顿好住所，门朝着南方，这时他们把主人的卧榻放在北边。妇女的位置始终是在东侧，即是说在主人房屋的左手，主人侧面朝南坐在他的卧榻上。男人的位置在西侧，即是在右手。进屋的男子从不会把弓放在女人的一边。

主人的头上总有一尊用毡制成的像，好像玩偶或塑像，他们称之为主人的兄弟；主妇头上也有类似的像，他们称之为主妇的兄弟，这些像是附在墙上；两像之间，更高地挂着一个细小的像（macilenta），它算是全屋的保护者。房屋的主妇把一张有绒毛的山羊皮或其他毛织品，放在右手卧榻足下一个显眼的地方，它的旁边有一个很小的像，朝着仆从和妇孺的方向，妇女一侧的入口旁，还有另一个像，及一个为挤奶妇女安置的母牛奶头；因为挤牛奶是妇女的部分职责。入口的另一侧，朝着男人的方向，有另一个像，以及为挤马奶的男人安置的母马奶头。

同时当他们聚会畅饮的时候，他们首先把酒洒向主人头上的那个像，然后依次洒其他的像。接着一名仆人拿着杯子和酒走出屋外，三次向南方洒酒，每次都下跪，那是向火献祭；再就是东方，那是祭空气；又向西祭水；向北方则是向死者献祭。主人举杯在手欲饮，他先倾洒些在地上，如果他是乘马饮酒，那他饮前先洒点在马颈或马鬃上。随后，仆人洒酒完天下的四方，回到屋里，那里已有两名仆从准备好两个酒杯和盘子，送给主人和坐在他卧榻旁的妻子饮用。如他有几个妻子，那么当晚要跟他同寝的那个妻子在白天坐在他身边，而其他的妻子当天都要到她的房间去饮酒，那天就在那里饮宴，同天送去的礼物则收存在那个女人的库里。门口放着一张凳子，上面摆着盛在皮革里的奶或其他饮料及酒杯。

在冬天，他们用米、粟、麦和蜜酿造上等饮料，它清澈如果酒，而果酒是从遥远的地方运到他们那里。在夏天他们只酿制忽迷思[22]。在屋舍内的门前，总找得着忽迷思，旁边站着个拿琴的乐人。我们有琵琶和提琴，在那里我却没有看见，但那里也有很多我们所不知道的乐器。而当主人要饮酒时，一个仆人就大声喊道：“赫！”于是琴手弹起琴来。同时他们举行盛会时，他们都拍着手，随琴声起舞，男人在主人前，女人在主妇前。主人喝醉了，这时仆人又如前一样大喝一声，琴手就停止弹琴。接着他们轮番把盏，有时他们放荡地和开怀地饮酒。他们要跟人赛酒，便抓住他的两只耳朵，拼命要掰开他的嘴，他们同时在他面前拍手跳舞。同样，当他们要为某人举行盛宴款待时，一人就拿着盛满的酒杯，另两人分别站在他的左右，这三人如此这般向那个被敬酒的人又唱又跳，他们都在他面前歌舞。他伸出手去接杯，他们却迅速地把杯子缩回去，然后他们再如前一样送过去。他们三番四次不让他接着杯子，直到他兴奋起来，有了胃口，这时他们才把杯子递给他。他边喝酒，他们边唱歌拍手和踏足。

第三章　鞑靼人的食物

关于他们的食物和粮食，你要知道，他们不加区别地吃一切死去的动物[23]，而那么多的羊群牛群，必然有很多牲口死去。然而，在夏天，只要有忽迷思，即马奶子，他们就不在乎其他食物。所以在这时如碰巧有牛马死去，他们便把它切成细条，挂在太阳下通风的地方弄干，因此肉很快失去盐分而变成没有怪味的干肉。他们用马的内脏制成腊肠，比猪肉的味道更佳，但他们是生吃。剩下的肉他们留下过冬。他们拿牛皮制成大壶，用烟把它熏干，形状美观。他们用马臀部的皮制成极漂亮的鞋。一头羊的肉可供五十或一百人食用；他们把肉切得很薄，放在盘里用盐水浸泡，因为他们没有别的佐料。然后他们拿特制的尖刀或叉子，颇像我们吃煮梨或苹果用的刀叉，把肉按照客人的多寡分给每人一口或两口。在这之前，还没有上肉，主人先挑选他看中的，如他给人一片肉，那么按照习惯，接受的人要自己吃掉它，不可以给别人。但是，如果他不能吃完，那他得把肉随身带走，或者把它交给随身的仆人，由仆人保存。否则他把肉放进他的开普塔尔格克[24]中，那是个方形的袋子，他们用来装这类东西。在他们来不及细啃骨头时，就把骨头存放在里面，他们好在以后吃它，免得浪费食物。

第四章　忽迷思的制作

这种忽迷思，也就是马奶子，是用下述方法制造。在地上拉一条长绳，拴在两根插进地里的桩上。这根绳上他们把要挤奶的母马的小马系上三个时辰。这时母马站在小马附近，让人平静地挤奶。如有一头不安静，那有人把小马牵到它跟前，让小马吸点奶；然后他把小马牵走，挤奶人取代它的位子。当他们取得大量的奶时，奶只要新鲜，就像牛奶那样甜，他们把奶倒进大皮囊或袋里，开始用一根特制的棍子搅拌它，棍的下端粗若人头，并且是空心的。他们用劲拍打马奶，奶开始像新酿酒那样起泡沫，并且变酸发酵，然后他们继续搅拌到他们取得奶油。这时他们品尝它，当它微带辣味时，他们便喝它。喝时它像葡萄酒一样有辣味，喝完后在舌头上有杏乳的味道，使腹内舒畅，也使人有些醉，很利尿[25]。他们还生产哈剌忽迷思，也就是“黑色忽迷思”，供大贵人使用[26]。马奶不凝结的原因如下：事实上没有动物的（奶）会凝结，如果在它胎儿的胃里没有发现凝结的奶。在小雌马的胃里没有发现凝结的奶，所以母马的奶不凝固。他们继续搅拌奶，直到所有混浊的部分像药渣一样径直沉底，清纯部分留在面上，好像奶清或新酿白葡萄酒。渣滓很白，给奴隶吃，有利于睡眠。主子喝这种清的（饮料），它肯定极为可口，很有益于健康。拔都在他营地四周一日程的地方，有三十个人，每天其中一人要把一百只母马的这种奶送给他，这即是说，每天有三千马奶，尚不算送给别人的其他白奶。如在叙利亚，农夫要交纳产品的三分之一作贡赋，所以这些（鞑靼人）也必须每三天把奶送到他们主子那里。至于牛奶，他们首先炼出奶油，然后把它完全煮干，再收藏在为此准备的羊胃里。奶油里不放盐，因为收得很干，所以不腐坏。他们把这个留来过冬。收炼奶油后剩下的奶，他们尽量让它变酸，再煮它，在煮时它凝结起来。凝乳在太阳下晒干，变得硬如铁渣，最后收藏在袋里以备过冬用。在冬季没有奶时，他们把这种称之为格鲁特[27]的酸凝乳放入皮革中，上面浇水，使劲搅拌到使它溶化在水中，最后变酸，他们就喝这种水来代替奶。他们极小心地不喝清水。

第五章 他们吃的动物以及他们的衣服和狩猎

大贵人在南方有村庄，粟和面粉就从那里输运给他们过冬。穷人靠卖羊和皮毛得到（这些东西）。奴隶以脏水果腹，他们以此为满足。他们也吃老鼠，这里老鼠种类繁多。他们不吃长尾鼠，而把它拿去喂鸟。他们吃家鼠及种种短尾鼠。那里还有很多土拨鼠，称为索古尔〔28〕，冬天它们群居在洞里，二十或三十成群，一睡六个月，他们大量捕捉这些土拨鼠。那里也有兔子，长着老鼠一般的长尾，尾梢有黑白的毛。他们尚有其他种种可食的小动物，他们知道怎样很好地去区别。我没有在那里看到鹿。我看到些野兔，很多小羚羊。我看到大量的野驴，像是骡子。我还看到另一类叫做阿卡里〔29〕的动物，它有像羊那样的躯体，两角弯曲如公羊角，但是双角大到我简直用一只手举不起来，他们则用这些角来制造杯子。他们有很多的鹰隼，携带在右手上。而且他们总是用根细小的皮带围着鹰的脖子，下挂在它胸口上，当他们放鹰去追捕猎物时，他们用左手拉这根皮带，使鹰的头和胸朝下，那它不致受到风的打击并且朝上飞。因此他们靠捕猎而获得大部分食物。

关于他们的服饰和风俗，你要知道，他们在夏天穿的丝绸和织金的料子以及棉布，是从契丹和其他东部地区，也从波斯和其他南部地区运给他们。从罗斯、摩撒尔[30]，以及从大不里阿耳和帕斯卡蒂尔[31]即大匈牙利，和吉尔吉斯等所有北方遍布森林并且臣服于他们的国土，给他们运去值钱的各种毛皮，这些我在我们的家乡没有见过，他们是在冬天穿。他们至少要做两件皮袍过冬，一件的皮毛内向身子，另一件皮毛向外抵御风雪。后一类经常是用狼皮、狐狸皮或狒狒皮制成。但他们坐在屋里时，他们穿上另一件轻便的袍子。穷人用狗和羊（皮）来制作外面的（袍子）。

他们要猎取野兽时，便聚集一大群人，包围住他们已知有兽的地区，相互逐渐靠拢，直到把野兽团团困在当中，像围在墙内，然后他们发矢射兽。他们也用毛皮来做裤子。富人还制作丝绵衣，极为柔软，轻便保暖。穷人用棉布裁衣，或者用尽可能从粗羊毛中挑选出的细毛。他们拿粗羊毛制作毡子覆盖房屋和箱子，也作卧具。用羊毛掺和三分之一的马鬃做成绳索。他们也用毡制作套子、鞍布和雨篷；因此他们使用大量的羊毛。你已经知道男人的服装了。

第六章　男人怎样薙发，女人怎样打扮

男人在头顶剃成一个四方形，从（这个方形的）前角经头的两边一直剃到太阳穴。他们也剃掉鬓角，后颈剃到颈窝上，前额剃到头顶，上面留下一绺头发垂到眉梢。他们留下头两边的发，编成齐耳的辫子。

女人的服装和男人的没有什么不同，只是要长些。但是在结婚后，（妇女）就剃掉头的前半部，并且穿上宽如尼姑道袍一般的外衣，但处处都更大更长，前面敞开，系在右侧。在这点上鞑靼人和突厥人不同。突厥人把衣袍系在左边，鞑靼人却总是系在右边。再者他们有一种他们称之为波克[32]的头饰，用树皮或他们能找到的这类轻物质制成，而它大如两手合掐，高有一腕尺多，阔如柱头。这个波克，他们用贵重的丝绢包起来，它里面是空的。在柱头顶，即在它的顶面，他们插上也有一腕尺多长的一簇羽茎或细枝。这个羽茎，他们在顶端饰以孔雀羽毛，围着（顶的）边上有野鸭尾制成的羽毛，尚有宝石。贵妇们在她们的头上戴上这种头饰，用一条巾把它向下拉紧，为此在顶端替它开一个孔，并且她们把头发塞进去，将头发在她们的脑后打成一个髻，把它放进波克中，然后她们把波克紧拉在颚下。因此当几个妇女一起骑马时，打老远看她们，她们就像士兵，头戴盔，竖执矛。因为这个波克像一顶头盔，它上面的羽茎像一支矛。而且所有的妇女都像男子一样跨上马。她们把一块蓝绸布系在她们的衣袍腰上，胸前围上另一条，再把一块白绸布系在眼睛下面，垂到胸前。那里的妇女胖得出奇，鼻子最小的女人被认为最美丽。她们把脸涂得十分难看。她们从不躺在床上生孩子。

第七章　妇女的职责和工作

妇女的责任是：赶车，把住室搬上和搬下车，制造奶油和格鲁特，装饰和缝补皮革，那用的是筋制成的线。他们把筋分割成细条，再搓成长线。他们还缝制靴子、袜子和衣服。他们从不洗衣，因为他们说天神会因此发怒，并说如果他们挂起衣服来晒干，那会打雷的。他们甚至要打那些他们发现洗衣裳的人。他们特别害怕打雷。每当打雷时，他们把一切外人从他们的住所赶出去，用黑毯把自己包起来，这样一直躲到雷声过去。再者，他们从不洗碗盘，但在煮肉时，他们把锅里煮的肉汤用来冲洗盛肉的碗盘，再把汤倒回锅里。妇女也制作毡子和铺盖屋舍。

男人生产弓箭，制作马镫、马衔及马鞍，他们修房造车(的框架)。他们照看马匹，挤马奶，搅拌忽迷思即马奶子，并且制作盛它的皮囊。他们也看管骆驼和装卸它们。男女都看管绵羊和山羊，挤羊奶的有时是男人，有时是女人。

他们用又浓又咸的酸羊奶来装饰皮革。他们要洗手或洗头，就满嘴含水，一点点地滴到手上，用这个法子他们也弄湿头发和洗头。

至于他们的婚姻，你须知道的是，他们当中的男人除非买妻，否则是娶不到老婆的。因此有时女人大大过了婚龄才结婚，因为父母始终留着她们准备出卖。他们遵守第一和第二血族等亲关系，但没有亲属等亲关系，所以（一个人）可以同时或先后娶两姐妹为妻。他们当中的寡妇不得婚配，原因是，他们认为在今生侍奉他们的人，要到阴间去服侍他们。所以对于寡妇，他们认为她终归要在死后回到她的第一个丈夫那里去。因此他们当中流行着下面的陋俗：有时儿子除他的生母外要娶其父的所有妻妾[33]。父母的斡耳朵总属于幼子[34]，所以正是幼子必须供奉带着父室归于他的其父的妻妾，而如果他愿意，他把她们当做自己的妻妾，因为他并不认为她们死后如回到其父那里，他自己会受到什么损害。当有人向别的人购买他的女儿为妻时，做父亲的就举行宴会，女孩则逃到她的亲戚那里，藏了起来。这时父亲说："好，我的女儿是你的了，只要你找得到她，就把她带走。"于是他和他的朋友去找她，找到为止。他必须用武力得到她，并且采取暴力的形式把她带回家。

第八章　他们的法律和审判，死和葬

至于他们的法律，你须知道的是，当两个人聚斗时，没有人敢干涉，哪怕父亲也不敢帮助儿子。但受害的一方可以向主子的宫廷申诉，申诉后伤害他的人，被处以死刑。但必须毫不耽误地马上采取行动，受伤害者必须把（伤害）他的人当做俘囚送去。除了当场被抓住或者自己认罪外，他们对任何人不施大刑。当有人被许多人控告时，他们折磨他到他招认。他们对杀人罪施以极刑，跟不属于自己的女人睡觉也是这样。我的意思是说，不属于自己的女人指的是非他的妻子或女奴，因为人们对自己的女奴可以为所欲为。他们对大盗窃也处以死刑，但小偷小摸，如盗窃一只羊，只要不是屡次被当场抓住，他们就只痛打窃贼一顿，而且如果打一百下，他们必须用一百根棍子；我指的是奉官方的命令受权的案子。同样，假冒使节，就是说本人不是使节但冒充使节的人，被处以死刑。巫婆也一样，而我将向你更多地谈到她们，她们被当做是妖妇。

当有人死去时，他们大声嚎哭，然后他们被免除赋税，直到当年底。如果一个成年人死时另一个人在场，那后者一整年不得进入蒙哥汗的宫室；如果死者是孩子，那他一个月不得进入。死者如果是贵人，也就是出自他们的祖先和头一个君王成吉思汗的家族，那他们在死者的墓旁一直留下一座营帐。死者的葬地是不知道的。在埋葬贵人的地方，总有一座营帐和看守坟墓的人。我不知道他们有否用珍宝殉葬。库蛮人给死者筑一座冢，为他立一尊像，面朝东方，手在肚脐眼上拿一只杯子。他们也为富人修建金字塔，即是说，有小尖顶的建筑。我在有的地方看见大砖塔，另一些地方见到石屋，尽管那附近没有石头。我看见他们为新近死的一个人用长竿挂十六张马皮，向着四方。他们还为他摆设了饮用的忽迷思，吃的肉，尽管他们说死者已曾受洗。再往东方，我看见状若大庭院的其他墓地，用大块平石板铺盖，有圆的也有方的，而朝着大地四方的角落上，有四个高耸的石柱。有人得病时便躺在床上，住室外放一个标记，表示内有病人，不得进入。所以没有人去看病人，除非是为他服役的。如大斡耳朵里有人害病，便在斡耳朵四周设置守卫，不许人进入这些禁区。因为他们害怕鬼神或者风随人进去。但他们把他们的教士即占卜者召去。

第九章　来到蛮人当中及他们的忘恩负义

于是当我们来到这些蛮人当中时，如我在前面所说，我好像到了另一个世界。他们让我们坐在车的阴凉下长时等候，用骑兵把我们包围。头一个问题是，我们到过他们那里没有，回答是没有到过。他们开始厚着脸皮向我们要吃的。我们给他们一些从城里带去的饼干和酒，他们喝完一瓶又要一瓶，说什么人不能只靠一只脚进屋；但是我们没有再给什么，并且解释说我们携带的东西不多。在这个时候，他们问我们是从哪里来，又要到哪里去。我把我已经说过的话对他们说了：我们听说撒里答是一个基督徒，我们要去见他，因为我有你致他的信函。他们仔细盘问我是自愿去的，还是被派去的。我回答说没有人逼我去，我如不愿意，也不会去，因此我是自愿去的，这也是我的上司的意思。我十分谨慎地绝口不提我是你的使臣。接着他们问我车里是什么东西，是不是我送给撒里答的金银或贵重的料子。我答道，我们见到撒里答时，他会亲自看看我们送给他什么，但是用不着他们发问，他们应当让我去见他们的头子，如果他愿意的话，他可以把我送到撒里答那里，否则我将返回去。

现在该省中有拔都的一个亲戚，名叫斯克台[35]的队长，康士坦丁堡的皇帝陛下（通过我）致函给他，请许我通行。因此他们同意（我的要求），供给我马牛及两名带路的人；送我们去的人则返回。然而，在供给我们这些以前，他们让我们长时等候，替他们的小孩索取面包，凡看见我们仆人身上的东西，如刀子、手套、钱包和皮带，莫不称羡，什么都要。我解释说，前面还有长途跋涉，我们不能一开始就把必需的用品丢光。这时他们叫我是骗子。他们确实没有用暴力抢东西，但他们索取他们看见的任何东西，缠扰不休，厚颜无耻，而如果有人给了他们，那会损失惨重，因为他们忘恩负义。他们自视为世界的主子，他们认为任何人都无权拒绝他们要的东西；如果不给，那往后需要他们服劳，他们不好好干。他们把炼牛油的奶给我们喝。它很酸，他们称之为爱兰[36]。我们这就离开他们，在我看来我们逃出了魔掌。第二天我们见到他们的队长。

两个月来，从我们离开索尔对亚，到我们见到撒里答，我们从来没有睡在屋里或营帐里，而总是睡在空地上或我们的车下；而且我们从未看见城镇，只见大量的库蛮坟墓。

那天晚上替我们带路的人给我们忽迷思喝，一尝到它，我害怕得汗流浃背，因为我从未喝过它。不过，我觉得它确实可口。

第十章　斯克台的斡耳朵。基督徒不喝忽迷思

然后在早晨我们遇上斯克台载运屋舍的车辆，我看像是一座城市向我移来。牛群、马群和羊群之多，也使我吃惊，尽管我只看见几个照看的人。因此我问（斯克台）手下有多少人，他们告诉我说，不超过五百人，在另一座营地我们已遇到其中的一半。这时我们的向导对我说，我必须给斯克台一点东西。他先去通报我们的到来，要我们停下来。时间已经过了第三个时辰，所以他们把屋舍安顿在靠水的地方，同时（斯克台的）译人见到我们，当他发现我们过去从未到过他们那里时，他就向我们索取东西，我们给了他一些。他还要一件袍子，因为他将在他主子面前给我们充当翻译。我们表示歉意。他问我们带给他主人什么礼物，我们取出一瓶酒、装满一篮子的饼干和一盘苹果和其他水果，但他并不高兴，因为我们没有赠送一些值钱的纱绢。我们则恐惧和战栗地带着这些前去。（斯克台）坐在他的卧榻上，手拿一把小琴，他的妻子坐在旁边。我确实觉得她的鼻子整个都给削掉了，因为她是狮子鼻，看去好像根本没有鼻子。而且她用黑色药膏来涂抹脸的这一部分，还有眉毛，以致我们觉得她十分可怕。接着我把原先说过的话对他说了一番，因为重要的是我们应当在每个地方说法都一致。这一点，曾到过他们那里的人已经给我们很好的告诫：不要改变我们的说法。然后我请求他笑纳我们

的这份薄礼，解释说，因为是个僧侣，按我教规矩不得拥有金银及贵重的衣袍，所以我没有这类东西送他，只有把我们的食物奉献他作为祝福。这时他收下这些东西，马上把它分给在那里聚饮的手下人。我还把康士坦丁堡皇帝的信函递交他。这天是基督升天节的第八天（6月5日）。他立刻把信函送到索尔对亚去翻译，因为信是用希腊文写成，他手下没有人懂得希腊语。他问我们喝不喝忽迷思，也就是马奶，这是由于他们当中严格恪守教义的基督徒、罗斯人、希腊人和阿兰人不喝它；他们认为喝了它自己就不再是基督徒了，而且教士还不得不给他们赎罪，好像他们已背离了基督的信仰。我接着回答说，到此为止我们有自己的充足饮料，但若饮料用尽，我们就必须喝他给我们的饮料。他问我们致撒里答信函的内容是什么。我告诉他，你的信函是私人的，其中都是友好之词。他也问我们要向撒里答说些什么。我答道："基督教的教义。"他问那是什么，因为他乐于听闻。于是我尽量通过译员向他解释教义，译员既不十分理解，也译得不流畅。他听到后，沉默不语，但是摇他的头。随后，选了两个人照管我们，并看管马牛，他让我们随他一起骑行，等到他派去翻译皇帝信函的使者返回，我们就随着他一直到圣灵降临节（6月8日）后。

第十一章　圣灵降临节前夕阿兰人的访问

圣灵降临节前夕（6月6日），有一些阿兰人来找我们，他们被称作阿速人[37]，并且按希腊的礼拜式，算是基督徒，使用希腊文字，有希腊教士。不过他们不像希腊人那样是宗教分裂论者，因为不管什么人，他们尊敬一切基督徒。他们给我们带来煮熟的肉，请求我们吃他们的食物，并且为他们的一个死者祈祷。这时我告诉他们说，这是一个大节的前夕，那天我们不吃肉，我又告诉他们关于这节日的事，他们听到很高兴，因为他们不知道有关基督教的礼拜仪式，只知道基督的名字。他们和其他很多基督徒、罗斯人、匈牙利人，提出问题说，因他们不得不喝忽迷思，吃撒剌逊人和异教徒屠宰的牲口和肉，那些希腊和罗斯教士把这看成就是向偶像奉献的肉食和祭品，他们是否能够得救；因为他们不知道斋戒时间，而如他们知道，他们也不能遵行。于是我尽力向他们作解释，教导他们，用教义帮助他们。他们送来的肉，我们留在节日用，因为用金银买不到东西，只能用亚麻布或其他丝绢才买得到，而我们却没有这些。当我们的仆人拿出叶帕尔拍拉时，他们用手指抚摸它，放在鼻子上闻闻它是否铜钱。他们（即蒙古人）也不给我们食物，只给牛奶，又酸又难闻。我们的酒快喝光了，用马运来的水混浊到不能饮用，若不是我们带有饼干，并靠上帝的慈恩，那我们可能要死了。

第十二章　表示要受洗的撒剌逊人和像害麻风病的人

圣灵降临节（6月7日），有个撒剌逊人来找我们，我们在交谈中开始解释教义。当他听到上帝化身救人、死者的复活和最后的审判、用洗礼涤除罪恶时，他说他想要领洗。但当我们准备给他施洗礼时，他突然跳上马说他得回家跟老婆商量。第二天他对我们说他不敢贸然接受洗礼，那样做他就不能喝忽迷思了。因为这一带的基督徒说，真正的基督徒不喝它，但若没有这种饮料，在这沙漠里就不能生存。我不能改变他的这个看法。所以你会看到，他们因这个看法，背离真理该有多远，那是罗斯人传播给他们的。那里有大量的罗斯人。

同一天（6月7日），这个队长（斯克台）派一个人给我们带路去见撒里答，另两个人把我们送到牛要走五天的一座营帐。同时他们还给我们一头羊供食用，几皮囊的牛奶，但只有很少一点忽迷思，因为它被他们视为珍品。于是我们向正北出发，我觉得我们好像经过了地狱的一扇门。带路的人开始十分大胆地劫掠我们，因为他们发现我们不怎么防范。最后，在损失了许多东西后，因为着急，我们变得聪明起来。

我们终于来到这个（可萨利亚）省的尽头，它被一条从一个海（伸延）到另一个海的壕堑所封闭[38]，在它的外面是这些（蒙古人）的营帐。当我们来到他们中间时，他们的面目是那样可怖，以致看来像是麻风病人。他们驻扎在那里，向那些我已提到的从盐湖取盐的人征收赋税。从这里我们将要旅行十五天，他们说看不见任何人。我们跟他们一起喝忽迷思，并且给他们一篮子饼干，他们则给我们八个人一只羊作全程食用，还有我不知道有多少皮囊的牛奶。于是，换过了马和牛，我们登上旅程，十天内我们走到另一座营帐。全程中我们只发现在坑洼里有水，只看见两股小溪流。从我们离开这个可萨利亚省之时起，我们是向正东行走，南面是海，北面是一片大荒野。有的地方宽有三十天的旅程。其中没有森林，没有山岭，也没有石头，仅有美好的牧地。被称作钦察的库蛮人常在这里放牧他们的畜群。但条顿人把他们叫做瓦伦人，把该省叫做瓦伦尼亚。不过据伊西多鲁斯说，阿兰尼亚从塔赖思河绵延至帕鲁斯·梅阿蒂斯和多瑙河；而这个从多瑙河延伸到塔赖思（它是欧亚的分界）、并且鞑靼人要艰苦骑行两月才能通过的省份，到处都居住着钦察库蛮人，从塔赖思往东到也的里，情况也一样。两河之间足足要走上十天。此省的北面是罗斯，它处处都覆盖着森林，从波兰和匈牙利一直伸延到塔赖思的地区，整个遭到鞑靼人的蹂躏，而且仍然每天遭到蹂躏。因为鞑靼人喜欢撒剌逊人，不喜欢信基督教的罗斯人，当罗斯人交不出更多的金银时，鞑靼人把他们连同他们的子女，像赶羊群一样，给驱逐到野外，在那里给他们放牛。从罗斯往北是普鲁士，它最近被条顿骑士征服。确实，若他们愿意插手，他们可能轻易地取得罗斯，因为鞑靼人要是听说大教主即教皇准备对他们进行圣战，他们统统会逃往他们的荒野去。

第十三章　经受苦难。库蛮人的坟墓

我们向东旅行，除天地外别无所睹，仅时时看见在我们右侧的塔赖思海[39]，以及两里格开外出现的库蛮人的坟墓，因为他们有把全家合葬在一处的风俗。只要我们是在沙漠里，那我们就旅途顺利，但当我们来到有人烟的地方，则所受的罪非言语所能形容。那是因为我们的向导要我们用礼物去讨好每个队长，但我们的给养不敷此用，每天我们有八个人吃面包，尚不计那些随便闯来的人，他们都要跟我们一起吃。我们本身是五人，另三个是带路的，两人赶车，一人陪我们去见撒里答。他们给我们的肉不够吃，而我们用钱也买不到东西。此外，那个季节天气炎热，当我们坐在车辆的遮阴处，他们就极讨厌地挤进我们中间，简直要把我们压扁，渴望看看我们所有的东西。如果他们突然想拉屎，他们也不离开我们哪怕扔一粒豆子的距离：他们边谈话边就在旁边拉撒，干的事讨厌到极点。而尤有甚者，我因不能向他们布道而苦恼；译员会对我说："你不能使我讲道，我不知道该怎样说。"他说的是真情，因为不久后，我学会了他们的一点语言，发现当我说一桩事时，他想到什么就谈另一件不相干的事。因此，既然通过他谈话有危险，我下定决心不说话。

我们很疲劳地从一站走到另一站，几天后，在圣玛利·抹大拉节（6 月 22 日）前，我们来到塔赖思大河，它把亚洲和欧洲分开来，一如埃及的河流把亚洲和非洲分开。我们抵达之处，拔都和撒里答在右岸建有一座罗斯人的村庄，他们用小船把使者和商人摆渡过去。他们先把我们送过河，再送车辆，把一个轮子放在一只船上，另一个放在另一只船上，把船系牢，划过河去。在这个地方，我们的向导干了件极蠢的事。他认为人们必定要供给我们马匹，所以他从岸边把原来供应我们的马送回给马的主人。但当我们要牲口时，他们回答说，除摆渡来往过客，拔都免除了他们的其他劳役。他们甚至向商人征收大价钱。因此我们在河岸边待了三天。头天他们给我们一条刚出水的大白鱼，第二天给了一些黑麦饼和一点肉，那是村长从各户人家征收来的。第三天我们得到干鱼，这儿有大量出产。此处的河水宽若巴黎河畔的塞纳河。我们到达那儿前，途经很多有鱼的浅水塘，但鞑靼人不知道怎样抓鱼，也不在乎吃鱼，除非鱼大到他们像爱吃羊肉那样才吃它。这条河是罗斯的东界，发源于北接于海的梅阿泰德沼泽[40]。不过河向南流，在流抵滂沱斯海前形成一个七百英里的海，我们经过的河流也都流向那个方向。同一条河的西岸有一片森林。过这个地点，鞑靼人不再往北，因为在那个季节，大约在八月初，他们开始南返，因此（河的）下游有另一个村子，使者们冬天在那里过河。我们发现自己在这里进退维谷，因为我们用钱买不到马和牛。最后，当我向他们证明我们是为整个基督徒而工作时，他们才借给我牛马，但我们自己不得不步行。

这正是他们割黑麦的季节。那里不长小麦，但有大量的粟子。罗斯妇女像我们的女人一样梳理她们的头发，但她们把外袍用松鼠皮或白毛皮从脚一直装饰到膝盖。男人像日耳曼人一样戴斗篷；头上戴毡帽，又高又尖。

我们艰苦地行进，没有看见任何人。正当我们和牛精疲力竭，遇不上鞑靼人时，有两骑向我们驰来。我们高兴地接待他们，我们的向导和译员跟他们拉关系，希望找到人。最后在第四天我们发现一些人，我们快乐得像遇难的水手到达港岸一样。然后我们得到马牛，从一站行进到另一站，终于在8月1日（7月31日）抵达撒里答的营帐。

第十四章　撒里答的地方及其居民

塔赖思以东的地方十分美丽，有河流和森林。北面是大森林，居住着两支民族。一支是摩撒尔人，他们不信任何宗教，纯粹是异端的种族。他们有两座城镇，但森林里只有一些村落。他们的首领及大部分人在日耳曼被杀死，那是鞑靼人把他们带到日耳曼境内去的，所以他们瞧得起日耳曼人，他们希望通过日耳曼人可以最后摆脱鞑靼的奴役。如果一个商人来到这支部落中，那他最初寄宿的那家人，在他愿意留在他们那里时，必须一直供应他。若有人和别人的老婆睡觉，丈夫却不在意，除非他亲眼看见；所以他们是不吃醋的。他们有猪、蜜和蜡，及珍贵的毛皮和鹰。

另一支是梅尔达斯人，拉丁人称之为梅尔底尼人，他们是撒剌逊人。在他们那边是也的里河，我所看见的最大河流，它发源于北方，经大不里阿耳，流向南方，并且注入一个方圆有四月旅程的湖，下面我还要向你谈到它。我们在北方渡过的这两条河，塔赖思和也的里，相距仅十天的路程，但在南方，它们相距却十分遥远。因为塔赖思河流入滂沱斯海，而也的里则和很多来自波斯的河流汇合，形成这个海或湖。南面有崇山峻岭，朝着这片沙漠的一侧，居住着撒耳柯思人和阿兰人即阿速人，他们是基督徒并且仍在跟鞑靼人打仗。在他们那边，沿着也的里海或湖，住着叫做列斯基的撒剌逊人，他们同样不服从鞑靼人。在他们那边是铁门[41]，亚历山大为防御来自波斯的蛮族而修筑，下面我将向你描述这个地点，因为我在返回时经过它。我们旅途经过的这两河之间的地区，在鞑靼人占领它之前，常居住着库蛮钦察人。

第十五章　撒里答的斡耳朵

于是我们在离也的里三天路程的地方遇上撒里答，我们发现他的斡耳朵很大，因为他有六个妻子，他身边的长子有两三个妻子，每人都有一所大住宅，大概有二百辆车。我们的向导去见一个叫科埃克的聂思脱里教徒，他是斡耳朵的一名要员。后者让我们走远道去见一名叫做驿站[42]的官员，这样称呼是因为他负责接待使臣。晚上，这个科埃克要我们去见他。向导问我们拿什么东西送给他，如果他发现我们什么都不准备送，那他会感到蒙受莫大的侮辱。我们站在面前，他威风凛凛地坐着，弹着琴，叫人在他前面歌舞。这时我把我原先在别处讲过的话重复一遍，提出我们要见他君主的理由，请求他协助我们把信函给他的君主看。我还解释说，我是个僧侣，既得不到，也不能接受，更没有随身携带金银或任何值钱的东西，仅有为上帝服务的书籍和圣物，我们没有向他或他的君主奉献礼物，因为我抛弃了一切尘世财物，不能携带他人的财礼。他客气地答道，我做得对，作为一个僧侣，遵守了我的誓言，他不要我们的东西，而如我们需要，他愿把他的东西给我们。接着他让我们坐下，喝他的牛奶，不久他要求我们为他祈福，我们做了。他还问我们谁是法兰克的最大君王。我说："皇帝，如果他使他的国土保持和平的话。"他说："不对，应该是法兰西的国王。"因为他听海瑙特的巴德文君谈起过你。我在那里时还遇到大卫的一个伴侣，他（随大卫）到过塞浦路斯，并且把他的见闻告诉他。于是我们返回我们的住宿处。

第二天（8月1日），我送给他（科埃克）一瓶在长途中仍然保存完好的麝香葡萄酒，及一篮子饼干，这使他很欢喜。那个晚上他把我们的仆人留在他那里。第二天他传话叫我到宫廷去，带上国王的信函、法衣及圣物，还有书信，他的主人想看这些东西。我们照办，把书本和弥撒用具放在一辆车里，把面包、酒和水果放在另一辆中。这时他把书本和法衣铺开来，很多鞑靼人、基督徒和撒剌逊人骑在马上观看。我们检查完毕，他问我是否把这些东西都送给他的主人。我听见这话感到惊吓，他的话使我不快。不过我假装不懂，回答说："我的老爷，我们乞求你的主子俯允接受这点面包、酒和果品，不是作为礼物，因为太微不足道了，而是作为祝福，那我们不致显得空手去见他。他将看到国王陛下的信函，而且从中将得知为何我们去见他，然后我们和我们的一切东西都将等候他的吩咐。至于这些法衣，那是圣洁的，除教士外别人不得触摸。"因此他叫我们穿上法衣去见他的主子，我们这样做了。我穿上最贵重的一件法衣，在胸前有一极美观的垫子（pulvinar），带上你赐给我的圣经，以及皇后陛下赠与我的美丽诗篇，其中有漂亮的图画。我的同伴带着弥撒书和十字架，而书记（哥塞特）穿上白法衣，带着香炉。于是我们来到他的（撒里答的）住所，他们卷起挂在门前的毡帘，让他能看见我们。这时他们叫书记和译人跪拜（三次），但没有要求我们跪拜。然后他们诚挚地教我们进出时要千万当心，别碰到住宅的门槛，并且为他唱祈祷。所以我们唱道："圣母万岁！"在住宅的门口摆着一条凳子，上面放着忽迷思和酒杯，所有撒里答的妻妾都到这儿来，蒙古人围拢来看我们。

这时科埃克把插上香的香炉交给他，他看了看它，小心地拿在手中。然后他把圣诗递给他，他看了好一阵，坐在他旁边的妻子也跟着看。他再把圣经递给他，他问福音书是否在里面。我说它包含了所有的圣文。他又把十字架拿在手里，问上面的像是否基督，我回答说是。那些聂思脱里教徒和亚美尼亚人从不把基督像附在十字架上，给人的印象是他们对基督受难抱有疑惑，或者对此感到耻辱。这时他叫旁观者退出，他可以更好地看看我们的东西。我趁机把你的信连同阿拉伯和叙利亚译文交给他，因为我在阿康把信札译写成这两种语言。那里（撒里答的营帐）有懂得突厥和阿拉伯语的亚美尼亚教士，而那个大卫的伴侣懂得叙利亚、突厥和阿拉伯语。接着我们走出去，脱下我们的法衣。有几个书记，还有这个科埃克到来，他们把信函译成（蒙古语）。当他（撒里答）听了译文，他叫收下我们的面包、酒和水果，而把我们的法衣和书籍送回我们的住处。这些事发生在圣彼得被囚节（8 月 1 日）。

第十六章　奉命去见撒里答的父亲拔都

第二天清早（8月2日）一名教士来见我们，他是科埃克的兄弟，来讨一小瓶圣油，他说撒里答想看看它，我们就给了他。到晚祷时，科埃克把我们叫去，对我们说："国王给我主人的信是友善的，但其中有一些麻烦的事，若无他父亲的意见，他什么都不敢干，所以你们必须去见他的父亲。至于你们送来的两车东西，连同法衣和书籍，都留给我，因为我的主子想仔细看看。"我立刻怀疑他起了贪心的坏念头，就对他说："我的老爷，不仅这些，还有另外两辆我们的车，我们都留给你照管。"他说："那倒不必，留下这些，其他的由你们自己处理。"我告诉他说，这是绝对不可能的，我们要把所有东西都交给他。因此他问我们想不想在该地逗留。我说："如果你充分了解国王陛下信函的内容，你会知道情况是怎样的。"他这时宣称要我们十分耐心和谦恭。当晚我们就这样离开了他。

第二天早晨，他（科埃克）派一名聂思脱里教士来取车子，我们把四辆都给他。接着我们遇到科埃克的兄弟，他把我们的财物跟头天我们带到宫廷去的东西分开来，而这些书籍和法衣，他像是自己的东西那样收下，尽管科埃克曾叫我们随身携带在撒里答面前穿过的法衣，以便在情况需要时我们可以在拔都面前穿戴；但教士却强行把这些夺走，说："怎么，你们已经把这些给了撒里答，现在你们又要拿去献给拔都!”我企图跟他讲理，他回答我说：“别说了，滚开。”所以我只得耐心忍受，因为我们得不到允许去见撒里答，也没有人给我们主持公道。我还担心译员，怕他说一些和我们意思不同的话，因为他常常想要我们给每个人都送礼。我得到一个慰藉，那就是当我发觉他们的贪婪时，我把《圣经》从其他书籍中抽了出来，还抽出箴言及我特别喜欢的其他书籍。我不敢把皇后陛下的圣诗抽出来，因为书里面的镀金图画太引人注意了。于是我们带着剩下的两辆车子回到我们的住处。领我们去见拔都的向导这时来了，他要我们立刻动身。我告诉他说我不愿带着车子上路，他把这点向科埃克报告，科埃克叫我们把车子和我们的仆人留给他，我们照办了。

这样，我们就向正东旅行去见拔都，在第三天（8 月 5 日）到达也的里河。当我看见它的水量时，我不晓得那么多的水是从北方什么地方流来的。

我们离开撒里答前，前面提到的科埃克和一些宫廷里的书记对我们说：“你们不许说我们的主人是基督徒。他不是基督徒，而是蒙古人。”他们把基督这个词当成是一个民族的名字了。他们是那样狂傲，以致尽管他们可能信点基督，他们仍不愿被叫做基督徒，想要把蒙古名字凌驾于其他一切之上，他们也不愿被称作鞑靼人。鞑靼人是另一支我听说的如下的民族。

第十七章　撒里答、蒙哥汗和贵由汗礼敬基督徒。有关汪罕的传说

在法兰克人攻取安提俄克的时候，那些北部地区归一个古罕管辖。古是他的本名，罕是他的称号，意思就是占卜者[43]。占卜者都叫做罕，所以他们的王公也都叫做罕，因为他们原都是靠占卜术来统治百姓。现在我们在安提俄克的历史中读到，突厥人向古罕王请求派遣援兵抵挡法兰克人，因为突厥人都来自这些地区。那个古（罕）是哈剌契丹人。哈剌原意是黑，契丹是一个民族的名字。这样称呼是要把他们和居住在东海岸的契丹人区别开来，关于契丹人下面还要述及。那些契丹人居住在我所经过的高地（alpibus），而在这些高地的某个地方，住着一个聂思脱里人，他是一个强大的、统辖一支叫做乃蛮民族的君王和牧人。乃蛮人是聂思脱里基督徒。古罕死后，那个聂思脱里人自立为王（代替他），聂思脱里人习惯把他叫做约翰王，而且有关他的说法，完全不足信。因为来自这些地方的聂思脱里就是如此：他们可以凭空编造一大堆故事，正如他们散布说撒里答是基督徒，蒙哥汗和贵由汗也是，因他们对基督徒比对其他人更尊敬，尽管事实上他们都不是。所以关于这个约翰王有许多故事流传，而我在经过他的牧地时，除几个聂思脱里外，却没有人知道他是个什么情况。在这片草地上居住着贵由汗，僧侣安德烈到过他的宫廷，我在返回时也曾经过这片草地。这个约翰有个兄弟，也是强大的牧人，他的名字叫汪[44]。他住在哈剌契丹的山岭那边，离他的

兄长有三周的路程。他是一座叫做哈剌和林的小城的主人，他手下的民族叫做克烈和蔑儿乞[45]，他们是聂思脱里基督徒。但他们的君主已经抛弃了基督的信仰，改宗偶像教，身边有拜偶像的僧人，这都是些兴妖作怪的家伙。在那片牧地的那边，约十天或十五天的路程，是蒙古人的牧地，他们是贫穷的人，没有君长和宗教，只懂得在那带地方普遍奉行的巫术和占卜。蒙古人那边是另一支贫穷的民族，叫做鞑靼[46]。约翰王死后无继承人，他的兄弟汪变得富强，自立为汗，他的畜群一直放牧到蒙古的边界。当时蒙古人中有个成吉思，是个铁匠[47]，他开始尽量盗窃汪罕的牲口，因此牧人向他们的主子诉说这事。于是他召集一支军队，侵入蒙古的土地，追索这个成吉思，但他逃到鞑靼人那里躲了起来。这个汪罕从蒙古和鞑靼那里掠得大量财物而归。这时成吉思向那些鞑靼人和蒙古人说："因为我们没有首领，所以我们的邻人欺压我们。"他们便选他为鞑靼人和蒙古人的首领和头目。他秘密地召集一支军队偷袭汪罕，打败他，致使他逃到契丹。他的女儿在那里被俘，成吉思把她给了他的一个儿子为妻，她生了现在的统治者蒙哥[48]。

现在这个成吉思经常把鞑靼人派到四方去，所以他们的名字四下流传，因为到处都听见喊声："鞑靼来了！"不过，经过多次战争，他们差不多给杀光了，蒙古人现在甚至想把他们的名字都消灭掉，用自己的名字来代替。他们的发源地，成吉思汗斡耳朵仍在那里的地方，叫做斡难怯绿连[49]。但因哈剌和林是他们势力最初扩展的地方，他们便把它立为皇城，在那附近选举他们的汗。

第十八章　罗斯人、匈牙利人、阿兰人和甲斯便海

至于撒里答，我不知道他是否为基督徒。我所知道的是，他不愿被称作基督徒，我甚至认为，他好像在讽刺基督徒。要到他父亲斡耳朵去的基督徒，即罗斯人、弗拉克人、小不里阿耳的不里阿耳人、索尔对亚人、撒耳柯思人和阿兰人，都要路过他那里，送礼给他，所以他对他们很照顾。不过，如果撒剌逊人比他们送的礼物更多，那他们将更快地得到遣送。他身边有敲板唱圣诗的聂思脱里教士[50]。

还有另一个叫别儿哥的人，他是拔都的兄弟，他的牧地连接铁门，从波斯和土耳其去朝见拔都的撒剌逊人都从这条路经过，而且在经过时都向他献礼。他自己成为撒剌逊，不许在他斡耳朵里吃猪肉。我们返回时，拔都命他从该地迁移到也的里河以东的地方，不要撒剌逊人通过他所在之处，这看来对他是不利的。我们在撒里答斡耳朵居留的四天中，没有得到一次食物供应，只有一次得到一点忽迷思。

走在他和他父亲之间的道路上，我们感到十分恐惧，因为他们的奴隶罗斯人、匈牙利人和阿兰人，在那里人数很多，常常二十或三十成群，晚上（佩戴）弓矢跑出来，见谁就杀谁。他们白天躲了起来，当他们的马匹疲累时，他们晚上到牧马的草地去，换过他们的马，并且偷走一两匹马，饿了就吃马肉。我们的

向导害怕在他们中间冒险行进。这段路上，如果我们不带一些饼干，我们要给饿死了。

这样我们来到也的里河。它是条最大的河流，因为它比塞纳河大四倍，很深，来自北方的大不里阿耳，流向南方，注入一个湖或海，现在叫做失儿珊海[51]，得名于波斯岸边的一座城市。不过伊西多鲁斯把它叫做甲斯便海，因为它南面是甲斯便山和波斯，东面是和甲斯便山连接的没里奚山[52]，即阿杀辛人的山，北面是鞑靼人现在所居住的荒原，尽管这里最初是叫做康里[53]的库蛮人。而在那一方（即北方）有也的里河流过，它在夏季像埃及尼罗河一样涨水。西面是阿兰人的山岭、列斯基人、铁门和格鲁吉亚人。因此这个海三面环山，但在北面则是一片平原。僧侣安德烈本人经过它的两侧：南和东；而我经过另两侧：从拔都那里去见蒙哥汗和返回时路过北面，从拔都那里返回叙利亚时路过西面。人们可以在四个月中绕行它一周，伊西多鲁斯说它是海湾，却是不真实的。它并不连接海，而四周都是陆地。

第十九章　拔都的斡耳朵及他的接见

在这个海西侧的所有这片土地，从亚历山大的铁门和阿兰人的山区起，到塔赖思河发源的北部梅阿泰德沼泽，习惯叫做阿勒班尼。伊西多鲁斯记述说那里有又大又凶的狗，以致“它们袭击公牛，搏杀狮子”。真相则是，我听人说，在北海那边，人们用狗拉车，像用牛一样，狗的躯体很大，很有气力。

我们到达也的里的这个地方，鞑靼人建造了一个新村，混居着罗斯人和撒剌逊人，他们用船摆渡来往拔都斡耳朵的使臣，因为拔都住在东岸很远的地方，他在夏季往北去时，也没有越过我们到达的这个地点。（当我们到达时）他开始南下。从一月到八月，他和他们所有人一样往北到寒冷地区，在八月他们开始返回。

于是我们从这个村子乘船沿河下到他的（拔都的）斡耳朵，从那个地方到北部大不里阿耳的城镇，有五天的路程。我不知是什么妖魔把穆罕默德的宗教传到那里去的。从通往波斯的门户铁门，穿过沙漠，沿也的里河而上，到这个不里阿耳，有三十多天的旅程，沿途没有城镇，仅仅在也的里河流入海处有几个村落；而这些不里阿耳人是撒剌逊人中之最坏者，没有别人像他们那样信奉穆罕默德的教法。

我看见拔都的斡耳朵，感到惊讶，因为它看来像一座伸延在他驻地四周的巨大城池，三四里格远的地方都聚集着人群。犹如在以色列人当中，每人都知道必须把他的营帐搭在离圣堂的什么地方，所以这些人也知道，当他们安顿他们的住宅时，他们必须安顿在斡耳朵的哪一侧。用他们的语言说，一座宫廷（curia）叫斡耳朵，它的意思是“中央”，因为它总是在百姓的当中，不过，例外的是，没有人把自己安置在正南，因为宫廷的门是朝正南开的。但是按照地形，他们可以随意向左右伸延，只要他们不把营帐的行列恰巧设在宫廷的前后。

我们先被带去见一个撒剌逊人，他没有给我们吃的。第二天我们被带到宫廷，拔都叫搭起一座大营帐，因为他的屋舍容纳不下群聚在那里的男男女女。我们的向导提醒我们要等拔都叫我们说话时才发言，而且发言要简短。他还问你是否已遣使鞑靼人。我说你已遣使贵由汗，但如你不相信他们是基督徒，你就不会遣使给他，也不会遣送信函给撒里答。这时他们把我们带到帐殿前，而且告诫我们不要碰着帐索，因为帐索被当成是门槛。于是我们穿着我们的衣袍，赤足站在那儿，头上没有遮盖，在他们眼前大大出丑。波里卡普[54]的僧侣约翰曾到过那儿，不过他改换了他的服装，害怕他受到蔑视，因为他是教皇陛下的使臣。接着我们被带到帐殿中央，他们没有要求我们像一般使节一样行跪拜礼。在唱“上帝怜我”时我们站在他面前，四周鸦雀无声。他坐在一条宽若卧榻的长椅上，长椅全部涂金，有三级阶梯通往上面，他身旁坐着一个妃子。男人坐在他的右侧，女人在左侧。女人一侧的地盘，因为仅有拔都的妻妾，没有被她们占满的，就由男人占据。帐殿入门处，放着一条板凳，摆着忽迷思和饰有宝石的金银大酒杯。他认真打量我们，我们也打量他，我看他约摸有我们的约翰·德·布蒙君主的身材。愿布蒙君主的灵魂和平安息。他的脸上当时满是红点。最后他吩咐我说话，我们的向导叫我们跪着发言。我整个就跪一条腿，但他表示要我双膝下跪，我这样做了，不想争辩。这时他要我说话，而我认为我要祈祷上帝，便双膝跪着，开始说道：“主啊，我们向上帝祈祷，上帝滋生万般美好事物，赐给你这些人间财富，将来赐给你天堂的东西，因为若无后者，前者是空虚的。”当他专心地听时，我又说："你必须确实知道，除非你是基督徒，否则你将得不到天堂的财富，因为上帝说：'凡归信和受洗者将得救，但不归信者将受谴'。"他对此安详地笑了，其他的蒙古人开始拍手，笑我们，我的译员惊呆了，我不得不让他别害怕。然后又是沉寂，我说："我来见你的儿子，是因为我们听说他是个基督徒，而且我向他递送法兰西国王陛下的使信。正是他（即撒里答）送我到这里来见你。你须知道这个缘故。"这时他让我起身，他问你的名字和我的名字，还有我的同伴和译员的名字，他叫把名字都记下来。他还问你跟谁在打仗，因为他听说你已率师离开你的国土。我答道："征伐那些亵渎上帝邸宅耶路撒冷的撒剌逊人。"他又问你曾向他遣使否。我说："从来没有向你遣使。"接着他让我们坐下，把他的奶给我们喝，而他们认为，若能在他的屋里跟他一起喝忽迷思，那是极大的光荣。坐在那里时，我眼朝下，但他叫我抬起头来，因为他想更多地看看我，或许那是出自他们的迷信，因为他们认为，若有人在他们面前好像悲伤地垂着头，那是不吉祥的征兆，或者是噩讯，用手捂住脸颊更是如此。然后我们出去了。一会儿，我们的向导来见我们，一面把我们引到住宿处，一面对我说："国王陛下要你们留在这里，但若无蒙哥汗的许可，拔都不能这样做。因此你和你的译员必须去见蒙哥汗。至于你的同伴及别的人，让他们回到撒里答那里，等你们回来。"这时译员哈莫德依开始抱怨，认为他自己遭难了。我的同伴声称，他宁愿马上掉脑袋也不愿跟我分手。我说，没有同伴我不能去，而且我们真正需要两个仆人，如有一个生病，我不至于孤独一人。所以他返回宫廷，把我的话告诉拔都。他下令说："让两个教士和译人都去，书记回到撒里答处。"他回来把决定告诉我们，但当我替书记求情，要他跟我们一起去时，他说："别再说了，因为拔都已经决定，我不敢再到宫廷去。"哥塞特书记有你捐施的二十六个叶帕尔拍拉，再无多的了，他把十个留给自己和仆从，另十六个交给哈莫德依供我们使用。于是我们相互挥泪告别，他返回撒里答那里，我们则留在所在之地。

第二十章　到蒙哥汗宫廷的旅行

圣母升天节前夕（8 月 14 日）他（哥塞特）到达撒里答的斡耳朵。第二天，聂思脱里教士穿着我们的法衣出现在撒里答面前，我们则被领到另一户人家，他供给我们住宿、食物和马匹，但我们没有东西送他，他招待得很坏。我们随拔都旅行了四个礼拜，沿也的里河而下。有时我的同伴饿得眼里几乎噙着泪水对我说："我觉得我们再得不到吃的了。"集市一直随拔都的斡耳朵行动，但它离我们太远，简直到不了那儿。因为没有马匹，我们必须步行。最后，几个当书记的匈牙利人发现了我们，其中一个仍然知道怎样激情地唱圣诗，他被别的匈牙利人当成是一名教士，并且被叫去给死者的葬礼作祈祷；另一人精通语法，因为他懂得我们给他写的东西，但他不能作答。这些人对我们安慰很大，他们送忽迷思给我们喝，送肉给我们吃。他们向我要几部书，我感到十分遗憾，因为我没有书送他们，只有一部《圣经》和一本《祷告书》。所以我对他们说："拿些板来，只要我们在这儿，我就给你们写。"他们照办了，我便在板的两面写上为圣母祈祷的时刻，以及为死者所作的祷告。有一天，有一个库蛮人来到我们中间，他用拉丁语向我表示敬意，对我说："主啊，你好！"我当时大吃一惊，就向他表示回礼，问他那是谁教他的。他说他曾在匈牙利由我会的一个兄弟给他领洗，这个兄弟把它教给他。他还说，拔都曾向他详细打听我们的事，他已经把我的教会的情况告诉了他。

我常看见拔都和他的牧人（turba）一起骑行，各户的户长都跟随他，不过按我的估计，那不超过五百人。最后，在耶稣升天节（9 月 14 日），一个蒙古富人来见我们。他的父亲是千人之长，那在他们当中是个高位了。他说："我带你们去见蒙哥汗。旅途要走四个月，那里冷到连石头和树木都冻裂了。看看你们受不受得了。"我回答他说："我相信靠上帝的慈恩，别人受得了的，我们也能够忍受得了。"这时他说："如果你受不了，我就把你抛弃在路上。"我答道："那太不对了，我们不是自行去的，而是你的主子送去的，因此，信任你的照顾，你不要抛弃我们。"他又说："那一切都会好起来。"然后他叫我们让他看看我们的衣服，那些他觉得没有用的，他叫我们留给我们的户主。次日，他给我们每人送来一件羊皮袍、羊皮裤，以及按他们的式样做的靴子、毡袜，还有他们使用的头巾。整个那带地方和以东的地方，是康里人的驻地，他们和库蛮人是同种（parentela）。我们的北面是大不里阿耳，南面是甲斯便海。

第二十一章　扎牙黑河，不同的地区及部族

从也的里走十二天，我们看到一条他们叫做扎牙黑[55]的大河，它来自北方的帕斯卡蒂尔，流入前面提到的这个海（即甲斯便海）。帕斯卡蒂尔的语言和匈牙利人的一样，他们是牧人，没有任何城镇，这个国家西接大不里阿耳。从这个国家往东，那一侧的北面，再无城镇。因此大不里阿耳是最后一个有城镇的国土。匈奴人正是从这个帕斯卡蒂尔国土前来，他们是后来的匈牙利人。因此它就是大不里阿耳。伊西多鲁斯说，他们的马队越过亚历山大为防御蛮族而在高加索山岩中修筑的长城，而远至埃及的所有国家都向他们纳贡。他们蹂躏了直到法兰西的国土，因此他们比现在的鞑靼人更强大。跟他们一起来的有弗拉克人、不里阿耳人和汪达尔人。不里阿耳人来自大不里阿耳，他们在康士坦丁堡附近多瑙河的另一边。在帕斯卡蒂尔旁边是艾拉克，也就是弗拉克的同一词，但鞑靼人不知道怎样发（字母）B 的音[56]。从他们那里来的是住在阿散国土上的人。他们都叫做艾拉克，前者和后者都一样。罗斯人、波兰人、波希米亚和斯拉夫人的语言和汪达尔人相同，他们大多在匈奴人一边，犹如今天他们大多在鞑靼人一边。上帝把鞑靼人从大地的尽头抬举出来，他们是强大而又笨拙的民族，如上帝说：“我将用那些不是一支民族的人使他们（指不信奉他的律法的人）产生妒忌；同时我将用一支愚

蠢的民族使他们产生愤怒。”对那些不遵奉基督律法的一切民族说，这话彻头彻尾实现了。我所谈到的有关帕斯卡蒂尔国土的情况，我是得自在鞑靼人出现前到那里去的传教僧侣，但是从那之后，它被附近的撒剌逊不里阿耳人征服，其中一些成为撒剌逊。其余的可从编年史中得知，因为已经确定的事实是，从康士坦丁堡（以西），称作不里阿耳、弗拉吉亚和斯拉夫的那些省份，是希腊人的省份，而匈牙利是潘诺尼亚。

于是我们从圣十字架节（9 月 15 日）到诸圣节（11 月 1 日）骑行过康里人的土地。尽我所能估计，按照马匹供应情况，我们每天几乎要走大约从巴黎到奥尔良的距离，有时更远些。因为我们有时一天有两三次交换马匹，而有时两三天不见一人，所以必须走得慢些。因我们是外国人，我们从二十或三十匹马中总是得到坏马，他们则肯定赶在我们之前把好马挑走。他们一直给我一匹强壮的马，因为我体重。但我不敢问马走得轻快否，如果马走得艰难，我也不敢抱怨，不得不以同样的宽容态度忍受这一切。结果我们习惯于极端艰苦的条件。有时到站前马匹已疲惫不堪，我们只得鞭打它，把衣物放在别的驮马上，把坐骑和驮马交换，有时我们甚至是两人骑一匹马。

第二十二章　旅途中经受的饥渴和其他苦难

我们不止一次饥渴交迫，又冷又累。他们只在晚上供给我们食物。早晨我们喝的间或是些稀粥，不过晚上他们给我们肉，羊的肩胛和肋骨，还有肉汤喝。当我们喝够了肉汤时，我们觉得精神倍增，我认为它是极可口的饮料，极富有营养。礼拜五我进行斋戒，到晚上不喝任何东西，这时，尽管我十分难受和遗憾，我仍不得不吃肉。有时我们因缺乏燃料，只好吃半生半熟，或者几乎生的肉。这发生在天黑后我们才到达营地，拾不到牛马粪的时候。我们难得找到别的燃料，仅偶尔找到一点荆棘。沿几条河流的岸边，有几处生长树木，但这样的地方是稀少的。我们的向导起初很看不起我们，讨厌给这样微不足道的人带路，但过了不久，当他更多地了解我们时，他愿意把我们带到蒙古富人的禹儿惕，而我们必须为他们作祈祷。如我有个好翻译，我将有机会得到大量的食物。这个成吉思是头一位汗，他有四个儿子，他们的后人是很多的，每人都有大斡耳朵，人数每天都在增加，遍布在这大片海洋般的沙漠上。我们的向导把我们带到很多这样的人家，他们对我们不接受金银或值钱的衣物感到吃惊。他们也询问大教皇是否如他们听说的那样老，因为他们听说他有五百岁。他们打听我们的国土，那里有没有很多的牛羊和马群。至于大洋海，他们不能理解它是那样无边无涯。

诸圣节前夕（10 月 31 日）我们离开了东行道路，因为人们已大大转向南方。我们一直朝正南走，翻过几座山，走了八天。在那荒原上，我看见很多叫做忽兰的驴子，十分像骡，我们的向导和他的同伴追逐了好一阵子，但一只都未抓到。它们跑得太快了。第七天我们开始看见南面有很高的山，接着我们进入一个平原，像花园一样得到灌溉，我们发现这里有耕垦的土地。诸圣节后第八天（11 月 8 日）我们进入一个叫做金察特[57]的撒剌逊的城市，它的长官出城迎接我们的向导，携带着蜂蜜酒（cervisia）和酒杯。因为按照他们的风俗，在臣服于他们的城镇中，人们要用食物和饮料迎接拔都和蒙哥的使节。在一年的那个季节，这带地区的道路上有雪，而甚至更早些，从圣米开勒节（9 月 29 日）那天起，我们在沙漠中已遇到霜冻。我打听该省的名字，但因我们已进入另一地区，他们除了城名外不能告诉我别的什么。该城是座很小的城镇。从山里流来一条大河，在他们需要饮用之外，土地都受到灌溉，但它不流入海，而是被土壤吸收，形成许多沼泽。我在那里（金察特）见到葡萄，并且两次喝到酒。

第二十三章　不里怎样被处死

第二天，我们来到靠山的另一个村子，我打听山的情况，知道那是高加索山，它从西到东两头接海，而且我还得知，我们已经过了也的里流入的那个海。我也问到塔拉斯城[58]，其中有不里[59]的条顿奴隶。僧侣安德烈曾（向我）谈起过他们，我在撒里答和拔都的宫廷曾作过仔细的询问。我得不到有关他们的消息，只得知他们的主子不里死去的如下情况。不里发现他的牧地不好，有一天喝醉酒时他对手下人说：“难道我跟拔都不都是成吉思汗一族？（他是拔都之侄或兄弟）。为什么我不应该像拔都那样到也的里河畔放牧呢？”现在这些话传给了拔都，他传话给不里的人，叫他们把他们的主子绑去见他。他们照办了。于是拔都问他说过这些话没有，他承认说过，尽管他企图辩解说那是醉后失言，因为一般醉酒犯罪的人都得到宽恕。但拔都答道：“你胆敢醉酒提我名字！”便命令把他斩首[60]。

至于这些条顿人，在去蒙哥汗斡耳朵的整个旅途中，我都得不到有关他们的消息，但在刚才提到的村子里，我了解到，塔拉斯距我们那边山的方向有六天的旅程。当我抵达蒙哥汗的斡耳朵时，我听说，蒙哥在得到拔都的同意后，已把这些条顿人转移到塔拉斯以东一个月旅程远的叫做孛罗[61]的城市，他们在那里挖掘金子和制造武器，所以我无论来去都不能经过他们那里。不过，在去时我很接近（孛罗）城，也许离它三天的距离，但我不知道它在哪儿，即使知道，我也不能改变路线。

我们从我提到的村子向东行，接近前面说的山，从那个地点我们来到蒙哥汗臣民当中，他们处处都给我们的向导唱歌、鼓掌，因为他是拔都的使者。他们彼此表示这种礼敬：蒙哥的子民如此接待拔都的使臣，拔都的子民如此接待蒙哥的使臣。不过拔都的部属更强大，所以他们不那么认真地遵行这种习惯[62]。几天后，我们进入哈剌契丹人常居住的山地，那里我们遇到一条大河，必须乘船渡过[63]。随后我们进入一个山谷，看见那里有一座毁坏的堡垒，它的墙不过是用泥土筑成，但那里的土地却得到耕垦。接着我们看到一座叫做额乞乌思[64]的大城，其中住着操波斯语的撒剌逊人，尽管他们离波斯十分遥远。第二天，越过这些从南部高山伸延开来的高地，我们进入一片美丽的平原，右侧是高山，左侧是一个海或湖，方圆有二十五日旅程。从山上流下来的河流充分灌溉这片平原，河流都流入这个海。在夏天，我们沿这个海的北岸返回，那里也有大山。平原上本来有很多城镇，但大多被毁，所以鞑靼人可以在那里放牧，因为该地有极佳的牧地。我们发现那里有一座叫做海押立[65]的大城，其中有一个市集，很多商人在此汇聚。我们在这里休息了十二天，等候拔都的一名书记到来，他将与我们的向导一起在蒙哥的斡耳朵办理公务。这个地方一般叫做斡尔干努[66]，百姓都有他们自己的语言和文字，但现在它被突厥蛮人占据。而且，那些地方的聂思脱里人常用那种语言做礼拜，用那些文字写书。那些人得到斡尔干纳的名字，多半因为他们一直是优秀的琴手（即 organiste）[67]，我是这样听说的。正是在这里我头次看见异教徒的寺庙，关于这方面，我将告诉你在东方有很多教派。

第二十四章　聂思脱里教徒和撒剌逊人的杂居，以及他们的寺庙

首先是畏吾儿人，他们的国土与这个所说的斡尔干努地方接壤，位于它东面的群山中。在他们的城镇中聂思脱里和撒剌逊人混居，他们也分布在波斯方向的撒剌逊城镇内。在上述的海押立城，他们有三座偶像庙宇，我进入其中的两座，看看他们的愚蠢行为。在头一座，我看见一个人，手上有墨染的小十字架，因此我断定他是个基督徒。我向他询问，他回答说他是基督徒。于是我问他："为什么在这里十字架上没有耶稣基督像？"他答道："那不是我们的习惯。"我由此肯定他们是基督徒，但因教义的错误而去掉基督像。我在那里注意到，在代替祭坛并且上面摆着灯和祭品的箱子后面，有像圣米开勒那样的带翅的人像，还有其他像合掌祈祷的主教像。那个晚上我没有发现其他的寺庙，因为撒剌逊人极力避开这些（偶像教徒），以致他们甚至不愿谈起他们；因此当我问撒剌逊人有关这些人的礼拜式时，他们却受到奚落。第二天是撒剌逊人的月初和复活节，我换了我的主人，住在另一座偶像寺庙附近，因为人们是各自按他的房间大小和分给他的人数来招待使者的。进入这座寺庙，我看见拜偶像的和尚，在一月之初，他们要打开寺门，披上他们的僧袍，献香挂灯，供奉百姓献的面食和水果祭品。这里，我首先要告诉你有关偶像教徒共有的礼拜仪式，然后谈谈畏吾儿人。他们可以说形成一个与众

不同的教派。他们都向北礼拜，合掌跪在地上叩头，把额头放在掌上。其结果是，这些地方的聂思脱里绝不在祈祷时合掌，而是在祈祷时把手伸向胸前。

他们（偶像教徒）把他们的庙宇按东西方向建筑。在北面，他们筑有一个台，像教堂唱诗台那样突出来，有时，如果寺庙是方形，它就在建筑物的中间。这样他们在北面用一座台拦断，代替唱诗台，那里他们放上一个跟桌子一样长宽的箱子，箱子后面，面朝南方，他们放上大偶像，我在哈剌和林看见的一尊，大如我们所绘的圣克里斯多芬像。而一个来自契丹的聂思脱里告诉我说，在契丹有尊偶像，大到从两天以外的地方都能看见。在（大像）四周，他们安放其他的偶像，都极美观地涂金。在有如桌子一样的箱上，他们摆上灯和祭品。和撒剌逊人的习惯不同，所有寺门都朝南开。他们也有钟，跟我们的一样，我想，正是这个缘故，东方的基督徒不要钟。不过罗斯人有钟，可萨利亚的希腊人也有。

第二十五章　和尚的寺庙和偶像，以及礼拜仪式

所有（偶像徒的）和尚都剃光了头，穿上红色袍子，同时他们从剃头那天起就戒绝肉食，一百或二百成群居住。他们进寺之日，摆上两条板凳，然后他们坐在设坛的地方，对着坛，手捧经卷，有时就把经卷放在凳子上。他们在寺里都光着头，默默念经，保持安静。我在哈剌和林时走进他们的一座寺庙，发现他们这样坐着。我极力使他们说话，但办不到。他们到任何地方都手拿一串有一百或二百的念珠，像我们的念珠一样，口里总是不断地念："阿弥陀佛。"其中一人向我解释说，那意思是："神，你知道。"他们这样念着，想着神，指望神给他们许多报酬。寺庙四周有整洁的庭院，墙垣环绕，大门开在朝南的一面，他们在那里就座和谈话。在大门上立一根长杆子，如有可能，杆子要高过全城，从这根杆子可以知道这座建筑是一座佛寺。这种方式在和尚中是共同的。当我进入上面谈到的寺庙时，我看见寺门坐着的和尚，觉得那剃光的面孔像是法兰克人，但他们头上戴着蛮人的帽子。这些畏吾儿和尚有如下的装束：他们到任何地方都穿上相当紧身的红色衣袍，像法兰克人那样有腰带，而且他们在左肩上披一件袈裟（pallium），绕到胸部和右臂，像四旬斋时助祭所披的法衣（casula）。

鞑靼人采用了他们（畏吾儿）的文字。他们书写时是从上

往下，也这样阅读，而且每行的顺序是从左到右。他们大量使用图画和文字来行使法术，因此他们的寺里到处挂着简短的箴言。蒙哥汗送给我们的信函是用蒙古语写成，但用的是他们的字体。

他们按照祖先的风俗焚烧他们的死者，把骨灰放进塔顶。

在寺里观看了他们的大小偶像后，我坐在这些和尚旁边，向他们询问他们所信奉的神。他们回答道："我们只相信有一个神。"这时我问："你们认为他是神灵或者是具有肉体的东西?"他们说："我们认为他是神灵。""你们认为他从来没有采取人的形体吗?"他们说："从来没有。"我说："那么，既然你们相信他是唯一的而且是神灵，你们为什么要给他塑成肉体的形象，而且塑得那么多呢？再者，既然你们并不认为他会变成人，你们为什么又把他塑成人形，而不塑成别的动物形象呢?"他们回答说："我们并不塑造这些神像，但当我们这里有某个富翁死了，他的妻儿和亲属就立一尊死者的像，把它放在这儿，于是我们向这尊像膜拜以纪念他。"我说："那么你们只是为巴结别人才立像的。"他们说："这不过是表示怀念吧。"

接着他们好像嘲笑地问我："神在哪儿?"我对此回答道："你们的灵魂在哪儿?""在我们的肉体内。"他们说。我答道："难道它不是在你们的肉体内到处存在吗？难道它不是支配着你们的整个躯体，而且仍然是不可见的吗？因此神是无处不在，支配着一切事物，尽管是不可见的，神就是大智大慧。"正当我要继续跟他们讲理时，我的译员感到厌倦，不愿再译我的话，所以他叫我别再说了。

属于这个教派的蒙古人，即鞑靼人，尽管他们相信一个神，仍然用毡制造死者的像，给他穿上最华贵的衣袍，放在一两辆车里，没有人敢碰这些车子，那是交给他们的占卜者照看的。占卜者是他们的教士，下面我还要向你谈及。这些占卜者一直侍候在蒙哥和其他贵人的斡耳朵前，因为除成吉思的族人外，穷人却没有他们。在行进时，这些人（占卜者）走在他们前头，好像一团云彩走在以色列的子女前，并且他们决定在何处下营，何时安置他们的住宅，整个斡耳朵都跟随着他们。当节日到来，或者在月初，他们把像拿出来在屋里围成一个圈。然后蒙古人到来，进入屋内，在像前鞠躬，向他们礼拜。生人不得进屋。我企图撞进一家屋舍，但遭到极粗暴的申斥。

第二十六章　吃父母的部族——大契丹

与基督徒和撒剌逊人杂居的那些畏吾儿人，我认为，通过经常的争论，已达到只相信一个神的程度。这些畏吾儿人常住在最初臣服于成吉思汗的城镇中，成吉思汗因此把自己的女儿下嫁给他们的国王[68]。哈剌和林可以说是在他们的领域内，而且长老约翰王和他的兄弟汪罕，他们的土地也在这一带，尽管他们占据的是北面的牧地。畏吾儿则住在南面的山里，因此蒙古人恰好采用了他们的文字，他们却成为蒙古人最好的书记，几乎所有的聂思脱里教徒都懂得他们的文字。在他们东面的那些山里是唐兀人，他们是很勇敢的民族，在战争中俘获过成吉思。而他在缔结和约，获得释放后，马上把他们征服。这些人有很健壮的牛，像马一样长着多毛的尾巴，腹背都有毛。它们的腿比别的牛要短，但更结实。它们拖拉蒙古人的大住宅，并且有细长弯曲的角，尖到老要割掉角端。奶牛除非对着它唱歌，否则不让人挤奶。它们也有野牛的脾气，因为，如果它们看见有人穿红衣服，它们就扑向他，把他撞死[69]。

他们的那边是土番，这支民族有吃他们已死父母的风俗。他们为虔诚之故，不给他们的父母找墓穴，而把他们葬在肚里。不过，因为各族都认为这是恶行，他们已把这种做法抛弃。但他们仍然用他们父母的头盖制作精美的杯子，所以每逢用这种杯子喝酒时，他们在欢乐中不忘父母。这事是一个亲眼见到的人告诉我的。他们的国土内有大量黄金，有人短缺金子时，他就去挖掘，直到挖到它，但他只取走所需的数量，把余下的放回地里；因为，如若他把金子收藏在箱柜中，他认为神会使他得不到地里的了。我看见这支民族中有很多畸形的人。在唐兀人中我看见有高大个子，但是黑黝黝的。畏吾儿人跟我们一样是中等身材。在畏吾儿当中找得到突厥和库蛮的语源和语根。土番那边是隆合和肃良合[70]，我在朝廷看到过他们的使节，使节携来十多辆大车，每车由六头牛拉拽。他们身材矮小，像西班牙人那样黑黑的，穿的衣袍像教会助祭的法衣（supertunicale），只是袖子窄些。他们头戴一顶像主教法冠的帽子，前面比后面略矮，而且它并不是尖顶，却是方顶，由黑色硬麻布制成，擦得亮亮的，在太阳光下像镜子或擦亮的头盔那样闪光。鬓角上有两条用同样材料制成的长带，系在法冠上，刮风时带子像两只角，从鬓角往上竖。当刮猛烈的大风时，他们把带子从鬓角盘绕在法冠上，活像头上戴着一个圆箍；它真是件漂亮的头饰。每当大使臣入朝宫廷，他都携着一块擦得光亮的大约一腕尺长、半掌宽的象牙板。他每次跟汗或某个大臣谈话，总是望着那块板，好像上头有他要说的话，而且他不左右张望，也不面对跟他讲话的人。同样，当朝见君王和退朝时，他只望着他的板，从不看别的什么。

除这些人外，我听说还有另一种叫做莫克[71]的人，他们有城镇，但他们自己不养牲口。不过在他们的国土内有很多羊群牛群，只是无人放牧。当有人需要牲口时，他就到山上去呼唤，听见呼唤的牲口都到他那里，让他宰割，好像牲口是驯养了似的。如果一个使臣或异邦人到了那个国家，人们便把他安顿在房屋里，供给他所需的东西，等到他的事情办完。这是因为，倘若一个异邦人在国里走动，他的气味会把牲口赶跑，那它们会变野。

还有大契丹，我认为其民族就是古代的丝人。他们生产最好的丝绸（该民族把它称为丝），而他们是从他们的一座城市得到丝人之名。有人告诉我说，该地区有一个城市，城墙是银子筑成，城楼是金子。该国土内有许多省，大部分还没有臣服于蒙古人，他们和印度之间隔着海洋。这些契丹人身材矮小，他们说话中发强鼻音，而且和所有东方人一样，长着小眼睛。他们是各种工艺的能工巧匠，他们的医师很熟悉草药的性能，熟练地按脉诊断；但他们不用利尿剂，也不知道检查小便。这是我亲眼所见。他们有很多人在哈剌和林，按他们的习惯做法，子承父业。因此他们要交纳巨额赋税，他们每天交给蒙古人一千五百艾索特即柯思莫[72]；一个艾索特是一块重十马克的银锭，所以这就是一万五千马克，还不算蒙古人向他们征收的丝绢和粮食，及加给他们的其他劳役。

所有这些民族都住在高加索山里，但是在这些山之北，直到东海，西徐亚那部分之南，住着蒙古游牧民。他们都是鞑靼人的臣属，信仰偶像。他们创造了许多的神，还有变成神的人物，以及有关神的谱系的传说，如同我们诗人之所为。

远至契丹，在他们当中有被视作异族的聂思脱里和撒剌逊。在契丹有十五个城镇中居住着聂思脱里教徒。他们在称作西安[73]的城市里有一个主教区，但其余的却完全是偶像教徒。上述诸族的拜偶像的和尚，都身穿红色宽僧袍。据我所知，他们那里还有一些隐士，住在森林和山里。他们生活清苦，使人赞叹。那里的聂思脱里教徒什么都不懂。他们做祷告，有叙利亚文的圣书，但他们不懂语言，因此他们唱圣诗就跟我们的僧侣不懂语法一样。他们完全堕落了。首先，他们是高利贷者和酒鬼，有些人住在鞑靼人当中，甚至像鞑靼人那样娶好多老婆。他们进入教堂时和撒剌逊人一样洗下身，在礼拜五吃肉，按撒剌逊人的方式在那天过节。主教难得访问这些地方，差不多五十年仅一次。当他访问时，他们就把所有的男孩，哪怕摇篮中的婴儿，都指定为教士，因此他们的男人几乎全是教士。然后他们结婚，那显然是违背祖宗的法规的，而且他们是重婚者，因为当头一个老婆死时，这些教士又娶另一个。他们都是售卖僧职者，因为他们不免费行圣餐礼。他们为老婆孩子操劳，因而一心发财，不顾信仰。这样，那些教导蒙古贵人子弟的，尽管教的是福音书和教义，因他们的生活肮脏和贪婪，反使子弟们背离了基督的信仰。蒙古人本身，还有道人或偶像教徒，所过的生活比他们的还要清白呢。

第二十七章 赴蒙哥汗的宫廷、贵由汗的驻地

圣安德烈节（11 月 30 日）我们离开这个（海押立）城，在离它大约三英里远的地方，我们发现一个完全是聂思脱里人的村子。我们进入他们的教堂，愉快地高声吟唱：“圣母万岁！”因为我们已很久没有见过教堂了。从那里走三天，我们来到该省的边境，在上述的海的岸头。我觉得这海像大洋一样狂风巨浪。我们看见海中有一个大岛[74]。我的同伴走到岸边，用海水弄湿一块布，尝了尝水，它略带咸味，尽管可以饮用。从东南的高山敞开一条河谷，可窥见山中还有另一个海[75]，一条河从那个海穿过河谷流入头一个海。从这个河谷吹来的风几乎不断，以致人们穿过它时有很大的危险，恐怕风把他们刮到海里。于是我们越过这个河谷，往北朝着覆盖着深雪的大山行进，当时雪已铺满大地。圣尼古拉节（12 月 6 日）我们开始大大加快我们的步伐，因为我们已经看不到人烟，只见到那些驿站，也就是说那些为照看使臣而驻扎在相距一日程远的人。山里很多地方，道路狭窄，不堪放牧，所以从早到晚我们要走两站远，这样把两天的路并着一天走，而且我们晚上比白天走得更多。天气十分寒冷，因此我们把羊皮袄翻过来，毛朝外。

耶稣降临节的第二个礼拜天（12 月 13 日）晚上，当我们经过一处怪石林立的地方时，我们的向导捎话给我，叫我作点祷告

(bonaverba)，好把鬼怪吓跑，因为在这峡谷中，鬼怪经常突然把人掠走，谁都不知道他们要干什么。有时他们掠取马匹，留下骑士；有时他们撕裂人的肚肠，把尸体留在马上，那里时时发生这类事。因此我们高声唱道："信赖唯一的上帝。"这时靠上帝保佑，全队人马都通过了。从那时起，他们开始要我给他们写牌符，插在他们头上，而我却对他们说："我要教你们一句记在心里的话，那将永远拯救你们的灵魂和肉体。"但每次我要教他们时，我的译员不让我这样做。不过，我经常给他们写下"相信上帝"，"吾人之父"，说："这里写的是人们必须相信上帝，及人们要求上帝给予必要援助的祈祷；所以，尽管你们不懂得，仍要坚决相信这些字是真的，而且祈求上帝为你们做这个祈祷中所写的事，那是上帝亲口教给他的朋友的，我希望上帝会拯救你们。"我只能做到这一点，因为通过这样一个什么也不懂的译员来谈信仰的问题，是非常危险的，且不说是不可能的。

然后我们进入贵由汗斡耳朵所在的平原，那里一直是乃蛮的土地，他们是那个长老约翰的真正臣属[76]。当时我没有看见这个斡耳朵，但在我返回时，我却要告诉你贵由的家族、他的妻儿的下场。贵由汗死后，拔都要蒙哥为汗。至于这个贵由之死，我得不到明确的消息。僧侣安德烈说，他是吃了一种投给他的药而死，据估计投药者是拔都。不过我听到另一个说法。贵由曾召拔都去向他表示臣服，而拔都已经声势浩大地出发了。拔都和他的人马都很害怕，所以他派他的一个兄弟，名叫司提堪的，先他前去。当司提堪见到贵由，不得不向他敬酒时，他们之间发生了争吵，都把对方杀死[77]。这个司提堪的寡妻把我们拘留了一整天。带到她的住处，为她祝福。那就是说为她祈祷。因此这个贵由死了，蒙哥按拔都的意见得到推选，并且已经在僧侣安德烈到那里去时即位。

贵由有个兄弟叫失烈门[78]，他在贵由的妻子及其臣僚的指使下，极堂皇地往见蒙哥，好像要向他表示服从。然而，在实际上，他企图杀害他，并毁灭他的整个斡耳朵。当他已到达距蒙哥一两天路程的地方时，他不得不把他的一辆破车留在路上。车夫正修它时，来了一个蒙哥的人帮助他，他问到许多关于旅途的事，以致车夫向他透露了失烈门打算干的勾当。这时对方在若无其事地离开他后，走到一群马处，从中尽量挑选了一匹最壮的马，火速日夜骑行，直到他抵达蒙哥的斡耳朵，把他听见的话告诉蒙哥。接着蒙哥迅速地召集所有他的人马，用重兵把他的斡耳朵围了三圈，以致无人能够进入。其余的人马他派去对付这个失烈门。他们俘虏了他，因为他没有料到他的阴谋已经泄露，同时把他连同他的所有手下人送往斡耳朵。蒙哥控他犯罪时，他马上招认。于是他被处死，随他处死的还有贵由汗的长子[79]，以及跟他们一起的三百鞑靼大贵人。他们也遣人逮捕他们的妻妾，用燃烧的木棍打她们，要她们坦白。而当她们招认了，她们就被处死。贵由的一个幼子，因太小而没有参加阴谋，也不知道情况，唯一得免于死，其父的斡耳朵及其中所有的财物和牲畜都交还给他。我们返回时路过那里，但我们的向导在往返时都不敢转到那里去，因为“百姓的女主人伤心，又没有人安慰她”。

我们再进入山区，一直向北行。最后，在圣斯提芬节（12月26日），我们进入一片广阔如海洋的平原，其中看不见山头。第二天，在福音传道士圣约翰节（12月27日），我们到达大君王的斡耳朵。当我们离它还有五天路程时，我们住宿的驿站有一个驿吏要让我们走一条绕远的道，那我们得走十五天多。我听说，这就要经过斡难怯绿连，那算是他们的老家，成吉思汗斡耳朵的所在地。不过，另一些人说，他们要延长旅程，好显示他们的威风。对那些来自不臣服于他们的国土的人，他们习惯这样做。他们为这事已把我们从早晨拘留到第三个时辰，我们的向导费了大劲儿才使我们得以走近道。在这部分旅程中，我们在海押立等候的那位书记告诉我说，拔都在致蒙哥的信函中说，你要求撒里答出军援助去打撒剌逊人。我对此感到十分惊愕，也感到不安，因为我知道你信札的大意，其中没有这种要求，你仅劝他所有基督徒的朋友，尊敬十字架，并且成为基督敌人的对头。（我恐怕）翻译（你信札）的是大亚美尼亚的亚美尼亚人，他们极憎恶撒剌逊人，多半因为深仇大恨，想使撒剌逊人遭到失败，就平白无故地按他们的胃口来进行翻译。我保持沉默，对此不置一词，因为我怕说的话与拔都的话不同，那我要被无理地控以谋逆之罪。

第二十八章　蒙哥的宫廷

我们在上面提到的那一天到达所说的斡耳朵。我们的向导被分给一个大住宅，但给我们的却很小，其中刚够摆下我们东西，铺设我们的床，还有一小堆火。很多人来看我们的向导，给他送来长细颈瓶装的米酒，我看不出这酒和最好的奥席列酒有什么不同，不过它没有酒的香味。我们被叫去，严加盘问来此有何公干。我回答说："我们听说撒里答是基督徒。我们来见他。法兰西国王叫我们赍送密信给他。他把我们送去见他的父亲，他的父亲又把我们送到这儿。他必定在信里把情况说明。"他们问你是否要跟他们缔和。我答道："他是把撒里答作为一个基督徒才致函给他。而若他知道他不是基督徒，他绝不会给他写信。至于缔和，我要告诉你们的是，他从来没有做于你们有害的事。如果他做了使你们向他或他的臣民开战的事，那么他作为一个正人君子，愿意致以歉意并且请求和平。如果你们没有理由就要跟他或他的臣民打仗，那我们相信公正的上帝会援助他们。"但他们总感到纳闷，又说："如果你们不是来缔和，你们来干什么呢？"因为他们已经那样骄狂自大，以致他们相信全世界都必须跟他们缔结和约。确实，如果容许的话，我会尽我的全力向整个世界乞求跟他们打仗。不过我不想清楚地解释我来的原因，免得我的话和拔都说的不同，因此我才只说我是他（拔都）遣送去的。

第二天，我们被带到宫廷，我觉得我能够像在老家一样赤足前去，所以就脱掉了鞋。原来，赴宫廷的人在距汗的宫室约一箭之遥下马，马匹和看马的仆人在那里停留。因此我们在那里下马，我们的向导则到汗的宫室去。这时一个匈牙利仆人到来，他知道我们——即知道我们的教会。他们围拢来看我们，活像我们是妖怪，特别因为我们是赤足。他们问我们是否不要脚了，因他们认为我们会马上失掉脚。于是这个匈牙利人给他们讲明原因，把我会的规矩告诉他们。然后大书记来看我们。他是个聂思脱里基督徒，并且他的话差不多都为大家所遵从。他仔细打量我们，把那个匈牙利人叫去问了许多问题。这时叫我们返回我们的住处。同时，当我们返回时，我看见斡耳朵东端的前面，距斡耳朵两箭之遥，有所住宅顶上立着个十字架。我欣喜若狂，估计那里有基督徒，就大胆进去，发现一个装饰美观的祭坛。那里在一匹料子上用金镂刺绣成救世主像、圣母像、施洗者约翰像，及两个天使像，同时在像的身子和衣服边上缀有珠子，还有一个大十字架，在它的角和中间有宝石，以及很多其他教堂装饰，坛前尚有一盏点着八根灯头的油灯。那里坐着个亚美尼亚僧侣，又黑又瘦。他穿一件垂到小腿中间的极粗糙的毛布袍子，在它上面披一件带纹边的黑绸袈裟，毛布袍下围一副铁腰带。我们一走进去，就在向那个僧侣致敬前，跪着唱道："福哉圣母！"他站起来跟我们一同祈祷。然后，我们向他致礼，坐在他旁边。屋里，在他身前有一盆火。我们把我们来的原因告诉他，他极力给我们鼓励，叫我们大胆说话，因为我们是上帝的使者，比任何人都伟大。接着他告诉我们有关他到那儿去的经过，说他比我们先到一个月；他原是耶路撒冷地方的隐士，上帝三次显示于他，命令他去见鞑靼王。但因他没有去，上帝第三次威胁他，把他击倒在地，并且说如果他不去，他就该死；还要他对蒙哥汗说，若他愿成为基督徒，全世界会归他统治，法兰克人和大教皇也会服从他。这时他劝我也这样说。于是我答道："兄弟，我倒乐于劝他成为一名基督徒，因为我来就是向一切人宣讲这一点。我也愿向他担保，法兰西和教皇会十分高兴，把他当做兄弟和朋友。但我不愿担保，他们会成为他的奴隶，像其他那些国家一样向他进贡，因为这样说是违背我的信念的。”他对此沉默不语。我们走到我们的住所时，发现它是冷的，而且当天我们没有吃什么。我们煮了点肉，及一点粟，就着肉汤喝。我们的向导和他的同伴已经在宫里喝醉了，根本不管我们。那时在我们附近有瓦斯塔丘斯的使者，但我们不知道。（第二天）凌晨，有人从宫廷前来叫我们快起床。我赤足随他们走了一点路，到达这些使臣的住处，他们问使臣知不知道我们。这时一个希腊骑士认出我们的教会，也认出我的同伴，他是在瓦斯塔丘斯宫廷见过这个同伴和我们的主教托马斯僧侣的。他和全体使臣都极力为我们作证。接着他们问你和瓦斯塔丘斯是缔和还是打仗。我答道：“既不缔和，也不打仗”，他们问这怎么可能。我说：“因为他们的国土彼此相距遥远，互不相干。”瓦斯塔丘斯的使臣说他们是缔和，这使我持慎重态度，因此我不说话了。

那个早晨我的脚尖冻坏了，所以我不能再打赤脚。这带地方冷得厉害，从一结冰起，直到五月都不开冻，甚至在五月，每早还有冰冻，尽管白天的太阳光把冰融化。但冬天冰雪绝不融化，而不管刮不刮风，冰雪都存在。如果那里像我们老家一样冬天刮风，那什么都不能生长，但气候总是平静到四月，这时才起风。我们在那里时，复活节的风带来的寒冷冻死了无数的动物。不过那里冬天没有什么雪，而在复活节前后，也就是在四月末，那里下了大雪，铺满了哈剌和林的所有街道，人们不得不用车把雪运走。当时他们首先从斡耳朵给我们送来羊皮袍子和裤子、鞋子，我的同伴和译员穿上它们。至于我，我不觉得需要它们，因为我从拔都那里得到的那件皮袍看来足够我用了。

无辜婴儿节后第八天（1254 年 1 月 3 日），我们被带到宫廷，那里来了几个聂思脱里教士——我不知道他们是基督徒，他们问我向哪个方向祈祷。我说：“向东方。”他们问这个，原因是我们在向导的提示下剃光了我们的胡须，按我们家乡的方式晋见汗。因此他们把我们当成了道人，也就是偶像教徒。他们也要我们解释《圣经》。然后他们问我们要怎样向汗表示敬礼，是按我们的方式还是按他们的方式。我回答他们说："我们是为上帝服务的教士。我们国家的贵人为上帝的荣耀，不让教士在他们面前屈膝。不过，我们为上帝之爱，要对一切人谦恭。我们来自远方，所以首先，如果你乐意的话，我们将赞美把我们从远方安全送到这里的上帝，其次，我们将做使你们君王高兴的事，但不能要求我们做不符合上帝尊荣的事。"于是他们进到宫里，重述我说的话。这话使君王满意，所以他们让我们站在宫室门口，揭起挂在门上的毡帘。时值圣诞节，我们开始唱道：

从太阳升起的地方，
直到大地的尽头，
我们赞颂主耶稣，
圣母玛利亚所生。

当我们唱这首赞美诗时，他们搜查我们的腿、胸和臂，看看我们身上有没有带刀子。他们检查了译员，叫他留下他的皮带和刀子，交看门人照管。然后我们进入，门口处有一条板凳，摆着忽迷思，他们叫译员站在它旁边。不过他们叫我们坐在妇女旁的板凳上。屋内整个覆盖以金色料子，中央的炉子里燃着一堆用荆棘、艾草根和牛粪作燃料的火。艾草在这里长得很大。他（蒙哥）坐在一张榻上，穿一件带斑点的光滑的皮衣，像是海豹皮。他个头不大，中等身材，年纪是四十五岁，他旁边坐着个年轻的妃子。一个叫昔林纳的成年丑女孩，及其他孩子，坐在他们后面的一张榻上。这所住宅属于一个基督教妃子，他很爱她，她给他生了这个女孩。后来他娶了这个年轻的妃子，但女孩却是这座斡耳朵的主人，它曾属于她母亲的。

他问我们要喝什么，酒或者特拉辛纳，即米酒（cervisia），或者哈剌忽迷思，即澄清的马奶，或者布勒，即蜂蜜酒。在冬天他们饮用这四种酒。我答道："我王陛下，我们不是那种好酒之徒，你喜欢的我们也喜欢。"于是他给我们米酒喝，它像白酒一样清澈和芳香，我尝了一点以示对他的尊敬，但对我们不利的是，我们的译员站在管事的旁边，管事给他许多酒喝，以致他很快就醉了。然后，汗要来几只鹰和别的鸟，放在他的手腕上，观看着，好一阵子才叫我们说话。这时我们不得不下跪。他有他的译员，一个我不知道是基督徒的聂思脱里，而我们有我们的译员，那副模样，已经醉了。接着我说："先让我们感谢和赞美上帝，上帝保佑我们从远方来见蒙哥汗，赐给他世上的如此巨大权力。我们还要祈求基督赐他幸福和长寿，我们的生死全凭基督的意愿。"因为他们希望人们为他们的长寿而祷告。我又告诉他说："我王陛下，我们听说撒里答是个基督徒，而基督徒们闻此莫不喜悦，特别是我的君主法兰西国王。因此我们来见撒里答，我的君王叫我们给他送去和平的信函，此外他向撒里答表明我们是何等人，并且请求他允许我们留在他的国土内，因为，按照上帝的戒律教导人们如何生活，那是我们的职责。然而，撒里答把我送往他父亲拔都那里，拔都又把我们送来见你。上帝已把世界上的大权赐给了你，那么我们祈求陛下赐允我们留在你的土地上，为你，为你的妻妾，也为你的子女向上帝礼拜。我们没有金银珠宝送给你，只有把我们自己奉献给你，好为上帝服务，为你向上帝祈祷。无论如何允许我们在这里居留到严寒过去，因为我的同伴体弱到不能再以生命经受马背上的旅途劳累。"

我的同伴已把他的病情告诉他，并且恳请我要求留下，因为我们估计要返回拔都处，除非蒙哥开恩允许我们停留。这时他开始回答："如阳光之普照四方，我的权力，还有拔都的权力，也及于四方，因此我们不要你们的金银。"我从我的译员那里听到的就是这些。但随后我连一句完整的话都听不懂了：那清楚地表明译员喝醉了。蒙哥本人看来也是醉醺醺的。不过，我觉得他的话好像要表示他不高兴我们先去见撒里答，再去见他。这时我看到我的译员无力翻译，就不多说什么，只请求他不要因为我提到金银而不高兴，因为我没有说他缺乏或需要这些东西，仅说我们想用尘世上和精神上的东西愉快地向他表示敬意。接着他叫我们从跪拜中起身，再坐下。不久，我们向他告辞，并且外出，陪同我们的有他的书记们和他的一个译员，此人正在教育他的诸女。他们开始仔细地向我们询问法兰西国家，那里是否有很多的羊群、牛群和马群，他们是否最好不要马上向那里出兵，把它征服。我尽力不露出我的愤怒，但我答道："那里有很多好东西，如你们有机会到那里去，你们会看到。"

然后他们派一个人照顾我们，同时我们去看那个僧侣。当我们从那里出来到我们的住处去时，刚才提到的译员来找我说："蒙哥汗同情你们，允许你们在这儿居留两个月时间，那时严寒将过去。他告诉你们，离此十天路程远，有一座叫做哈剌和林的大城。如果你们愿到那里去，他将赐给你们所需的东西。不过，如果你们想留在这里，也可以，你们也将得到必需的用品。然而你们随宫廷行走，将是劳累的。"我答道："愿上帝保佑蒙哥汗，赐他幸福和长寿！我们在这里发现这个僧侣，我们相信他是一个圣人，奉上帝的旨意到这儿来的。因此我们乐意与他留在这里，因为我们是僧侣，我们会跟他一起为汗的长寿而祈祷。"他二话没说就离开我们。于是我们来到一所大房屋，觉得很冷，没有供给燃料，而且我们仍然没有食物，这时已是夜晚了。接着那个奉命照看我们的人给我们送来燃料和一点食物。

第二十九章　在蒙哥宫廷的见闻

我们的向导即将返回拔都那里，向我们讨取我们奉命留在拔都斡耳朵的毛毯或毡子。我们答应他的要求，因此他态度友好地离开我们，跟我们握手，表示说，如果他让我们一路上受到饥渴，那是他的过错。我们原谅了他，还同样请求他和他的所有随从原谅，倘若我们在各方面有得罪他们的地方。

洛林省梅斯城的一个妇女名帕库特[80]，在匈牙利被俘，发现了我们。她把她所有的最好食品给我们。她属于刚才谈到的基督教妃子的斡耳朵，向我倾诉了她来这个斡耳朵前经受的闻所未闻的苦难。但现在她已蛮不错了。她嫁了个罗斯丈夫，生了三个漂亮的男孩，而且男人会盖房子，在他们那里这是个好行当。再者，她告诉我说，哈剌和林有个金匠，叫做威廉，巴黎人，他家姓布昔尔，他父亲的名字是劳伦特·布昔尔[81]。

她相信他还有个兄弟住在格兰德·彭特，名叫罗杰·布昔尔。她还告诉我说，他抚养一个年轻人当做自己的儿子，他是名优秀的译员。但因蒙哥汗给这个金匠三百艾索特，即三千马克，和四十名匠人，完成一件工作，她恐怕他不能把他的儿子送给我。她听见斡耳朵里的人说："来自你们国家的人是好样的，蒙哥汗喜欢跟他们谈话，但他们的译员太糟。"因此她惦记着有个翻译。于是我写信把我的到来通知了这个匠人，问他可否把他的儿子送到我这儿来，他回答说当月他不能够，但下一月他将完成他的工作，再把他送给我。

我们就这样跟别的使者们留在一起。拔都的宫廷和蒙哥的宫廷，对待使者的做法不同。在拔都的宫廷，西面有一个驿吏，接待西方来的人，其他几个方向也有同样的安排。但在蒙哥的宫廷，所有人都归一个驿吏管，大家可以相互访问。在拔都的宫廷，他们互不认识，一个人不知道另一个是否是使者，因为他们不知道彼此的住处，仅在宫廷相见。但当某人被召见时，另一个人也许就得不到召见，只有在召见时他们才赴宫廷。

我们发现有个来自大马士革的基督徒，他说他是代表蒙特·利尔和克拉克的算端[82]而来，算端希望成为鞑靼人的藩属和朋友。而且，我到那里的头一年，有个牧师从阿康到来，他自称是雷蒙，但他的本名是塞阿多鲁斯。他和安德烈僧侣一道从塞浦路斯出发，随他远达波斯。他在波斯购买了一些亚美尼亚乐器。安德烈僧侣走后，他仍在那里停留。当安德烈僧侣已返回时，他却带着乐器去朝见蒙哥汗。蒙哥汗问他为何而来，他说他是陪同一位神圣的主教，上帝从天堂把金字书信交给他，命令送交鞑靼的君王，因为鞑靼君王要成为全世界的君主，并且必定要使人们跟他缔和。这时蒙哥对他说："如果你把这封来自天堂的你主子的信带来，那么你将受到欢迎。"他回答道，他是带了信来的，但是，信函和别的东西一起放在一匹没有养乖的驮马上，它已经逃走，穿林越岭而去，把东西丢光了。这类意外事件确实时有发生，所以人们在不得不下马时，一定要千万当心把马抓住。

接着蒙哥问主教的名字。塞阿多鲁斯说他叫做奥托[83]。他告诉那个来自大马士革的人和威廉匠人说他是教皇使节的书记。汗问他住在谁的国土内，他回答说是在法兰克王的管辖下，王名叫做摩莱士。因为他先已听说在曼苏拉发生的事，所以他要表明他是你的子民[84]。而且，他对汗说，撒剌逊人封锁了法兰克人和他（汗）之间的道路，如果道路打通，他们愿遣使者，愉快地跟他缔和。这时蒙哥汗问道，他愿不愿意领使者去见那个国王和主教。他回答说他愿意，也愿去见教皇。于是蒙哥取出一张两人都难以拉开的硬弓，及两支银头箭，箭头上充满小孔，发射时发出笛子般的鸣声[85]。他对奉命随这个塞阿多鲁斯前去的蒙古人说："去见法兰克人的国王，这个人将领你去，把我的这份礼物送给他。如果他愿跟我们缔和，而且我们征服了撒剌逊的国土，远达他的国家，那我们将把西方余下的土地留给他。如果不愿意，把弓箭给我们带回来，并且告诉他说，我们的弓射得远，射得狠。"

然后他遣走了这个塞阿多鲁斯。金匠威廉之子充当他的翻译，他听见（汗）对蒙古人说："跟这家伙前去，认真观察道路、国土、城镇、人物和他们的兵力。"因此这个年轻人训斥塞阿多鲁斯，说他不该带领鞑靼使者去，使者不过要进行侦察。他回答说他会让使者走海路，那他们不可能知道他们打哪儿来，也不知他们返回何处。

蒙哥还给蒙古人一道敕令，也就是一块金牌，有一巴掌宽，半腕尺长，上面写有他的诏谕[86]。携带它的人可以随意发号施令，而且事情马上得到办理。

这个塞阿多鲁斯一直到达瓦斯塔丘斯那里，想继续旅行去见教皇，像欺骗蒙哥汗那样欺骗他。这时瓦斯塔丘斯问他，既然他是使臣，带领着鞑靼的使者，那他有没有教皇的信函。他拿不出任何信来，瓦斯塔丘斯便把他收捕，没收了他的一切，把他投入牢狱。那个蒙古人呢，他病死在那里。不过瓦斯塔丘斯派手下的蒙古人把那道金符送还给蒙哥汗。我在土耳其边境的额儿哲隆遇到他们，他们把这个塞阿多鲁斯的下场告诉了我。在世界上游荡的这类冒险家，蒙古人要能抓到，准把他们处死。

当主显节（1月6日）临近时，那个叫做薛儿吉思的亚美尼亚僧侣对我说，他要在那个节日上给蒙哥汗施洗。我请求他尽力让我参加，以便目睹这件事。他应允了我。节日到来，但那个僧侣并没有叫我。不过在第六个时辰，我被叫到宫廷去，我看见那个僧侣拿着他的十字架，和教士们一起从宫廷回来，教士们则带着香炉和福音书。原来在那一天蒙哥汗曾举行宴会，而在这类日子，如他的占卜者告诉他说那是黄道吉日，或者聂思脱里教士因某种原因称它是圣日，那他有开朝的习惯，基督教士则穿着法衣在这些日子首先到来，为他祈祷，祝他幸运。他们离开后，撒剌逊人才到来为他祷告。然后是拜偶像的僧人，也同样做。那个僧侣告诉我说，（蒙哥）只相信基督徒，但他要所有人都为他祈祷。可是他在撒谎，因为蒙哥什么都不信，往后你将知道这一点。他们像苍蝇趋蜜一样奔赴他的宫廷，而他对一切人都加以赏赐，他们就都认为他们受到他的宠爱，所以都为他祝福。

于是我们在他的斡耳朵前坐了很久，他们给我们肉吃。我告诉他们说，我们不愿在那儿吃，如果他们愿供给我们食物，那就送往我们的住处去。他们回答说："那到你们的住处去吧，因为叫你们来仅仅是为了吃而已。"所以我们返回去，路过那个僧侣处，他因对我们说了谎话而惭愧，因此我不愿向他提那件事。不过几个聂思脱里教徒向我担保说他（蒙哥）已经领洗。我对他们说，我绝不相信，也不愿向旁人说，因为我没有看见。

我们回到寒冷、空荡的住所。他们供给我们卧榻、盖被，送来了燃料，给我们三人一只瘦得可怜的羊作为六天的食物。每天他们给我们一碗粟，一夸脱米酒，并且借给我们一口锅和一个三脚架煮肉。这是我们的饮食，如果让我们平安地食用，那也够了。但是有很多受饥饿折磨的人，他们一见我们做好了饭，就挤进来围着我们，还得让他们跟我们一道吃。这时我体会到，贫困中大方施舍是多大的牺牲啊。

当时越来越冷，蒙哥汗送给我们三件豹皮袍子，他们穿时毛朝外，我们感激地收下了。他们也询问我们得到的食物够不够。我告诉他们说有点食物就够了，但是我们没有能够为蒙哥汗祈祷的房屋，因为我们的屋子小到当点上火时站不起身来，也打不开书本。因此他们把这番话向他报告。他把那个僧侣找去，问他愿不愿与我们做伴，他高兴地回答说愿意。打那之后我们有了个较好的住处，和那个僧侣一同住在斡耳朵之前，那里除我们自己和他们的占卜者外，没有别的人居住。但占卜者更靠近斡耳朵前，我们则是在最东头，最后一个妃子的斡耳朵前面，这事发生在主显节第八天前（1月12日）。第二天，即主显节第八天，所有聂思脱里教士天不亮就齐聚在教堂里，敲响板子，庄严地作晨祷；然后他们穿上他们的法衣，准备好一个香炉和一些香料。当他们如此等候在教堂的庭院里时，名叫忽都台哈敦[87]的长妻（哈敦犹言“夫人”，忽都台是专名），带着其他几位夫人及她的长子班秃[88]和其他的子女，进入教堂。他们下拜，前额碰着地，那是聂思脱里教徒的做法。接着他们用右手抚摸所有圣像，摸过后就一直吻他们的手。然后，他们把右手伸给教堂中的旁观者，因为这是聂思脱里教徒在进教堂时的习惯。教士们同时大声吟唱，把香交给夫人手里。她把香放在炭火上，他们用这种方式把她熏香了。随后，天已大亮时，她开始取下她的头饰，叫做波克的，因此我见到她光着头。当时她叫我们离开，我离开时看见送进来一个银碗。他们是否给她施洗，我不知道，但我确实知道他们不在营帐里做弥撒，而在一所真正的教堂里做。在复活节（4月12日），我看见他们极隆重地施献圣水，当时他们却没有那样做。

我们返回我们的住所时，蒙哥汗来到教堂即礼拜堂，他们给他准备一张镀金的椅子，他和他的夫人坐上去，面朝祭坛，这时他们把我们召去，我们还不知道蒙哥到来。看门人搜查我们，怕我们身上带刀。我进入礼拜堂，胸前捧着《圣经》和《祈祷书》。我首先向祭坛鞠躬，再向汗鞠躬，同时转到一旁，我们就站在那个僧侣和祭坛之间。他们现在要我们按我们的方式念赞美诗和吟唱。我们唱如下的诗句：“圣灵显降。”

汗把我们的《圣经》《祈祷书》等要去，认真地询问上面的图画及其意义。聂思脱里教徒按他们的理解作答，因为我们的翻译没有随我们来。我头一次见他时，我也是把《圣经》捧在胸前。他叫把《圣经》递给他，看了好一阵。然后他走了，但那位夫人留在那里，把礼物分赠给在场的基督徒。她赠给那个僧侣一个艾索特，给教士的副监督另一个。她在我们面前摆上一张纳失失，那是一匹宽若被单、长亦相当的料子，还有一匹硬麻布。但因我不愿接受，他们就拿去交给了译员，他自己收下了。他把纳失失一路带到塞浦路斯，在那里卖得八十个塞浦路斯钱币，尽管路上它已破损不堪。接着送上饮料，米酒和红酒，像拉罗歇尔的酒，以及忽迷思。现在那位夫人手捧一只盛满的酒杯，跪下请求祈福，同时教士们齐声高唱。她把酒喝完。同样，我和我的同伴在她饮另一杯时也不得不吟唱。他们都差不多喝醉时，送上来食物，其中有羊肉，当下给吞食光，然后是一条叫做鲤鱼的大鱼，但没有盐或饼。我两样都吃了。他们如此度过当天，直到夜晚。当夫人醉醺醺时，她登上车，教士们唱着嚷着，于是她走她的路。下一个礼拜天，我们正在诵读福音“在迦南的婚礼”时，基督妃子的女儿来了，她也同样做，但没有那么隆重；因为她没有赠礼，仅赐给教士们酒喝，到他们都喝醉为止，还赐给烧粟米吃。

在七旬节礼拜日（1254 年 2 月第一个星期）前，聂思脱里教徒要斋戒三天，他们称之为约拿斋节，这是约拿向尼尼微人传教的日子。还有亚美尼亚人的五天斋戒，他们称之为圣薛儿吉思斋节。薛儿吉思是他们的一位大圣人，希腊人说他是殉教者所表现的楷模。聂思脱里教徒每周第三天开始斋戒，止于第五天，因此第六天他们吃肉。那个时候我看见叫做布鲁该[89]的总管，也就是宫廷大书记，在第六天送给他们肉作礼物。而他们向肉祝福，犹如祝福复活节的小羊。不过他本人也不（在礼拜五吃肉），巴黎金匠威廉同样奉行这个规则。金匠是布鲁该的好友。僧侣教导蒙哥每周要斋戒，我听说他这样做了。因此在七旬节礼拜日（2 月 8 日），那算是亚美尼亚人的复活节，我们列队前往蒙哥的宫室，那个僧侣和我们两人，经过搜查没有带刀后，随教士们一同晋见他。当我们进入时，一个仆人捧着羊肩胛骨到外面去烧，直到骨头变得跟炭一样黑。我十分惊异这是干什么用的。后来我打听此事，我才知道汗若不先向这些骨头请教，他就不干世上的任何事。他甚至不许人进入他的宫室，如果不先跟骨头商量的话。这类占卜术的做法如下：当他想干什么事时，他要来三块原来没有烧焦的这种骨头，拿着一块，问它是否该干他想干的事，然后他把它交给仆人拿去烧。他居住的宫室旁有两所小房屋，仆人就在里面烧这些骨头，而每天都要尽力在整个营地寻找它们。骨头被烧成黑色，送回给他。他观察骨头是否被火彻底烧裂。如果是这样，那他想干的事是可行的。不过，如果骨头裂成横斜纹，或者上面露出小圆点，那他不可行动。因为这种骨头总是在火里裂开，或者上面散布裂纹。只要三块骨头中他发现有一块满意，那他就行动。

再者，当我们去朝见他时，我们要当心不碰着门槛，聂思脱里教士向他献香，他把香放进香炉，他们就这样把他熏香了。然后他们唱圣诗，为他欢饮而祈祷。继他们之后那个僧侣致祝辞，最后是我们的祝福。他看见我们胸前捧着《圣经》，就叫把《圣经》给他看，他看得极认真。当他喝醉了，教士的首领向他敬完酒，这时他们给教士们酒喝。在这之后，我们出去外面，但我的同伴却留在后面。我们已经到了外面，他要随我们出去，但他转过身子向汗致敬，匆忙追随我们时，绊倒在门槛上。我们赶往汗的儿子班秃的宫室去，把门人却抓住我的同伴，强迫他停住，不许他跟随我们。他们叫一个人把我的同伴带去见宫廷大书记、有权判人死刑的布鲁该。不过我一点都不知道这些。我回过头去，没有看见同伴到来，我想他们留下他，也许打算给他轻便衣服穿，因为他身体虚弱，穿皮衣难于行走。同时他们把我们的译员叫去，让译员跟他待在一块。

我们一行人来到汗的长子的宫室。他已有两妻，住在其父斡耳朵的右侧。他一见我们，马上从椅子上起来，跪在地上叩头，向十字架敬礼，然后起身，把十字架放在他旁边高处一块新布上，对它极为尊敬。他有一个叫大卫的、教授他的聂思脱里教士当师父，此人是个大酒鬼。他让我们坐下，赐教士们饮酒。在受到他们的祝福后，他也喝酒。

然后我们到第二个妃子的斡耳朵去。她叫做阔台[90]，是个偶像崇拜者，我们发现她生病在床。那个僧侣要她从床上起来，向十字架屈膝跪拜，前额触地。他拿着十字架站在屋子的西面，她在东面。这样做了后，他们交换位置，僧侣拿着十字架到东面，她则到西面。尽管她衰弱到连站都站不住，他仍大胆地命她按照基督教的方式拜三次，向东方礼敬十字架，她照办了。同时他教她怎样在脸前划十字。然后，她再躺到床上，我们给她作了祈祷，就到基督教妃子住的第三个宫室去。她死后由那个年轻女子继承[91]。她和汗之女愉快地接待了我们，她们在这所房屋中极虔诚地礼拜十字架。她叫把十字架安置在高处的一块绸布上，同时她吩咐把食物也就是羊肉送进来。肉放在女主人面前，她叫把肉分给教士们。不过我和僧侣既没有吃，也没有喝。酒醉肉饱后，我们到那个少女昔林纳的住房去，住房在她母亲的大斡耳朵后面。当十字架进入时，她自己下拜，很虔诚地向它礼敬，因为她被教导这样做。她把十字架放在一块绸布上，置于高处。所有这些放十字架的绸料都是那个僧侣的。

据他说，这副十字架是随同僧侣的一个亚美尼亚人从耶路撒冷携来的。它是银制的，约摸重四百克，角上有四颗宝石，中间一颗，上面没有救世主的像，因为亚美尼亚人和聂思脱里教徒耻于看见把基督钉在十字架上。他们曾把它呈献给蒙哥汗。蒙哥问他需要什么，他说他是一个亚美尼亚教士的儿子，教堂被撒剌逊人摧毁，他请求汗帮助恢复这座教堂。于是（蒙哥）问他，重建要花多少钱，他说要两百艾索特——即两千马克。蒙哥命令叫他捎信给在波斯和大亚美尼亚接收赋税的人，付给他这笔钱。僧侣到哪去都带着这副十字架。教士们看见他由此得到好处，都起了忌妒心。

如我所说，我们在这个少女的住宅里，她给教士们许多酒喝。我们从那里来到第四个宫室，那按照地位和重要性说是最末一个。因为他（即蒙哥）很少临幸这个妃子，她的住所是陈旧的，她自己没有欢乐，但在复活节后，汗给她新居和新车。跟第二个妃子一样，她很少或者根本不知道基督教，而是信奉占卜者和偶像教徒。不过，当我们进入时，她完全按照僧侣和教士的教导向十字架礼拜。教士们在那里也饮酒。我们从那里返回我们在附近的礼拜堂，教士们醉得大声号叫和歌唱，在那些地方，无论男女，这样做都不受谴责。

后来我的同伴被带了进来，僧侣严厉申斥他，因为他碰到了门槛。第二天布鲁该来了，他是法官，仔细地询问有没有人曾警告我们要当心别碰到门槛，我答道："我的主人，我们没有带译员，我们怎么懂得呢？"所以他原谅了他，但从此以后不许他再进入汗的任何宫室。

在这之后，在六旬节礼拜日（2 月 15 日），害病的阔台妃子病得快死了，偶像教徒的巫师无能驱逐病魔，所以蒙哥派人去找那个僧侣，问他能为她做点什么，僧侣轻率地回答说，如果她好不了，那就砍下他的脑袋。做出这个保证后，僧侣把我们召集一起，把情况告诉我们，含泪请求我们当晚要在礼拜堂守夜，我们照办了。他有一种叫做大黄的根，他常把它剁细，放进水里，还放进一副小十字架，上面的救世主像已被挪走。他说，用这个法子他能知道病人好不好得了。如果好得了，那它就附在病人胸上，好像粘在那里，如好不了，它就不能附在胸上。当时我仍然认为这种大黄是他从圣地耶路撒冷带来的圣物。他习惯把这水给病人喝，其结果是这种苦药必然搅动病人的内脏。但他们认为体内的这种变动是不可思议的。

现在当他做准备时，我对他说，最好按照罗马教堂中的做法来制造圣水药，因为，我们估计她被魔鬼缠身，圣水药有很大的驱魔效力。应他的请求，我们给他制了圣水，他把大黄拌在里头，又把十字架放在水里泡了一整夜。我还告诉他说，如果他是个教士，那教士的圣职也很有驱魔力量。他说他是教士，但他在撒谎，因为他没有品级，一字不识，不过是个织布的，这是我在他的国土内发现的。我返回时经过他的国家。

第二天，我们去看这个妃子：我、僧侣，还有两个聂思脱里教士。她住在她大住宅后的一座小（营帐）中。我们走进去，她从榻上起来，向十字架敬礼，尊重地把它放在她旁边的一块绸布上，喝了些圣水和大黄，（用它）洗胸。那个僧侣要求我给她念福音。我念了约翰的《耶稣受难篇》。她终于恢复过来，觉得好些了。她叫拿出四个银艾索特，先把它们放在十字架脚前，然后给僧侣一个，再拿一个给我，我不愿接受。那个僧侣就伸出手把钱接了过去。两个教士一人给一个，所以她这次共给了四十马克。然后她叫上酒，赐教士们饮。为尊奉圣三位一体，我也从她手里饮了三次。她还要教我学语言，跟我开玩笑，因为我身边没有译员，我保持沉默。

第二天我们再回去看她。蒙哥汗听说我们到那边去，就召我们去见他，因为他得知妃子病情好转。我们看到他和几个随从一起，正在饮用一种浆液，也就是用浆糊调制成的补脑食品。他面前摆着烧灼的羊肩胛骨。他手里拿着十字架，但他亲吻或者礼敬十字架与否，我却没有注意到，不过他望着它，问了些我听不懂的事。

这时那个僧侣请求允许把十字架高举在枪头上，因为蒙哥原先跟僧侣谈到过这一点。蒙哥回答道："你爱怎样带它都行。"向他致敬后，我们到所说的妃子那里去，我们发现她好了，气色不错。她再喝了圣水，我们给她读《受难篇》。但是这些可怜的教士从来没有给她讲道，更没有劝她受洗。而我默默坐在那里，不能发一言，因此她又教我学几句话。

教士们毫不谴责巫术。因为我看见那里有四把半出鞘的刀，一把在那个妃子卧榻的头上，一把在足下，入门处一边一把。我还看见那儿有一个我们所使用的那种银杯，多半是在匈牙利某个教堂偷的，盛满尘土挂在墙上，尘土上放着块黑石头。而这些教士从来没有指出这些东西是妖邪。更严重的是，他们自己就干这些勾当，也教人干。

我们一连三天都去看她（即阔台），所以她完全恢复了健康。然后那个僧侣做了一面绘满十字架的旗，弄来一根长若枪矛的芦秆，我们就把十字架高高举起。我对他就像对我的主教一样表示尊敬，因为他懂得语言。不过他干的事并不讨我喜欢。他给自己制作了一张主教用的折叠椅，以及手套和饰有孔雀羽毛的帽子，帽上是一副小金十字架。就十字架说，倒也使我高兴。他手指粗糙，他想用药膏来医治。从他的语言中显得他很放肆。而且这些聂思脱里教徒经常朝着两根连在一起、有两人拿着的树枝，唱他们自己编的圣诗，我简直不知道那是什么诗句。那个僧侣在做这种仪式时站在一旁，还有他表现的其他轻浮举止，使我感到不满。然而为礼敬十字架，我们仍跟他做伴，我们经常把十字架高举着在营盘里行走，吟唱“在主的旗帜下前进”。撒剌逊人对此十分惊恐。

从我们到达蒙哥宫廷之时起，他只两次向南移动他的营盘。然后他开始北返，也就是进向哈剌和林。全程中我注意到一件事，跟我在康士坦丁堡听海瑙特的巴德文君——他到过那里——所说相符。这就是，这儿的土地，当人们经过时，给人一种奇特的印象，好像总是上坡，根本没有下坡。所有的河流都是从东向西流，直接地或者迂回地——也就是说，偏转北或南。我向来自契丹的教士打听，他们证实了这个事实。从我见到蒙哥汗的地方到契丹，南和东之间是二十天路程，而到蒙古人的老家、成吉思斡耳朵所在的斡难怯绿连，正东行有十天旅程。往东一路上没有城镇。不过据说有叫做速（Su）蒙古的人，那就是“水蒙古”[92]，因为Su的意思是“水”。他们靠捕鱼和狩猎为生，因他们没有牛群和羊群。北面同样没有城镇，只有一支牧羊的民族，叫做乞儿乞思。还有兀良海，他们足底缚着磨光的骨头，在冻结的冰雪上行走，速度之快可及飞禽走兽。往北，直到寒冷尚能忍受的地方，尚有其他许多贫穷的民族，他们的疆界西与帕斯卡蒂尔国土，即大匈牙利连接。关于帕斯卡蒂尔，我在前面已述及。由于寒冷太甚，最北端未有人探索过。那里常年冰雪不化。

我打听有关伊西多鲁斯和索林努斯[93]谈到的怪物，或畸形人。他们告诉我说，他们从来没有见到。如果确有其事，那倒使我感到惊奇。上述所有这些民族，不管他们多么可怜，都必须以某种方式为（蒙古人）服役。因为成吉思的法令是，人人都不得免役，直到他老得不能再干活为止。

有一天，一名来自契丹的教士跟我坐在一起，他身穿一件鲜艳色彩的红布衣服。我问他这种色彩来自何处，他告诉我说，在契丹以东的国土，有高峻的山岩，其中住着一种动物，各方面都像人的形状，只是膝不能弯曲，因此它们是跳跃着前进。它们高不过一腕尺，小小躯干上遍盖着毛，住在难以接近的洞穴里。（契丹的）猎人带着能使人沉醉的蜜酒前去。他们在岩石上挖掘出酒杯形状的洞穴，把这种蜜酒放进去。（因为契丹没有葡萄酒，尽管他们已开始种植葡萄，他们仍制造米酒。）然后猎人躲藏起来。这些动物走出洞窟，尝尝这种酒，叫喊："请，请"，从这个喊叫，它们得到一个名字，就叫做请请（猩猩）。接着它们成群到来，喝这种蜜酒，喝醉了，沉睡不醒。猎人这时出现，把睡熟的手脚捆上。他们割开野兽脖子上的血管，取出三四滴血，再把它们放了。他告诉我说，这血是紫色，十分贵重[94]。他们还告诉我如下的真事（不过我不相信）：在契丹的那边有一个省，不管什么年龄的人进到里面去，他的年龄将永远和进去时一样。

契丹临海。威廉工匠对我说，他亲眼看见叫做高丽和蛮子人的使臣。他们住在海岛上，四周的海水在冬天要结冰，所以鞑靼人能够进攻他们。他们每年向（鞑靼人）奉献三十二千土绵艾索特，以乞求和平。一土绵的数字是一万。

契丹通行的钱是一种棉纸，长宽为一巴掌，上面印有几行字，像蒙哥印玺上的一样。他们（即契丹人）使用毛刷写字，像画师用毛刷绘画。他们把几个字母写成一个字形，构成一个完整的词。土番人的写法和我们的相同，字体也颇像我们的。唐兀人的文字像阿拉伯人的一样是从右往左写，但那是由下朝上排列。畏吾儿人的文字，如前所说，是从上往下。罗斯人通用的钱币是松鼠皮和白毛皮。

当我们到那个僧侣处去时，他极好意地劝我们戒肉食，说我们的仆人可以跟他的仆人得到肉食，他会供给我们面粉和油，即牛油。我们照办了，尽管我的同伴因身体衰弱而受到很大的苦难。结果是，我们的伙食是牛油加粟，或者是用牛油或酸乳加水调制成的糊，及没有发酵的饼，燃料用牛马粪，加以烧煮。

当五旬节的礼拜日（2 月 23 日）——所有东方基督徒的狂欢节到来时，大妃忽都台和她的扈从在那周斋戒。她每天都到我们的礼拜堂来，把食物赐给教士和其他基督徒。头一周有很多基督徒到那儿去做礼拜。她赐给我和同伴每人一件外衣和一条裤子，用灰锦缎制成，有丝绸镶边，因为我的同伴抱怨说他的皮袍太重。为同伴之故我收下这些，不过我解释说，我自己不能穿这些衣裤。我把归我所有的那一份给了我的译员。

教堂刚好在宫门外。宫廷的看门人发现每天往教堂的人群川流不息，就派一名守卫去对僧侣说，他们不允许大群人在斡耳朵的范围内聚集。僧侣粗暴回答说，他要知道他们说这话是不是蒙哥的命令，还发出威胁，好像他要向蒙哥控告他们。因此他们先下他的手，向蒙哥告了他一状，说他的话太多，大群人因听他的布道会聚一处。

四旬斋节的礼拜日（3 月 1 日），我们应召赴宫廷。那个僧侣受辱地遭到搜查，看看是否带刀，以致他不得不脱掉鞋。我们来到汗的面前，他手拿一块烧灼过的羊胛骨，正在观察，好像在读它。他斥责僧侣，问他道，既然他的职责是向上帝祈祷，为什么要向百姓讲那么多话。我当时光着头站在后面，汗对他说："你来朝见我，为何不像这个法兰克人那样光着头？"他叫我走近些。僧侣狼狈地脱掉帽子，这违反了希腊人和亚美尼亚人的风俗。汗对他大加训斥后，我们再离开。僧侣把十字架交我送回礼拜堂，因为他羞愧到不愿送它。

几天后他跟汗和解，许愿说他要去见教皇，并且要使西方的所有国家都向汗称臣。跟汗交谈后他返回礼拜堂，开始打听有关教皇的情况，问我相不相信他会见到教皇，如果他代表蒙哥去见他的话。又问教皇是否愿意用马匹把他一直送到圣詹姆斯。他也打听有关你的事，问我相不相信你愿把你的儿子送往蒙哥处。这时我警告他不要向蒙哥许假愿，因为他会一错再错，上帝也不要听我们对他说的一套骗人假话。

这时候，僧侣和一个叫约拿斯的教士发生争执。约拿斯是个饱学的人，他的父亲曾是副监督，别的教士都把他当做是教师和副监督。起因是僧侣说人类的创造先于天堂，而福音书是如此说。因此我被叫去给这个问题下结论。我不知道他们正在争论这个题目，回答说，天堂是在第三天创造的，所有的树木也在这一天，而人是在第六天创造的。僧侣说："难道魔鬼不是在第一天从宇宙四方送来大地，用泥土创造人体，上帝把灵魂吹进它里面?"听到这个摩尼教的邪说，他如此公开地和无耻地宣扬它，我就狠狠训斥他，叫他拿手堵自己的嘴，因为他不懂《圣经》，并且叫他当心不要说出使他犯罪的东西。但他开始嘲笑我，因为我不懂语言。所以我离开他，回到我们的住处。

后来碰巧他和教士们列队去宫廷，没有通知我，因这次争吵他不跟我讲话，也不像往常那样希望我和他一道去。当他们见到蒙哥时，蒙哥没有在他们当中发现我，就问我在哪儿，为什么不和他们一道去。但教士们害怕，进行解释。他们返回后把蒙哥的话告诉我，埋怨那个僧侣。然后僧侣跟我和解，我也就算了，请求他帮我学语言，我则帮他学圣经。这是因为"兄弟相助，固若金汤"。

第一个斋戒周后，王妃不再到礼拜堂来，也不再赏赐我们平时得到的食物和蜜酒。僧侣不许购买（任何食物），说准备了羊脂当吃的。他只给我们很少一点油。最后，我们只有在灰烬上烧熟的饼及水煮的糊，那是作为汤来喝的，因为我们唯一能得到的水是融化了的冰雪，很不好喝。我的同伴这时饱受苦难，所以我把我们的需求告诉大卫，他是汗的长子的师父。他把我的话向汗报告，汗供给我们酒、面和油。聂思脱里教徒在四旬斋节不吃鱼，亚美尼亚人也一样，因此他们供给我们一皮囊酒。僧侣说，只有这个妃子在礼拜天送给他一盘子煮好的面糊和醋饮用时，他才进食。但是，在他旁边，就在祭坛下面，有一口箱子，里面装着杏仁、葡萄干、梅干及其他果品。他独自一人时整天都在吃。我们一天只吃一顿，而且吃得很不痛快，因为当蒙哥汗赐给我们东西的消息传开时，在宫里整天喝醉了的聂思脱里教士、蒙古人及僧侣的仆人，都像狗一样极无礼地涌到我们这儿来。甚至僧侣本人，如有人找他讨酒喝，也派人向我们索酒，因此那酒不是给我们带来享受，而是带来烦恼。我们不能既拒绝给而又不受到诽谤。给吧，我们就会缺酒。喝完也不敢向宫里再要。

到四旬斋节中，金匠威廉的儿子到来了，他带来一个漂亮的、按法兰西式样制作的十字架，上面钉有基督的银像。僧侣和教士一见它就把它偷走了，尽管他要替他的主子把它奉献给宫廷大书记布鲁该。我听说这事后十分愤慨。

第三十章　蒙哥在哈剌和林的宫殿

这个年轻人还向蒙哥汗报告说他吩咐制作的工艺品已经完工。我将在这里把这件工艺品向你描绘。蒙哥在哈剌和林有座大宫殿，坐落在城墙左边，四周高墙环绕，犹如我们家乡修道院四周有高墙一样。这是座大宫廷，他一年两次要在那里宴乐：一次大约在复活节他经过那里时，另一次在夏天他（向西）返回时。后一次是大（节），因为所有贵人，哪怕远在两个月路程开外，这时都要赴他的宫廷。他则要赐给他们袍子和礼物，显示他的豪华气派。那里有很多建筑物和仓库，其中贮存有他的粮食和财宝。在这座大宫殿的门口，因为运进盛奶和其他饮料的皮囊，很不雅观，所以巴黎的匠人威廉就为他制作了一株巨大的银树，在它的根部是四只银狮，各通有管道，喷出白色马奶。树内有四根管子，通到它的顶端，向下弯曲，每根上还有金蛇，蛇尾缠绕树身。一根管子流出酒，另一根流出哈剌忽迷思，即澄清的马奶，另一根流出布勒，一种用蜜做成的饮料，还有一根流出米酒，叫做特拉辛纳的。树足各有一特制的银盆，接受每根管子流出的饮料。顶端这四根管子之间，他制作了一个手拿喇叭的天使，而在树的下部，有一个穹窿，里面藏有一个人。有一根管子从树心通到天使。最初他做了一只风箱，但风力不足。宫殿外有一个储存饮料的窖子，那里的仆人听见天使吹喇叭的声音，便准备把饮料倾倒出来。树有银枝、叶子和果实。每逢饮宴的时候，大管事就命令天使吹喇叭。这时，那个藏身于穹窿里的人，一听见命令，马上拼命往那根通向天使的管子送气，天使就把喇叭放到嘴上，大声吹响喇叭。于是窖里的仆人听到喇叭声，便把不同的饮料倒入各自的管道，从管道流进准备好的盆中，管事再取出送给宫里的男男女女。

宫殿像一座教堂，有中心部分，两侧是两排柱子，南面是三道门，那株树立在中门内。汗坐在北面的高处，让大家都能看到。有两条阶梯通向他，送酒人从一条上，另一条下。中间的地方，在树和这些送酒的阶梯之间，是空着的，因为这里是他的侍仆、也是献礼的使臣站立之处。他本人则像神明一样高坐在那里。在（他的）右侧，即西边，是男人，左侧是女人。宫殿是（南）北面。在南面，右侧的柱子旁，有一排排像看台的座位，他的儿子和兄弟在那里就座。左侧的情况相同，那里坐着他的妻妾和女儿。只有一个妃子坐在他身旁，尽管没有他那样高。

当他听说这件工艺品已经完工，就命令工匠把它安放在当立之处，布置就绪。他本人大约在受难周的礼拜天（3 月 29 日）带着他的轻便营帐出发，把大营帐留在后面。僧侣和我们跟随着他。他又送给我们一皮囊酒。我们一路上穿山越岭，风力强劲，寒气凛冽，大雪纷飞。所以在半夜，他派人来找僧侣和我们，要我们向上帝祷告，以减缓寒冷和风雪，因为旅队的牲口有危险，尤其当时牲口多已怀胎，正要生产。因此僧侣把香送给他，对他说，他应亲自把香放在炭火上，奉献给上帝。我不知道他这样做了没有，但持续了两天的风雪，在第三天开始时减轻了。

棕树主日（4 月 5 日），我们接近哈剌和林。一大清早，我们向几枝尚无发芽迹象的树杈祈福。到第九个时辰，我们进入该城，举着十字架和旗帜，穿过有一个广场和市集的撒剌逊人的城区，再进向教堂。聂思脱里教徒排队出来迎接我们。进入教堂后，我们发现他们正准备做弥撒。做完仪式，他们都进圣餐，并且问我要不要进餐。我回答说我已饮了酒，不能接受圣餐，只能斋戒。唱完弥撒已是午后，所以工匠威廉很高兴地把我们带到他的家里，跟他一起吃饭。他的妻子是洛林人，出生于匈牙利。她既能说法兰西语，也能说库蛮话。我们发现那里还有个叫贝昔尔的人，是个英国人的儿子，他出生在匈牙利，也能讲这些语言。我们欢快地用饭，然后他们领我们到我们的屋舍，那是鞑靼人在教堂附近一块空地上修盖的，还盖有僧侣的礼拜堂。

第二天，汗进入他的宫殿，僧侣和我，还有教士前去朝见他，但他们不许我的伴侣去，因为他曾踏着了门槛。我心里细盘算，该怎么办，是去呢，还是不去。但我担心，如离开其他基督徒，那要遭到物议，而且合乎汗的心意，同时还怕妨碍我希望行的善事，因此我决定去，尽管那意味着我要观看他们的巫术和偶像崇拜的仪式。我在那里只大声为整个教堂祈祷，也祝愿上帝指引汗走上永远获救的道路。

于是我们进入宫廷。宫廷布置得很好，夏季有泉水流向四方，浇灌着它。我们再进入一座挤满男女的宫殿。我们站在汗的面前，那棵树就在我们身后。树和盆占据了宫殿很大一片地方。教士们带来两张作祝福用的饼和一些果品，盛在一个大盘子内。他们谢恩后把盘子献上。一名管事把盘子捧给高高在上的汗。他马上吃了一张饼，把另一张赐给他的儿子及他的幼弟。这个幼弟是由一名聂思脱里教徒教养的，懂得福音，曾派人向我索取《圣经》看[95]。

继教士后，僧侣致了他的祝词，再就轮到我。他（蒙哥）答应第二天到教堂去。教堂相当大，很美观，整个顶篷用织金绸料铺盖。不过，第二天他走他的路，派人向教士们解释说，他不敢去教堂，因为他知道他们把死人送到那里。我们则和僧侣，还有宫里的其他教士，留在哈剌和林庆祝复活节。

圣礼拜四和复活节即将到来，我却没有我的法衣。我考虑聂思脱里教徒的做法，急得不知该怎样办：是从他们那里受圣礼呢，还是穿着他们的法衣，用他们的圣杯和站在他们的祭坛上唱弥撒，或者干脆不行圣礼。这时来了很多基督徒：匈牙利人、阿兰人、罗斯人、格鲁吉亚人、亚美尼亚人。自从被俘以来，他们都没有见过圣礼，因为，他们说，聂思脱里教徒不愿让他们进入教堂，除非他们再从聂思脱里教徒领洗。然而（聂思脱里教徒）完全没有把这些情况告诉我们。相反地，他们承认罗马教堂是所有教堂的首领，如果道路通畅，他们要接受教皇派去的大主教。他们随便地给我们施圣礼，让我们站在唱诗班的入口处，看他们的做法，让我们在复活节前夕（4 月 11 日）在洗礼盆旁边观看他们如何施洗。他们说，他们有玛利·抹大拉给基督涂足的油，他们一直取用多少就注入多少，还把油掺进他们的饼里。这是因为所有东方的（基督徒）都不用发酵粉，而是把脂肪往饼里和拌，要么往饼里掺进牛油、肥羊尾或油类东西。他们还说，他们有基督用作献祭饼的面粉，他们放进去的和取用的一般多。唱诗班旁边，有一间房屋，屋里摆着一个烤饼的炉子，他们极虔诚地用这饼去献祭。

他们用这种油制成宽一巴掌的饼，先把饼按使徒的人数分成十二块，把这些再按人数分成若干份。一个教士把类如基督身形的饼分到每人手里，每人都虔诚地从他掌中接受它，用手擦拭头顶。我提到的基督徒们和那个僧侣迫切请求我为上帝之爱作祈祷。

因此我尽量通过翻译叫他们忏悔，陈述十诫和七大罪，以及别的应当避免、而且应当公开忏悔的罪行。他们为盗窃作辩解，说什么不偷东西，他们就不能生存，因为他们的主子既没有给他们衣服，也没有给他们粮食。因此，考虑到他们和他们的财物毫无道理地遭到劫掠，我说，从主人那里取走需用之物，这是许可的，我准备当着蒙哥汗的面这样说。再者，其中有些是军士，他为被迫去打仗而辩解，因为若不去打仗，他们会被处死。我坚决禁止他们去跟基督徒打仗，或者伤害基督徒。他们应该宁愿让自己被杀掉，那他们倒会成为殉教士。我又说，如果有人因我作这种教导而向蒙哥汗控告我，那么我打算把这话说给他听。正当我在教导时，宫廷的聂思脱里教徒已经到来，我怀疑他们可能去告发我。

金匠威廉给我们打了一件做圣饼用的铁器。他给自己做了件法衣，因为他有点学识，举止像个牧师。他按照法兰西样式制作了一尊圣母的雕塑像，四周的窗格上刻有极美丽的福音史。他还做了一个保存基督圣体和遗物的银盒，圣物就放在盒侧精巧的小格内。他在一辆车上盖有一座礼拜堂，极其漂亮，绘有宗教故事。我收下他的法衣，向它祈福。我们照我们的样式做了很好的圣饼。聂思脱里教徒给我们使用他们的施洗堂，其中有一个祭坛。他们的大主教从报达送给他们一张四方形的皮子作为可搬运的祭坛。它是用圣油涂抹，他们把它用来代替祭石。于是我在圣礼拜四（4 月 9 日）用他们的银杯和祭碟作弥撒。这些器皿很大。在复活节也一样。我们让人们接受圣餐，如我希望那样向上帝祈福。至于他们，他们在复活节前夕（4 月 11 日）有秩序地给六十多人施洗，基督徒都欢欣喜悦。

第三十一章　金匠威廉的生病，及聂思脱里教士之死

后来碰巧金匠威廉得了重病，当他正在痊愈时，那个僧侣去看他，给他大黄喝，差点没害死他。因此我去看他时，发现他情况很坏，我问他吃了什么或者喝了什么。他告诉我说僧侣曾把这种水给他喝，他喝了两碗，完全认为它是圣水。我去找那个僧侣，对他说："要么像使徒那样靠圣经和圣灵去产生真正的奇迹，要么像医师那样靠医术治病。你给人喝的猛烈药剂，不符病情，好像它是圣水。你这样做会蒙受大辱，如果人们知道的话。"因此他开始怕我，提防着我。

与此同时，碰巧那个被别人当做副监督的教士也病了，他的朋友找来一个撒剌逊占卜家。他对他们说："有个不吃、不喝，也不睡在床上的瘦人，在生教士的气。如果得到他的祈福，病人可以好起来。"他们明白这指的是那个僧侣。就在半夜里，教士的妻子、姊妹和儿子去找僧侣，请求他去为病人祝福。他们也要我们去求僧侣。但当我们问僧侣时，他说："让他去吧，因为他和另外三个也干坏事的人，打算到宫廷去，求蒙哥汗把你和我从这带地方赶走。"

原来他们之间有过一场争吵，起因是蒙哥和他的后妃在复活节前夕赏给僧侣和教士们四个艾索特和几匹绸子，要他们分掉。那个僧侣留下一个艾索特作他的份子，而余下三个中，有一个是

铜制的伪币，因此教士们认为僧侣自己占的份子太大，可能他们当中有闲话，传给了僧侣。

我白天去看教士，他肋内十分疼痛，正在呕血，我由此推测那是溃疡。我劝他承认教皇是所有基督徒之父，他马上承认了，发誓说，如果上帝让他恢复健康，那他要前去跪倒在教皇足下，并且诚意地要求教皇把他的祝福送给蒙哥汗。我还劝他，如果他拿了别人的东西，那就进行赔偿。他说他什么都没有。我再向他谈临终涂油礼。他回答说："我们没有那个习惯，我们的教士不知道怎样做；我请求你为我所做的，按照你知道的去做。"我也向他谈到他们不作的忏悔仪式。他跟他的一个同伴教士耳语几句；后来他开始好转，要我去找僧侣。我去了。起初，僧侣不愿来，最后，听说他好些了，他就带着十字架来了。我携带着放在金匠威廉盒子内的基督身，这是应威廉的请求从复活日起由我保管的。于是僧侣开始用足踩教士，病人则极谦恭地拥抱他的足。接着我对他说："罗马教廷的法令是，病人要分享基督的身体，作为对付敌人诡计的圣粮和防护。这儿是我从复活日保留的基督身体。你必须向它忏悔并希望得到它。"他很虔诚地说："我衷心希望得到它。"我正要展示它的时候，他极诚挚地说："我相信这是赐我生命的造物主和救世主，他将在死后的大复活日再赐我生命。"这样他在我手里领受我按照罗马教堂的方式制作的基督身。

然后僧侣留在他那里。当我离开时，我不知道他给病人什么药喝。第二天，病人垂危。所以我取了点他们说的圣油，按他的请求，照教堂的方式给他涂油。我一点也没有我们的油，因为撒里答的教士把什么都留下了。当我们要给临终的人作祈祷，为他送终时，僧侣捎话叫我走开，因为如我在场，那我在当年不能进入蒙哥汗的宫室。我把这点向他的朋友们提说时，他们告诉我说这是真的。他们求我离开，以免妨碍我去行善事。

他死了。僧侣对我说："别管他，我用我的祈祷把他杀死。他是唯一的学者，而且反对我。别的人什么都不懂。他们所有人，包括蒙哥汗在内，都将拜倒在我们足下。”后来他把我在前面谈到的占卜家的回答告诉我，我简直不相信，所以我就问死者的教士朋友，这是不是真的。他们说是真的，但他们不知道他是否先已得知。

后来，我发现僧侣把那个撒刺逊占卜家和他的老婆召到他的教堂去，而且筛撒尘土，让他们从它上面为他占卜。他身边还有一名罗斯助祭为他算卦。我听见这事，对他的愚昧感到可怕，对他说：“兄弟，一个自身充满圣灵，教导万事的人，不应听从占卜家的回答或意见。这些事都是被禁止的，干这事的人要被开除教籍。”这时他开始为自己开脱，说他并没有干这类事，传说是不真实的。不过我不能离开他，因为我是奉汗的诏令住在那里。若无他的命令，我不能去别的地方。

第三十二章　哈剌和林

关于哈剌和林，你须知道的是，且不说汗的宫室，它并不比圣丹尼斯村大，而圣丹尼斯的修道院都比那座宫殿要大十倍。它有两个城区：一个是有市场的撒剌逊人居住区，那里有大量的鞑靼人，因为那里有一直接近该（城）的宫廷，也因为那里有许多使臣。另一个是契丹人的城区，他们全是工匠。除这两个区外，还有供宫廷书记使用的大宫室。有十二座各族的偶像寺庙，两座清真寺，念伊斯兰教的经卷。城的尽头有一座基督徒的教堂。城四周是泥土墙，有四道门。东门卖粟及其他种类的谷物，不过这些很难得运到那里；西门卖绵羊和山羊；南门卖牛和车；北门卖马。

我们在基督升天节前的礼拜天（5 月 7 日）随宫廷到达和林。第二天，我们、僧侣及其家人，还有常到僧侣屋去的使臣和外国人，都被大书记和法官布鲁该召去。我们是分别去见布鲁该的，首先是僧侣，然后是我们。他们很仔细地盘问我们从何处来，为何要来，我们的任务又是什么。作这次询问是因为蒙哥汗得到消息说，有四十名哈杀辛人以各种伪装进入该城，要刺杀他。大约在这个时刻，我曾提到的妃子又犯了病，派人去请僧侣，但他不愿去，说：“她已把偶像教徒召回到她身边，让他们去治她的病，如果他们有能耐，我再不去了。”

基督升天节前夕（5 月 20 日），我们到蒙哥汗的各个宫室去。我注意到，当他要饮酒时，他们就把忽迷思滴在他的毡制偶像上。我对僧侣说："基督和魔鬼有什么区别？十字架和这些偶像又有什么不同的地方？"

再者，蒙哥汗有八个兄弟，三个同母，五个同父[96]。他派一个同母兄弟去攻打哈杀辛人的国土。他们称哈杀辛为没里奚。并且命令他把他们都杀死。另一个进向波斯而且已经到达据认为是土耳其的土地，还将从那里派军攻打报达和瓦斯塔丘斯[97]。另一个他派往契丹，进攻那些还没有臣服于他的人[98]。他把同母幼弟阿里不哥留在身边。阿里不哥看守他们母亲的斡耳朵。她是一个基督徒[99]，而威廉是阿里不哥的奴隶。因为他的一个同父的兄弟在匈牙利的叫做贝尔格莱德的城市俘虏了威廉[100]。那里有个诺曼主教，来自卢昂附近的贝勒维尔。同时他俘虏了主教之侄，后者我在哈剌和林见过[101]。他把金匠威廉送给蒙哥的母亲，因为她坚持要他。她死后，金匠威廉连同所有属于她斡耳朵的东西，都成为这个阿里不哥的财物，通过阿里不哥，他才为蒙哥汗所知。在我提到的那件工作完成后，蒙哥赐给这个匠人一百艾索特，即一千马克。

升天节的头一天（5 月 20 日），蒙哥汗说他要去拜访就在附近的他母亲的斡耳朵。那个僧侣说他要随蒙哥一道去，超度他母亲的亡灵。汗表示同意。升天节晚（5 月 21 日），前面提到的妃子（即阔台）病情越来越严重，所以大占卜家派人通知僧侣不要敲响他的板。第二天，当我们随宫廷离开时，这个妃子的斡耳朵留在后面。我们来到搭营帐的地点，僧侣奉命到比平常离宫廷更远的地方去，他这样做了。这时阿里不哥出来迎接他的兄长汗，僧侣和我发觉他要从我们旁边经过，就拿着十字架迎上去。他认出我们，因为他原先到过我们的礼拜堂，并且伸出手，像主教那样朝我们划十字。然后僧侣骑上马，跟随他，携带着一些果品。他（阿里不哥）在其兄的斡耳朵前下马，等候他从狩猎中归来。僧侣也下了马，把果品奉献给他，他接受了。他身旁坐着两个汗廷的大员，他们是撒剌逊人。阿里不哥知道基督徒和撒剌逊人之间存在着矛盾，就问僧侣认不认识这些撒剌逊。他回答道：“我知道他们是狗，为什么你让他们待在你身边？”后者问：“我们没跟你说话，干吗你侮辱我们？”僧侣对他们说：“我说的是真话，你们和你们的穆罕默德是贱狗。”于是他们亵渎起基督来，但阿里不哥制止他们，说：“你们别那么说，因为我们知道救世主是上帝。”就在当时突然整个地面上刮起一阵狂风，好像有妖魔从风里经过，不久传来消息说那个妃子（阔台）去世了。

第二天（5 月 22 日）汗从与来路不同的另一条路返回他（在哈剌和林的）宫廷，因为他们有一种迷信说，不要从同一条来路返回去。而且，在他离开后，他扎营的地方，只要还遗留火的余烬，任何人，不管是骑马还是步行，都不得穿过他曾停留之处。

当天有些撒剌逊人在路上与僧侣相逢，向他挑衅，跟他争论。他们占了上风，而他不知道该怎样提出他的论证，就想拿手里的鞭子抽他们。他的言行给告到宫廷，有诏叫我们跟别的使臣一道下（营），不许像平常那样在宫廷前面居留。

第三十三章　请求返回和宗教论战

我一直希望亚美尼亚国王会到来。大约在复活节前后，从孛罗来了一个人。孛罗有日耳曼人，我差点到那里去看他们。他告诉我说，有个日耳曼教士准备来宫廷。因这些原因，我没有向蒙哥提出我们去留的问题，尽管他最初只允许我们停留两个月，而实际上已过了四个月，且不说快五个月了。因为这些事发生在五月末梢，而我们已经待了整整一、二、三、四、五个月了。但是，我没有听到有关（亚美尼亚）国王或这个教士的消息，又怕我们不得不在冬天返回，那种严寒我们已体会到了，所以我向蒙哥汗提出询问，他需要我们干什么，因为，如果他乐意，我们愿在那里长期居留；另外，如我们必须返回，那最好在夏天，不要在冬天，可以少受些苦。他马上派人送话给我，叫我不要离开，他要跟我谈话，他会派人找金匠威廉之子来，因为我的译员力不胜任。和我交谈的是一个撒剌逊人，曾经出使瓦斯塔丘斯。他因受贿礼，曾劝瓦斯塔丘斯遣使蒙哥汗，那在当时是可能的，因为瓦斯塔丘斯认为他们（蒙古人）马上要进攻他的国土。他派出使臣，但当他了解到他们的情况，他就不把他们放在话下，没有跟他们缔和，他们也还没有进入他的国土，而只要他敢于防卫自己，他们也不能进攻。那是因为他们从来没有用武力征服过任何国家，不过仅仅是用计谋征服。其原因是，人们跟他们缔和，他们则以这和约为掩护，使人们遭到毁灭。当时（这个撒剌逊）详细打听有关教皇和法兰西国王的事，还打听通往他们的道路。僧侣听见这个，暗示要我别回答他，因为他自己想被派作使臣。因此我沉默下来，不愿回答他的任何问题。他跟我讲了些我不知道是什么的诽谤话，聂思脱里想为此控告他，那他会被处死刑或者挨到痛打；但我不愿这样做。

第二天是圣灵降临节前的礼拜天（5 月 24 日），他们把我带到宫廷。宫廷的大书记们来找我，其中一个是给汗上酒的蒙古人，其余的是撒剌逊人。他们代表汗询问我为什么而来。我重复原来的话说，我怎样去见撒里答，从撒里答那里去见拔都，拔都又怎样把我送到这儿来。后来我对他（蒙哥）说："我没有代表任何人讲话。（从拔都写给他的信中他必定已知道这点）我只传播上帝的话，如果他愿意听。"他们问我，我想讲的上帝的话是什么。他们认为我要向他预报福运，好像很多人那样做。我回答他们说："如果你们要我向他讲上帝的话，给我把那个译员找来。"他们说："我们已派人找他去了，但（现在）就尽量通过这个译员说吧。我们很懂得你的意思。"他们极力要我说。所以我说道："受赐多的人，向他的要求也多。而且，受赐多的人，向他要的仁爱也多。我拿上帝的这番话来开导蒙哥，因为上帝赐给他强大的权力，他所有的财富，并不是脱因的偶像所赐，而是全能上帝赏赐的。上帝创造天地，手里控制着所有国土，上帝因人类的罪行，把权力从一个民族交给另一个。如果他热爱上帝，那他将顺遂如意，否则，他必将知道上帝要把他的一切东西，连最后一个铜板都要走。"一个撒剌逊人说："有不爱上帝的人吗？"我回答说："上帝说：'如果有人爱我，那他就遵奉我的戒律，如果他不爱我，那就不遵奉我的戒律。'所以不奉行上帝的戒律的，就不爱上帝。"这时他说："你到过天堂才知道上帝的戒律吗？"我回答说："没有，但上帝把戒律从天堂传给圣人，最后上帝又从天堂下来教给我们，我们可从《圣经》中读到，同时我们从人们的活动中看出他们是否遵行这些戒律。"他又说："那你是说蒙哥汗不遵奉上帝的戒律？"我对他说："按你所说把译员派来，若蒙哥乐意，我愿当着他的面诵读上帝的戒律，他自己将判断是否应遵行。"当时他们走了，告诉蒙哥说，我称他是偶像教徒即脱因，而且他不奉行上帝的戒律。

第二天（5 月 25 日）（汗）派他的书记来找我，他们说："我们的君王派我们来对你说，这里有你们基督徒、撒剌逊和脱因。你们各自说自己的教义是最好的，你们的文书——就是书籍也是最真的。所以他希望你们都会集一处，举行一个辩论会，写下各自的教条，让他本人能够知道真理。"这时我说："感恩上帝，上帝使汗的心里有了这个意见。但是我们的《圣经》告诉我们，上帝的奴仆不应辩论，而应向一切人表示仁爱。所以我准备尽我的最大努力，不要争论或吵闹，向提问者回答基督徒信仰和希望的理由。"他们记下我的话，带回去给他。后来这番话又告诉了聂思脱里教徒，要他们做准备，并且记下他们想说的话，对撒剌逊和脱因的做法也都一样。

第二天（5 月 26 日）他再派来书记，他们说："蒙哥汗想知道你为什么要到这地方来。"我回答他们说："他从拔都的信函中必定已经知道了。"于是他们说："拔都的信已经丢失，他也忘了拔都写些什么，因此他想从你那里得知。"我感到安全些，就说："我教的职责是向一切人宣讲福音。所以当我听说蒙古人的名声时，我期望到他们那里去。我怀着这个愿望时，刚好听说撒里答是个基督徒，因此我就去找他。法兰西君王送给他一封友好的信，其中说明我们是何等人，并且请求他允许我们留在蒙古人中。后来他（撒里答）把我们送去见拔都，拔都把我们送往蒙哥汗那里，所以我们请求他，而且一定要再请求他，允许我们留下。"

他们记下这些事，次日拿去给他看。

他再次派他们来见我，说："汗得知你没有使信给他，而是来为他祈祷，像别的有德行的教士那样。但他要知道你们有无使臣到我们这里来，或者我们有无使臣到你们那里去。"我就把有关大卫和安德烈僧侣的事告诉他们，他们把这些记下来，回去向他报告。

他再派他们来见我，说："你在这儿已停留很久了。（汗）希望你返回自己的家乡，同时他问你是否愿意带他的一个使臣同行。"我回答他们说："我不敢把他的使者带到他的领土以外去，因为你我之间存在着敌对的国家，还有山和海。我不过是穷僧人，所以不敢贸然率领使臣。"他们记下这些话，返回去了。

圣灵降临节前夕（5月30日）到来。聂思脱里教徒写了一整部史纪，从开天辟地写到基督受难，但不谈受难本身，却谈到基督升天、死者复活，还涉及审判日的来临。其中有些错误的说法，我向他们指出了。至于我们，我们仅写下弥撒的信条"相信唯一的上帝"。另一方面我问他们要怎样进行辩论。他们说，他们要先和撒剌逊人商量。我向他们表示说，那是个好主意，因为撒剌逊人跟我们一样认为仅有一个上帝："所以你们要（靠他们）之助去对付脱因。"他们同意这点。接着我问他们是否知道偶像教怎样在世上兴起，他们不知道。我就给他们讲了，他们说："把这些事告诉他们，再让我们发言，因为通过译员讲话是件困难的事。"我对他们说："试试看你们要怎样对付他们。我来扮演脱因，你们则作为基督徒。我们假设我是属于那个教派，因为他们说上帝不存在。现在证明上帝是存在的。"那里有一个教派，声称存在于事物中的一切灵魂（anima）和一切美德，就是该事物的上帝，而上帝不存在于他处。但聂思脱里什么也证明不了，只能重复《圣经》上说的话。我说："他们不信《圣经》，你说这事，他们却谈别的事。"我劝他们让我先去跟他们较量，那样，如我受到挫折，他们仍有机会发言，但如他们受到挫折，我在那之后就得不到发言机会了。他们同意了。

于是我们在圣灵降临节前夕在我们的礼拜堂聚集，蒙哥汗派出三名书记做仲裁人，一个是基督徒，一个是撒剌逊，一个是脱因。这时有人大声宣布说："这是蒙哥的诏旨，谁都不得说上帝的命令与它不符。他下诏说，禁止辱骂别人，或者喧闹而妨害这次辩论，违者斩首。”这时鸦雀无声。那里聚集了一大群人，因为每派都召来其中最有学识的人，其他很多人也汇合一起。

于是基督徒让我站在中间，叫脱因跟我对阵。他们有一大群，开始嘟哝着抱怨蒙哥汗，因为没有别的汗企图窥探他们的秘密。他们推一个来自契丹的人跟我辩论，他有他的译人；我则有金匠威廉之子。他开始这样对我说：“朋友，如果你觉得你要无言以对（conclusus），那就找一个比你更有学问的人。”我没有回答。这时（那个脱因）问我想从什么开始，是谈天地的创造呢，还是谈死后灵魂的归宿。我回答他说：“朋友，这不应当是我们谈话的开端。万物来自上帝，上帝是万物的源泉，所以我们必须首先谈上帝，你们对上帝的看法与我们不一样，而蒙哥汗想知道谁掌握住真理。”裁判人判定这是对的。

他们想从上述问题开始，因为他们认为这些是最重要的。他们都信奉下面的摩尼教邪说：事物一半是恶，一半是善，而至少有两个（基本的）原理；至于灵魂，他们认为它从一个肉体转移到另一个。聂思脱里教徒中有个最有学识的人（有次）这样问我，动物的灵魂是否能从一处跑到另一处，那里，他们在死后不会再被迫劳作。据金匠威廉告诉我，为进一步论证这个谬论，从契丹携来一个童子，根据身材判断不过十二岁，但他能够作各种辩论，他自己说他已经三次投生。他能读能写。

于是我对脱因说：“我们心里坚决相信，而且口头承认上帝存在，只有一个上帝，完美的一个。你们信什么？”他说：“蠢人才说只有一个上帝，但聪明人说有很多。难道在你们国家里不是有许多君王？这个蒙哥汗难道不是最伟大的君王吗？神也是如此，因为在不同地方是有不同的神。”

我对他说：“你提出的是个无足道的例子，其中人和上帝不能相比较，据此，每个有权势的人都可以自称是他自己国家的神了。”正当我要驳倒这个比较时，他打断我说：“你说的唯一的上帝，本质是什么？”我答道：“我们的上帝，除他外别无他神，是万能的，因此他无须求别人援助，而我们所有人都要求上帝帮助。人类可不是这样。没有人是万能的，因此世界上必定有好些君王，因为没有人能把所有事都干完。上帝同样是无所不知的，无需参谋，因为一切智慧都来源于上帝。同样，上帝是至善至美的，不需要我们的财物。而我们是在上帝之中生活，行动和存在。这就是我们的上帝，人们对上帝必须如此看。”

他回答说：“不是这样。尽管在最高一层天上有一个我们仍不知道其来源的（神），在他下面却有十个其他的神，他们之下还有更低的。在地上他们则有无数多。”他正要编造（texere）一些别的奇谈时，我问他这个最高的神，他是否认为是万能的，或者是否（认为这）是依赖于别的什么神。他害怕作回答，就问道：“如果你们的上帝确如你所说，为什么他创造的事物一半是恶的？”我说：“那不是真实的。创造恶的不是上帝。一切存在的东西都是善的。”所有的脱因对此莫不惊奇，他们把它当成是虚假和不可能的事记录下来。这时他问：“那么恶从何而来？”我说：“你的问题提得拙劣。你该先问什么是恶，再问它从何而来。但让我们回到第一个问题上来，你是否认为任何神都是万能的，然后我将回答所有你想问的问题。”

他长久不作回答，所以代表汗莅会的书记有必要叫他回答。最后他回答说没有神是万能的。撒剌逊人一听就哈哈大笑。平静下来后，我说：“那么你们没有神能救你们于危难，因为可能发生他无能为力的事件。再者，人们不得侍候两个主人：你们怎能侍候天上地下那么多的神呢？”观众叫他回答，但他无言以对。当我要向全体听众解释神的唯一性以及三位一体性时，当地的聂思脱里对我说那已够了，因为他们要讲话。我让他们说，但当他们要跟撒剌逊人辩论时，撒剌逊人回答他们说：“我们承认你们的宗教是真的，福音中的一切也是真的；所以我们不要跟你们辩论任何问题。”同时他们承认他们在祈祷中乞求上帝允许他们像基督徒那样去牺牲。

在场的有个老年畏吾儿教士。他说，尽管他们创造偶像，神仍然只有一个。他们（聂思脱里）跟他谈了很久，把基督的到来迄至审判日的一切都向他讲明，并且用对照向他和撒剌逊人阐述三位一体性。他们都听着，没有表示异议，但也没有人说："我相信，我要成为基督徒。"这事过去，聂思脱里和撒剌逊齐声高唱，脱因则沉默不语，随后他们都拼命喝酒。

第三十四章　和蒙哥的最后会面

圣灵降临节（5月31日），蒙哥汗召我去见他，被召的还有跟我辩论的脱因。但在入宫前，译人金匠威廉之子对我说，我们得返回本土，并且叫我不要表示反对，因为他得知这事已定。我见到汗时，只得跪倒在地，旁边的脱因和译人也一样。然后汗对我说："说实话，前些天你在我派书记找你时，有没有说过我是脱因。"我答道："我的君主，我没有那样说。如果你乐意，我将把我说的话告诉你。"因此我向他再说一遍我说过的话，他答道："我认真想过，你没有那样说，因为你不该那样说，但是你的译人译得很糟。"他把靠背的杖伸向我，说："不要害怕。"我笑着平静地说："如果我害怕，我就不到这儿来了。"他问译人我说的是什么，译人向他重复一遍。然后他向我谈他的信仰。"我们蒙古人"，他说，"相信只有一个神，我们的生死都由他掌握，我们也诚心信他。"这时我说："应当如此，因为若无他的慈恩，一切都是不可能的。"他问我说什么，译人告诉了他。他又说："但是，如同神赐给我们五根不同的手指，他也赐给人们不同的途径。神赐给你们《圣经》，而你们基督徒不信守它。你们没有（在《圣经》中，例如）找到记载说人们应相互挑错，是吗?"我说："是的，陛下，但我从一开始就告诉你，我不愿跟别人争论。"他说："我没有说是你。你们同样没有找到这样的记载：一个人应为金钱而作恶。”我说：“没有，陛下。我确实不是为钱才到这里来，恰好相反，我拒绝接受赠送给我的东西。”在场有个书记，证明我没有接受一个艾索特和绸料。他说：“我不是指你而言。神因此赐给你们《圣经》，你们却不遵行。他赐给我们占卜师，我们按照他们的话行事，我们过得平平安安。”

我觉得他饮了四次酒才把这番话说完。我专心地听他谈信仰的其他事，这时他提到我的返回说：“你在这儿待得太久了。我希望你回去。你说你不敢带我的使臣去，那么你愿带我的口信或我的信札吗？”从那之后，我再没有找到机会或时间向他讲基督教了。因为没有人能够当着他谈他不愿听的事，除非这人是使臣；使臣能够随意谈话，蒙古人总是问使臣还有什么话要说。至于我，他们却不让我多说。我只能听他说，回答他的问题。所以当时我回答他道，如他愿把使信向我解释，或者写下来，我愿意尽量携带它。他又问我要不要金银或值钱的衣物。我说：“我们不带这些东西，但是我们没有旅费，如无你的帮助，我们不能离开你的国土。”他说：“只要在我的国土内，我愿供给你所需的一切。你还要别的东西吗？”我答道：“那就够我们用了。”这时他问：“你想给护送到多远？”我说：“我们的势力达到亚美尼亚王的国土。如果（护送）我们到那里，那就行了。”他答道：“我愿送你到那里，然后你自行照料。”他又说：“额上有两只眼，但尽管有两只，却仅有一条视线，当一只眼转动目光时，另一只眼也转动。你从拔都处来，所以你必须从他那里回去。”他说完这话时，我请求他允许我说话。他说：“讲吧。”于是我说：“陛下，我们不是好战的人。我们希望那些要统治世界的人，按照上帝的愿望极公正地进行统治。我们的职责是要教导人们按上帝的意愿生活。我们为此到这儿来，如你允许，我们愿在这里居留。既然你要我们回去，那就必须离开。我要返回，并且我将遵从你的命令尽我所能携带你的信函。我愿向陛下请求，既然我将携带你的信函，那么允许我也可以返回你处，这主要因为你的可怜的在孛罗的奴隶，和我讲同一种语言，没有牧师给他们和他们的子女宣讲教义，所以我宁愿与他们在一起。”这时他回答说：“如果你的主子把你派遣回来，（你将受到欢迎）。”我说：“陛下，我不知道我主子的意思，但我得到他们的允许，可以去任何我愿去的地方，如那里需要宣讲上帝的旨意。我认为这些地方很需要宣讲，因此不管主子是否向你遣回使臣，请你允许我回来。”

这时他沉默不语，好像在想什么似的坐了好久，译人叫我别再多讲。所以我急切等他回答。最后他说：“你还有很长的路要走，准备好食物，那你可以健康地到达你的国家。”他赐我酒喝，于是我向他告辞。后来我再没有回去。如果我像摩西那样有产生奇迹的力量，他可能会谦恭些。

第三十五章　占卜家

如（蒙哥汗）向我所表明，他们的占卜家就是他们的教士，而占卜家说的任何话，都必须马上去做。我将尽量按金匠威廉和其他一贯跟我讲真话的人所说的，向你谈谈他们的职掌。他们人数极多，总有一个头目，好像教皇。他始终把他的住所安置在蒙哥汗的大宫室前，离它有一投石之遥。如我在前面所说，运载偶像的车辆就在他的监护下。别的人跟在斡耳朵之后指定给他们的位置上。相信占卜术的人从世上各地去找他们。其中一些懂得点天文，特别是头目。同时他们向人预报日月食。当要发生一次蚀时，人们都储备食物，因为他们不得出门。蚀正在发生，他们就敲锣打鼓，大声吵嚷。蚀过去后，他们又吃又喝，举行欢宴。他们预报做任何一件事的吉凶，因此如无他们的允许，蒙古人就不调集军队或进行战争，（蒙古人）早要返回匈牙利去了，但占卜者就是不允许。

送往宫廷的东西，他们都要从火的中间通过，从中留下他们的份子。他们也把死者的寝具放到火的中间去弄清洁。因为有人死去时，他们把属于他的东西放到一边，除非东西被火涤洁，那不会为斡耳朵的其他人接受。我在那个死去妃子的斡耳朵看见这事，当时我们正在那儿。因这个（风俗），有双重理由认为安德烈僧侣和他的同伴要带着礼物从火中走过。他们是被派去见一个已死的人——贵由汗。没有要求我这样做，因为我什么都没带。如果有动物或别的东西在经过火时落到地上，那就归他们所有。

5 月 9 日，他们集中所有的白马，把它们献祭。基督教士不得不带着香炉去参加。然后他们把新忽迷思洒在地上，当天举行盛大的宴会，因为他们认为他们当时是初尝忽迷思，犹如我们有的地方在巴托罗姆节或塞克图斯节之初尝酒，以及在詹姆士节和克里斯多芬节之初尝水果。

他们（即珊蛮）还在孩子出生时被叫去预报他的前程，有人生病时也找他们。他们念着咒文，并且说明这是天生的病，还是因巫术所致。我提到过的那个梅斯妇女，告诉我这方面一个极惊人的故事。

有一次，运来好些珍贵的毛皮，存放在她女主人的斡耳朵中，如我前面说，她的女主人是个基督徒。占卜者把毛皮放到火上，留下的比他们应得的要多。看管这个妃子库藏的一个女仆，向她的女主人揭发了这件事，妃子责备了他们。恰好这之后妃子病了，肢体疼痛。占卜者被召来，他们坐在不远的地方，叫一个侍女把她的手放在痛处，把她抓到的东西拿出来。侍女站起来，照做了，发现手里有一片毡，或者别的什么。这时他们叫她把它放在地上。放在地上后它开始像活物一样蠕动。然后它被放到水里，变得像水蛭。他们说："皇妃，有个巫婆用她的妖术给你带来灾害。"他们指控那个曾揭发他们的女人。因此她被带到帐外的地里，一连七天遭到殴打，并受到其他的酷刑，要逼她承认。这时妃子死了。当她听说妃子的死讯时，她对他们说："我知道我的女主人死了，杀死我吧，让我去追随她，因为我从来没有做对不起她的事。"因她不愿招认，蒙哥命令让她活着。这时那些占卜者又控告我提到的妃子女儿的奶妈。她是个基督徒，她丈夫是所有聂思脱里教士中最受尊敬的。她和她的一个婢女被带到刑场，要她招供。婢女招认说，她的女主人派她去跟一匹马说话，从它那里得到回答。女人（即奶妈）也承认说她做了一些要讨她主人（蒙哥?）欢喜的事，好让他恩宠她，但她没有做伤害他的事。她被询问道，她丈夫是否知道她的行为。她为他开脱，说焚烧的是她自己写的符咒文字。于是她被处死。她的教士丈夫尽管无罪，蒙哥仍把他送到在契丹的主教那里进行考验。

刚好这时蒙哥汗的第一个妻子生了个儿子。占卜者被召去预言孩子的命运，他们都预报孩子福运好，说他命长，要成为大君主。但几天后孩子却死了。这时孩子的母亲愤怒地把占卜者召去，说："你们说我的孩子会活下来，他却死了。"他们回答道："皇后，我们在这里看见前些天被处死的昔林纳的奶娘所施的妖术。她害死你的儿子，现在我们看见她正把孩子带走。"这个女人在营帐里还有一个长成了的儿子和一个女儿。皇后大怒，派人把他们抓来，叫一个男人去杀男的，一个妇女去杀女的，为她的儿子报仇，因为占卜者说他们的母亲害死她的儿子。后来汗梦见了这些孩子，第二天他问起他们的情况。他的仆人害怕告诉他，但他更关心地问他们在哪里，因为他们在夜里显梦于他。这时仆人们对他讲了，他马上把他的妻子找来，问她在什么地方看见过，妻子不让丈夫得知（她的作为）就判人死刑，汗命令把她关押七天，不许给她吃的。他命令把那个杀男孩的人处斩，把头挂在杀女孩的女人脖子上，又叫人用烧着的木棍在营内打她，然后处死。如果不是给他生有子女，他会把自己的妻子处死。但是他离开她的斡耳朵，一个月没有回去。

就是这些占卜者，还用他们的符咒去干预天气。当因自然的原因天气冷到使人受不了时，他们就从营帐里找出几个人，说寒冷是他们惹起的，并马上把他们处死。

我离开那里前不久，有一个嫔妃病了，她憔悴了很长时间。所以他们向她的一名日耳曼女奴施符咒，使她睡了三天。当她醒过来，他们问她看见了什么，（她说）她看见很多的人，都声称自己马上要死，但其中没有看见她的女主人，因此他们宣布说她不会病死。我看见这个女孩，她从昏睡后一直头痛。

其中一些人呼唤鬼神，晚上在家里聚集一群希望得到鬼神回答的人。他们在屋的中央放上煮好的肉，请神的珊蛮开始念咒，把手里的鼓拼命往地上碰。最后他进入疯狂状态，让人把他自己捆缚起来。这时鬼神从暗中入内，给他肉吃，他就作答。

有一次，金匠威廉告诉我说，一个匈牙利人躲在他们当中，鬼神留在屋顶上说他不能进去，因为其中有个基督徒。听见喊叫，匈牙利人赶快逃走，因为他们动手搜寻他。这件事，还有他们干的其他的事，谈起来会太冗长。

第三十六章 汗的节日及教友威廉的返回

圣灵降临节（5月31日），他们开始准备他（汗）要遣送给你的信札。同时候，他返回哈剌和林，要在降临节第八天（6月7日）举行盛宴，邀所有使节在那最后一天到会。他也派人召我去，但我已去教堂为我在那儿遇到的一个穷日耳曼人的三个儿子施洗。这次宴会上，金匠威廉是首要的管事，因为正是他制作了流酒的树。所有的人，贫富不分，都在汗的面前又唱又跳，拍着手掌。他对他们说："我已派出了我的兄弟，让他们到异邦去经历危难。现在，当我要派你们去扩大我的疆土时，看看你们将如何干。"在这四天中，他们每天都要改换服装，每天给他们所有人穿的，都是从靴子到头巾（tyaram）的一色服。这时我看见那里有报达哈里发的使节，他常乘一张放在两头骡子中的舁床到宫廷去，这导致有人说汗要跟他们缔和，条件是他们要为他的军队提供一万骑兵。又有人说，蒙哥曾表示他不愿缔和，除非对方摧毁他们的城堡，那个使节回答道："当你把你所有的马蹄派来时，我们愿摧毁我们所有的堡垒。"我还看见印度一个算端的使臣，他送来八头豹子和十条猎狗。猎狗受到过训练，像豹子那样蹲在马背上。我向他们打听印度，在当地的哪个方向，他们指向西方。这些使臣返回时一直跟我们向西走了差不多三个礼拜。我在那里也看见土耳其算端的使者，给他送去厚礼。但我听说蒙哥回答他们说，他不要金银，而是要人，所以他要求送兵士来。在圣约翰节（6 月 24 日），他举行盛宴，我计算装运马奶有一百零五辆车和九十匹马，在使徒彼得和保罗节（6 月 29 日）也一样。

最后，他送交给你的信已写好，他们把我找去，翻译给我听。我尽量根据从译人那里所理解到的，把其中的大意记下来，如下所述：

"长生神的训诫是：天上只有一个长生的神，地上只有一个君王，即成吉思汗，神之子铁木真·成吉思，就是'铁之声'（他们称成吉思为铁之声，因为他是个铁匠[102]，并且吹嘘说他是神子）。此系你应得知者：凡有蒙古人、乃蛮人、蔑儿乞人、木速蛮之处，凡耳所能闻、马所能行之地，均应听闻和知悉：一切听说我之训诫并能理解，但不相信而跟我们打仗的人，均将得知和发现，他们是有眼无珠，取物而无手，行路而无脚；这是神的永久训诫。

靠整个伟大蒙古国长生神的力量，让蒙哥汗的诏旨传达与法兰克人的君主路易士王，及其他的君王和教士、整个法兰克人的国土，使他们可以得知我们的使信。长生神的诏旨传给成吉思汗，但这诏旨还没有从成吉思汗或其继承人送达你处。

有个叫大卫的人，好像是作为蒙古的使者去见你，但他是个骗子。你派你的使者随他回来见贵由汗。贵由汗死后，你的使臣们到达此宫廷。而贵由的妻子海迷失[103]送给你纳失失料子和信札。但涉及一个大国的幸福和安宁，以及战争和平的事，这个比狗还贱的妇人能懂得什么？蒙哥亲口告诉我说，海迷失是最坏的巫婆，她用她的巫术毁了她的全家。

这两个从你处到撒里答处的教友，撒里答送给拔都，但拔都把他们送到我们这里，因为蒙哥汗是蒙古国最伟大的君主。然则，为使全世界以及教士、教徒可以享受和平安乐，为使神的话可以为你们所闻，我们有意派蒙古使者随你们的这些教士（回去）。但他们回答说，在我们和你们之间有敌国和许多邪恶的民族，道路难行，所以他们恐怕不能平安地把我们的使者送至你处，但若我们愿意把我们的包括诏旨在内的信函交给他们，他们愿将信送交路易士王本人，所以我们不遣使随同他们，但我们通过你们的这些教士给你送去长生神的文字训诫：长生神的训诫是我们要告知你们的。当你们听见和相信时，如你们愿服从我们，那就遣使给我们，由此我们将确知你们是要和平，还是要跟我们打仗。当靠长生神的力量，从日出至日没之地，全世界将普享安乐和平时，我们要干什么将变得清楚。但若你们听闻长生神的训诫，明白它，但不留意，也不相信它，自称：'我们的国土遥远，我们的山岳坚固，我们的海洋辽阔，'并且你们抱着这种信念派军跟我们打仗，那么我们将知道如何办。长生神他知道：谁使难变易，使远成近。"

他们在信中首先称我们是你的使臣。所以我告诉他们："别叫我们是使臣，因为我清楚地向汗解释说我们不是路易士王的使臣。"于是他们去向他报告。但他们返回对我说，（尽管）这样称呼是表示极大的礼敬，他仍然指示他们按我的意思写。我就告诉他们去掉"使臣"字样，称我们为修士或教士。这事办完后，我的同伴听说我们要经沙漠返回拔都处，而且有一个蒙古人给我们当向导，他就不让我知道，跑去见大书记布鲁该，比划着对他说，如果走这条路，他会死的。因此，当我们启程的那天来临，也就是圣约翰节后的第二周（7月9日或10日），我们被叫到宫廷去，书记们对我的同伴说："现在蒙哥汗要你的同伴经拔都处返回，而你说你有病，看来是真的。所以蒙哥说，如你愿跟你的同伴一起走，就走吧。但是这由你决定。因为你多半会停留在某个驿站，得不到照顾，成为你同伴的累赘。如果你愿留在这儿，他将供给你各种必需品，等到别的使者到来，你可以跟他们一起从容地经一条有城市的道路返回。"这个教友回答说："上帝赐福给汗。我愿留下。"但我对教友说："兄弟，当心你的做法。我不愿离开你。"他说："不是你离开我，而是我离开你，因为若我跟你走，我要发现我灵魂和肉体有死亡危险，我忍受不了这样可怕的旅途。"

现在他们手拿着三件袍子或长衣，对我们说："你们不愿接受金银，但你们在这儿停留了很久，为汗而祈祷。他请你们各自至少接受一件普通袍子，那你们不致空手离开。"出自对他的尊敬，我们不得不收下，因为他们认为，轻视他们的礼物，那是很不好的。起初他常询问我们需要什么，我们总是同样的回答，以致那里的基督徒经常骂偶像教徒只要礼物。这些偶像教徒回答称我们是蠢人，因为，如果他（汗）要把他整个斡耳朵给他们，他们会高兴地收下，而且这样做是聪明的。收下袍子后，他们要我们为汗唱祈祷，我们做了。告辞后，我们返回哈剌和林。

然而，在（那之前）的有一天，当我们和教友及其他使臣距宫廷相当远时，碰巧教友把板子敲得很响，以致蒙哥汗听见了，并且问这是什么。他们告诉了他。他就问为什么教友离宫廷那么远。他们告诉他说，每天用马牛把他（送到）宫廷，是件麻烦的事，他们还说，最好让他留在哈剌和林的教堂里，在那里作他的祈祷。于是汗派人去对他说，如果他愿到哈剌和林去，留在那里的教堂中，他愿给他所需的一切东西。但教友回答说："我奉上帝之命从圣地耶路撒冷到这儿来，而我离开的城市中有上千座教堂，都胜过哈剌和林的教堂。如果他要我留下为他祈祷，按上帝对我的命令，我愿留下；否则我愿回到我原来的地方。"同天晚上派给他套牛的车辆，第二天清早他就回到他一向所在的斡耳朵前面的地方。

我们离开那里前不久，有个聂思脱里教徒到来，看来他是个聪明人。大书记布鲁该把他安置在斡耳朵前，同时汗把孩子送给他接受祈祷。

于是我们返回哈剌和林。当我们在金匠威廉的屋里时，我的向导带着十个艾索特来了。他把五个放在金匠威廉的手里，叫他把这笔钱作为汗供给僧人所需的费用，另五个放在我的译员哈莫·德依手里，叫他供给我作旅途的费用。金匠威廉叫他们这样做，但没有让我们知道。我马上叫卖掉一个（艾索特），把换来的东西分给那里的贫穷基督徒，他们都眼睛盯住我们。另一个我们用来买必需的衣物及其他东西；哈莫·德依用第三个买了点可获微利的物品，后来确实赚了些钱。余下的我们也花掉了，因为从我们进入波斯之时起，他们就再不充分供给我们所需之物了，即使在鞑靼，他们也没有充分供应过。但那里我们难得发现有什么东西可买。

曾经是你的子民的金匠威廉，送给你一条饰有一颗宝石的皮带，穿上它可防雷电。同时他再三向你致敬，一直为你祈福。我要极力向上帝和你充分表达我欠他的情意。我在那里一共给六个人施洗。

于是我们挥泪告别，我的同伴留在威廉匠人那里，我单独跟译人及我的向导、一个仆人返回。向导得到命令，供给我们四人每四天一头羊。

第三十七章　到达拔都的宫廷

在两个月又十天中我们到达拔都处。（沿途）我们没有看见城镇，除坟墓外没有看见房屋的影子，仅路过一个小村，我们并没有在其中吃饼。我们在这两个月又十天中也没有歇息，仅有一天，我们得不到马匹才暂停。尽管一般说返程会经过不同地区，我们沿途仍然大多从同样的民族中通过；这是因为我们是冬天去的，夏天返回，除十五天外，走的是更偏北的地方。来回都沿着山间的一条河，那里除靠近河岸外没有草。我们不得不走两天，有时三天，得不到忽迷思以外的其他食物。有时我们遇到极大的危险，找不到任何人，特别在缺乏食品及马匹疲累的时候。

我已骑行了二十二天时，得到亚美尼亚王的消息。他在八月末经过那里，去见撒里答，后者正带着他的羊群、马群、妻妾、子女往朝蒙哥汗，尽管他的大住宅仍留在也的里和塔赖思之间的地方。

我（向撒里答）表示敬意，告诉他说我很愿意留在他的国家，但蒙哥汗要我返回并携带他的信札。他回答说人们必须服从蒙哥汗的命令。这时我向科埃克问到我的仆人。他答道，他们在拔都的斡耳朵中，受到周到的照顾。我也提醒他有关我的法衣和书籍的事，他答道：“你没有把它们带给撒里答吗？”我说：“我把它们带给了撒里答，但我并没有送给他，这你是知道的。”我一再把我原来的回答告诉他，他曾问我是否把这些送给撒里答。他回答说："你说的对，谁都否认不了真话。我把你的东西放在我父亲那里，他留在拔都在也的里新建的城镇萨莱附近，但这儿我们的教士有你几件衣服。"我说："只要把书还我，至于法衣，你要就留下。"他说他要把我的话告诉撒里答。我说："我必须有一封给你父亲的信，那他可以把我的东西都还我。"因为他们当时正准备起程，他就说："一位妃子的斡耳朵紧跟在我们后面。留在那儿，我将叫这儿的这个人把撒里答的回话带给你。"我担心他会不会欺骗我，但我不能跟他拌嘴。他给我指定的人晚上来了，带来两件袍子，我误当做是一整匹没有剪裁过的绸料。他对我说："这儿是两件袍子，撒里答送你一件，另一件，如你认为可以，你就代他送给国王。"我答道："我拿这些衣服没有用，我要把它们都送给国王，以表示对你的君王的尊敬。"他说："别那样，从中选择吧。"现在我乐意把两件都送给你，并且我是通过这些信函的赍送者献上。他还给我一封致科埃克父亲的信函，叫把我的东西都还给我，因为他不要我的东西。

我们就在去年我们离开的那天，即奉举圣十字架节的第二天（9月16日）到达拔都的斡耳朵，我高兴地发现我们的仆人平安无事，但受到贫困之苦，这是哥塞特告诉我的。如果不是亚美尼亚国王极力安慰他们，把他们介绍给撒里答，那他们可能会完蛋，因为他们认为我已经死了，而且鞑靼人已询问他们知不知道怎样放牧牲口，或者挤马奶。如果我不返回，他们要把我的仆人们变成奴隶。

然后，拔都召我去见他，并且把蒙哥汗致你的信函翻译给我听。因为蒙哥曾给他写信说，如果他要补充、删除或改变信的内容，他可以这样做。这时他对我说："把信拿去，理解其中的内容。"他还问我准备走海路或者陆路。我告诉他说，时值冬季，海路不通，所以我只得走陆路。当时我仍然认为你在叙利亚，我就走往波斯的道路。如果我想到你已到了法兰西，我应往匈牙利，可以很快到达法兰西，走这条路要比走叙利亚少受些罪。

在我们能够找到向导前，我们跟他（即拔都）走了大约一个月。最后他们指派了一名畏吾儿，他知道我不会给他东西，因此，尽管我告诉他我要径直前往亚美尼亚，他却弄到领我去见土耳其算端的信函，想得到算端的馈赠，而且经那条路赚更多的钱。

我们在诸圣节前十五天（10 月 17 日），正南往萨莱进发，沿也的里河而下。也的里下游分为三条支流，每条都有达米塔河的两倍大。（该河）余下的一段形成四条小支流，因此我们在七处地方要乘船渡过这条河。在中间那条支流的岸上，有一座叫做苏默尔库尔的城市[104]，它没有城墙，但当河水泛滥时，它被洪水包围。鞑靼人围攻八年才把它占领。其中住着阿兰人和撒剌逊人。我们在那里找到一个日耳曼人和他的妻子。他是个很受尊敬的人，哥塞特曾跟他待在一起，因为撒里答送他到那里去，不让他住在斡耳朵里。大约圣诞节时，在这带地方，拔都驻留在河的一侧，撒里答在另一侧，他们不再往下走。恰好河水全都结冰，于是他们渡过去。这儿有极丰美的牧地，（鞑靼人）在芦苇中住到冰雪融解。

科埃克的父亲接到撒里答的信，把我的法衣，除三件白亚麻袍、一条刺绣的绸头巾、一件袈裟、一条皮带、一块金边的祭坛布和一件白衣外，还给了我。他也把银器，除一个香炉、一个盛圣油的小瓶外，还给了我，后面的几件东西，撒里答的教士留下了。他把书还给了我，但皇后陛下的圣诗没有还，我同意留给他。我不能拒绝给他，因为他说撒里答很喜欢它。他也要求我有机会从那条路返回，带一个懂得造纸的人来。他奉撒里答之命正在该河的西岸修筑一座大教堂和一座新镇子，他说需要有书籍供撒里答使用。然而我知道撒里答不关心这些事。

萨莱和拔都的宫殿在西岸。河的几条支流穿过的山谷，宽有七里格多，河里有大量的鱼。用诗句写成的《圣经》和一束阿拉伯文书籍，价值三十拜占庭钱币，还有其他几件东西，我没有携回。

于是在诸圣节（11 月 1 日）我们离开它（萨莱），一直南行，在圣马丁节（12 月 15 日）到达阿兰人的山区。在拔都和萨莱之间，有十五天我们没有见到人，只见到拔都的一个儿子，带着许多鹰和鹰人在他的前面（南面）。从诸圣节起，我们一连十五天找不到人，有两天我们差点死于饥渴，因为有一整天和一整夜，直到第二天早晨的第三个时辰，我们没有发现一点水。

这些山里的阿兰人仍在反抗（鞑靼人），所以撒里答不得不从每十人中选出两人去把守隘口，免得他们出来盗窃在他们和铁门之间平原上的牲口。铁门离阿兰人有两天路程，阿尔撒斯平原从那里开始。在海和山之间是叫做列斯基的撒剌逊人。（他们住）在山里，也反抗（鞑靼人），因此在阿兰人的山麓，鞑靼人派二十人护送我们过铁门。这使我感到十分高兴，因为我希望看见他们武装起来。我一直没能看到他们的武器，尽管很想看到。当我们来到一条危险的隘道时，二十人中（仅）两人有铠甲。我问他们怎样得到铠甲，他们说他们是从阿兰人那里得到的。阿兰人善于制造这类东西，是优秀的工匠。因此我认为他们除弓箭和皮袍外只有很少别的武器。我看见从波斯给他们运来铁甲、铁帽。我也看见两个去朝见蒙哥的人，披戴着用卷曲硬皮制成的短甲，那很不方便，很笨重。

在我们抵达铁门前，我们来到阿兰人的一座有围墙的寨子（costellum），属于蒙哥汗。他曾征服该国的那部分（地方）[105]。我们在这儿首次看见葡萄树，并且饮到酒。第二天我们来到铁门，它是马其顿人亚历山大所筑。这是一座东端在海岸上的城市，在海和山之间有一小片平原，此城就从平原伸延到西与它连接的山巅；所以，由于山的陡峭，没有更高的道路，海边也没有更低的路，只能直穿过铁门所在的城镇。此城得名于铁门。

此城有一英里多长，山巅有一座坚堡，不过，它的宽度仅一投石远。它有坚固的墙垣，而无壕堑，还有用整齐（politis）的巨石砌成的塔，但鞑靼人把塔尖和胸墙堕毁，使塔和墙垣一般平。此城下面，田野像是乐园。

两天后我们发现另一座叫做沙马龙的城市[106]，其中住着很多犹太人。在经过它时，我们注意到墙垣从山上往下伸延到海边。我们离开靠墙的海边道路，因为它在这儿向东转，然后我们往南上坡。

第二天我们越过一座山谷，在那里看见从一座山亘延至另一座山的墙基。沿着山顶没有道路。这些墙基一度是亚历山大的壁垒，用来阻拦蛮族，也就是荒漠的游牧民，使他们不能进到耕耘的土地和城镇。还有另一些其中住着犹太人的壁垒，但我不能得到有关他们的确切情报。不过，波斯所有的城市中都有许多犹太人。

第二天，我们到达一座叫做沙马格的大城[107]，再下一天，我们进入叫做莫安的辽阔平原[108]，库尔河从中流过，我们称之为格鲁吉亚的谷儿只人由此得名。它从谷儿只首府第比利斯中央穿过，由西往东入于海，而且它产极好的鲑鱼。在这平原上我们又看见鞑靼人。阿拉克斯河也流经这片平原，它来自正西南的大亚美尼亚，从所谓的阿拉拉特邦，即亚美尼亚流来。因此，在《列王纪》中记载说，辛那契利伯的儿子们在他们的父亲被杀后，逃到亚美尼亚的国土，而在《以色亚》中则说他们逃到阿拉拉特[109]。

这片美丽平原以西的地方是格鲁吉亚。花剌子模人常在这片平原上，山麓有一座叫做甘吉的大城[110]，它一直是他们的都城，而且防御谷儿只人下到平原上来。

这样我们抵达一座舟桥，舟是用大铁链连接，在库尔河和阿拉克斯河的汇流处拉过河的。不过阿拉克斯河在这儿失掉它的名字。我们从这个地点继续沿阿拉克斯攀登，关于阿拉克斯有下面的说法——

阿拉克斯河蔑视强者。

我们把波斯留在我们左侧的南面，把甲斯便山和大格鲁吉亚留在右侧的北面，进向西南的非洲。

我们路过拜住的营地。拜住是驻阿拉克斯军队的统帅，他征服了谷儿只人、突厥人和波斯人。波斯的讨来思还有另一个(统帅)，他负责贡赋，他的名字是阿儿浑[111]。蒙哥曾叫他们俩把他们的地方交给正在到达这些邦邑的他的兄弟[112]。我向你描述的这个地方不是波斯本土，而常被称作希尔康尼亚[113]。

我在拜住的屋里，他请我饮酒。他自己喝忽迷思，如他给我的话，我倒愿意喝它。尽管酒是新酿，味道是甜的，但忽迷思却更能使一个饥渴的人满意。

我们从圣克列门特节（11 月 23 日）到四旬斋的第二个礼拜日（2 月 15 日），沿阿拉克斯河而行，直到我们抵达该河的源头。在它所发源的山那边，有一座美丽的城市，叫做阿尔撒鲁姆[114]，它属于土耳其算端。这些地方的北面，幼发拉底河发源于格鲁吉亚的群山足下。我有意去寻找它的发源处，但雪很大，没有人能够离开已踩出来的道路。另一面，在高加索群山之南，是底格里斯河的发源地。

第三十八章 从希尔康尼亚到的黎玻里

我们离开拜住后，我的向导带着我的翻译到讨来思去跟阿儿浑商谈。但拜住却叫我到一座叫做纳希阿的城市去，它曾是一个大国家的都城，并且是一座美丽的大城，但鞑靼人几乎把它变成了一座废墟[115]。其中曾有八十家亚美尼亚教堂，但现在只剩下两座小的，因为撒剌逊人把它们毁掉了。我尽可能在其中一座跟我们的牧师过圣诞节。第二天，教堂的教士死了，一位主教和十二名修士从山里来给他送葬。亚美尼亚的主教都是修士，希腊的主教也多数如此。这位主教告诉我说，那里附近有一座教堂，其中是圣洁的巴托罗姆，还有圣洁的犹达斯·赛德乌斯的殉教处，但道路因积雪而不通行。

他还告诉我说，他们有两个先知：第一个是殉教者麦多第乌斯，他和他们是同族，而且他预言了有关亦思马因人的事，这在撒剌逊中是应验了的。另一个先知是阿康特隆，他在临死时预言射手民族要来自北方，说他们会占领整个东方的国土，同时（上帝）要赦免东方的国家，把西方的国家交给他们。但他说，我们的弟兄们像信奉加特力教的法兰克人，不愿相信他的话。而他们（射手）会占领从北方直到南方的土地，远至康士坦丁堡，并且占领康士坦丁堡的港口。其中一个将被称作圣哲的人，要进入该城，在目睹了教堂和法兰克人的礼拜后，要领受洗礼，他会告诉法兰克人怎样去杀死鞑靼的君王，怎样打败他们。听说这话后，世界中心——即耶路撒冷的法兰克人会在他们领土内攻击鞑靼人，并在我们的民族亚美尼亚人的帮助下追击他们，以致法兰克人的国王要把他的王座安置在波斯的讨来思，然后所有东方人和所有异教徒要归信基督教，地上要出现和平，活人会向死者说："不幸的人哪，真可怜，为什么你们不活到这个时候？"

我在康士坦丁堡读到过上述的预言，那是住在那里的亚美尼亚人传去的，但我没有特别注意它。不过，当我跟主教交谈时，它又生动地浮现在我的脑海里。在整个亚美尼亚，他们把这个预言当做福音一样可信。他们也常对我说："牢狱里的灵魂盼望着基督前来解救他们，所以我们盼望你们前来把我们从这长期的奴役中解放出来。"

此城附近是他们所说的诺亚方舟所在的山岭。那里有两座山，一座比另一座大，阿拉克斯河从山脚流过，那里有叫做克玛努姆的城市[116]，译义是"八"。他们说，这样称呼是因为从方舟中出来八个人。他们是在大山头上制作方舟的。很多人试图攀登它，但谁都办不到。这位主教告诉我说，曾经有一个修士很想（攀登它），但一位天使向他显现，拿着一片方舟的木块，叫他别再尝试。他们告诉我说，他们把这片木块放在他的教堂里。我看这座山不很高，不致于不能攀登。有个老头对于为什么不应当攀登它作了很好的解释。他们把这座山叫做马塞斯，在他们的语言中它是个阴性词。他说："人们不应攀登马塞斯，它是世界之母。"

在那座（纳希阿）城，属于教友传教团的卡塔隆纳的伯纳僧侣发现了我。他曾和圣墓的一个修道院院长在格鲁吉亚居留，院长在那里拥有大量土地。他学了点鞑靼语，和匈牙利的一个修道士往见在讨来思的阿儿浑，要求让他们去会见撒里答。当他们到达那里时，他们被拒绝进入，于是匈牙利修道士带着一名仆人取道第比利斯返回，而伯纳修士却和一个日耳曼世俗兄弟留在讨来思。他不懂得这个世俗兄弟的语言。

我们在主显节第八日（1月13日）才离开这座（纳希阿）城，因为降雪，我们在那里长期停留。在四天中，我们到达一度是最强大的谷儿只王撒寒沙的国土，但现在它臣属于鞑靼人。鞑靼人摧毁了它所有的设防地方。他的父亲名叫扎哈列思，得到这个亚美尼亚人的国土，把他们从撒剌逊人手中解救出来。那里有极美的村落，像法国一样都是基督徒，并且有教堂。每个亚美尼亚人家里最体面的地方，都有一只拿着十字架的木手，而且在它前面摆着一盏点燃的灯。我们用圣水驱逐邪魔，他们则用香驱邪。每天晚上他们都点香，拿着它在屋里各个角落走一遭，把各种妖魔赶走。

我和这个撒寒沙共同进餐，他待我很客气，他的妻子和儿子也一样。他儿子叫扎哈列思，是个极精明的好青年。他问我说，如果他去见你，你是否会收纳他，因为他承受鞑靼的统治是那样沉重，以致尽管他各种财物丰足，他仍然愿意在异乡流浪，不愿忍受他们的统治。而且，他们告诉我说，他们是罗马教廷的子民，如果教皇陛下给他们以援助，他们愿意自己把所有邻近的国土归属于教廷。

离开那座（纳希阿?）城，我在十五天内，于四旬斋节第（二个）礼拜天（2月15日）进入土耳其算端的国家，我们看到的第一座城市是马尔森根[117]。城里的人都是基督徒：亚美尼亚人、谷儿只人和希腊人。撒剌逊人仅有统治权。城守说他奉命不得供应任何法兰克人或亚美尼亚、瓦斯塔丘斯的使臣，所以从四旬斋节第（二个）礼拜天到达该地起，一路到塞浦路斯，我们都必须购买食物。我是在施洗者圣约翰节（6月16日）到达塞浦路斯的。给我们当向导的人给我们弄到马匹。他也接受金钱去给我们买粮食，但他把钱放进他的腰包。我们到达一块田地，看见一群羊，他就强行抢走一头羊，给他的从人吃。因为我不吃他盗窃来的东西，他十分惊讶。

在洁身（节）（2月2日），我来到一座叫艾尼的城市[118]，它属于撒寒沙，地势雄壮，其中有一千座亚美尼亚人的教堂，两座撒剌逊礼拜寺。鞑靼人在其中派有一个镇守官。五名传教的修道士在那里发现了我。其中四个来自法兰西省，第五个是在叙利亚参加他们的。他们只有一个衰弱的仆人，懂得土耳其语和一点法语，并且他们携有教皇陛下致撒里答、蒙哥汗和不里的信函，像你给我的一样，请求让他们在他的国土内居留，宣讲上帝的旨意，等等。当我把我的见闻以及他们接待我的情况告诉他们时，他们遂取道赴第比利斯，那里有他们的几个教友，好共同商量该怎样做。我告诉他们说：靠这些信的力量，如果他们愿意，他们可以通行，但他们必须要有充分的耐心，还要有理由到这儿来，因为，若无其他使命，只是传教，那鞑靼人会对他们缺乏礼节，若他们无翻译，那更是如此。后来他们怎样做，我可不知道了。

在四旬斋节的第二个礼拜天（2 月 15 日），我们来到阿拉克斯河源，翻过一座山后，我们到达幼发拉底河，沿河下行八天，一直西行，直抵一座叫做卡马斯的城堡[119]。幼发拉底在这里向南转向阿勒坡。我们渡过河，继续西行，穿过高山和积雪。那一年当地发生地震，以致在一座叫做阿尔森根的城市中[120]，已知名字的死者有一万人，尚不算穷人，没有记录下他们死亡的数字。我们骑行三天期间，看见地里有条裂缝，好像是在震动时裂开的，还有从山上滚下来，填塞沟谷的大量泥土。大地稍有震动，以色亚所说的话就彻底实现了："条条山谷都被填平，座座山峰将被夷为平川。"[121]

我们越过土耳其算端被鞑靼人打败的山谷。要叙述他是怎样被打败的，花时间太多，但我的向导有个仆人，曾和鞑靼人参加（此战），说鞑靼人总共不超过一万人；而算端的一个谷儿只奴隶说，算端有二十万人，都是骑兵[122]。发生战争和算端溃败的那块平地上，地震中冒出一个湖来。我自言自语说，那整个国家都张开了它的嘴，喝撒剌逊人的血呢。

我们在圣礼拜周到达小亚美尼亚的塞巴斯特[123]。我们访问了四十名殉教士的教堂。该地有圣布莱斯的教堂，但我不能到那里去，因为它在城砦内。复活节第八天（4 月 4 日）我们来到卡帕多西亚的凯撒利亚[124]，那里有圣巴西尔王的一所教堂。第十五天（4月19日）后，我们到达伊康尼翁[125]，每天旅经短途驿站，在很多地方停驻，因为我们不能很快得到马匹。而我的向导是有意这样做，他要在每个城市停留三天。我对这点很感不安，但我不敢说话，因为他能够把我或我们的仆人卖掉或杀掉，那没有人会说个不字。我在伊康尼翁发现几个法兰克人，还有一个来自阿康的热那亚商人，名叫尼古拉，生于桑托希罗，及他的同伙，叫做伯涅法蒂乌斯·德·摩伦第诺的威尼斯人，他们垄断了所有土耳其的明矾，以致算端除他们两人外，不把明矾卖给别的人，而他们用高价转售明矾，原来售十五个拜占庭钱币的，竟售价五十。

我的向导把我引荐给算端。算端说他乐于送我到亚美尼亚海，即西利西亚海。但这个商人（尼古拉）知道撒剌逊人不会照顾我，我也对我向导的做伴无比厌恶，他天天为讨东西而折磨我，所以商人就把我送到库尔塔——亚美尼亚国王的一个港口[126]。我于升天节前一天（5月5日）到这儿，停留到降临节后一天（5月17日）。这时我听说（亚美尼亚的）国王派给他父亲的使者已到来，所以我把我的行李放在一艘驶往阿康的船上，我自己则马上去见国王的父亲，了解一下他是否得到他儿子的消息。我发现他和他的儿子们都在阿息思[127]，只有一个正在修筑城堡的叫做巴隆纳辛的儿子除外。他从他儿子派遣的使臣那里得到消息（说），他儿子正在返回，蒙哥汗已大大削减了他交纳的贡赋，而且特许他禁止使臣进入他的国家。为此，这个老人和他的儿子们举行盛大的宴会。他把我送到海边，一个叫阿雅思的港口[128]，从那里我渡海到塞浦路斯，在尼科西亚我找到你的主教，他在同天把我带到安提俄克，此城破烂不堪。我们在那里待到使徒彼得知保罗节（6月29日）。从安提俄克我们来到的黎玻里，于圣母升天节（6月15日）在那里举行牧师会。主教命我留在阿康，不许我去见你，叫我把要说的话写下来，交这封信函的赍送者转呈给你。不敢违背我作的服从誓言，我尽量写下这些内容。同时我请求你仁慈地对过头或不足的叙述，不恰当或可笑的地方，予以宽容，因为这些是出自一个低能者之手，他不习惯撰写如此的长信。

愿神妙莫测的上帝的和平，永存于你的心胸。

我乐于见到你和在你国土内的各个朋友。因此，如果陛下不嫌恶的话，我愿请求你给主教写信，允许我去见你，不久返回圣地。

你须知道，土耳其十有九个都不是撒剌逊，几乎都是亚美尼亚人和希腊人，而（该国）是由孩童管治。因为上述的被鞑靼人打败的算端娶了个合法的妻子，一个锡伯利妇人，她给他生了个体弱的儿子，算端命他（继位）为算端。一个希腊妃子给他生了另一个儿子，他后来把此妃下嫁给一个有权力的异密。他还有一个由突厥妃子生的儿子。许多突厥人和突厥蛮人跟这个儿子共谋杀死基督（妃子）生的儿子。我听说，他们安排在取得胜利后要把所有教堂平毁，把不愿成为撒剌逊的人都杀死。不过他们被挫败了，他的很多部属被杀。第二次他纠集一支军队，但这次他被俘获，仍在缧绁中。希腊妃子的儿子帕卡斯特跟他的异母兄弟商量让他当算端，因为后者娇弱，而且他们把他送给鞑靼人。这引起他母亲也就是锡伯利即格鲁吉亚妃子那方面亲属的愤怒。因此在土耳其，正是这个没有钱财的孩子在统治，只有很少的军队和很多敌人。瓦斯塔丘斯之子是体弱的，而且跟阿散之子在打仗，后者也是一个年轻人，受鞑靼人统治。所以，如果教会的军队来到圣地，那会轻易地征服或者通过这些国家。匈牙利国王有至多不超过三万人的士兵。从科隆到康士坦丁堡乘车不过四十天的旅程。从康士坦丁堡到亚美尼亚国王的地方要不了多少天。在过去，勇敢的人通过这些国家而且取得成功，尽管他们有极强大的敌手，现在上帝已把这些敌人从地面上扫除。（如果我们走这条路）我们也不会再去冒海上的危险，或者受水手的摆布，而供给船只的费用，足够（整个）陆路旅行之用。我有信心地这样说，如果你的农夫，且不说王公和贵人，像鞑靼王公那样旅行，满足于同样的粮食，那他们能够征服全世界。

我认为再把教友派到鞑靼去，像我去或者像布道修士那样去，是不合适的。但如基督徒的首领教皇陛下想隆重地派一位主教去，回答他们三次写给法兰克人的愚蠢话（一次写给已故教皇英诺森四世，另两次写给你。一次由曾欺骗你的大卫赍送，现在则由我赍送），那他可以把他想说的话告诉他们，使他们作书回答。他们倾听使臣要说的话，而且总是询问还有什么要说的。但使臣必须要有一个好翻译，最好几个，还要有充足的旅费，等等。

注　释

〔1〕见《旧约圣经》。文字有出入，可能鲁布鲁克是凭记忆引用。（原注）

〔2〕滂沱斯（Pontus 或 Pontus Euxinus），经典作家用来指黑海。早期伊斯兰教作家如马素提和爱德利奚也使用此名。（原注）

〔3〕辛诺玻里斯（Sinopolis）即锡诺帕（Sinope）。（原注）

〔4〕可萨利亚（Gazaria）指克里米亚地方。八世纪时，可萨人占领克里米亚，作为他们从高加索北伸延到顿河的国土的一部分。可萨是突厥人种。（原注）

关于可萨（Gazar、Khazar）突厥人，见杜环《经行记》和《新唐书·大食传》。（中译者注）

〔5〕格鲁吉亚（Georgia），在《元史·曷思麦里传》中作谷儿只。鲁布鲁克在其他地方写作 Curgia。（中译者注）

〔6〕克尔松纳（Kersona）即塞瓦斯托波尔（Sevastopol）城。（原注）

〔7〕索尔对亚（Soldaia）即今之苏达克（Sudak）。（原注）

〔8〕罗斯，原文写作 Roscia，又作 Ruscia。《元秘史》作斡鲁思，《元史》作斡罗思、阿罗思、斡罗斯、兀罗思，等。今俄罗斯。（中译者注）

〔9〕马特里卡（Matrica）也拼作 Matracha、Matica 及 Matrega。它位于塔曼（Taman）半岛克尔齐（Kertch）峡附近，库班（Kuban）河上。（原注）

〔10〕塔赖思（Tauais）即顿河（Don）。（原注）

〔11〕柴库亚（Zikuia）可能是希腊史家斯特拉波（Strabo）提到的 Zygi、Zygoi 或 Zygioi 等，一支居住在里海和黑海之间的民族。他还提到一支叫

Siginnoi 的民族，居住在高加索附近，可能在它以北的平原上。(原注)

〔12〕苏埃甫（Suevi）是普林尼（Pliny）的 Suanians 和斯特拉波的 Soanes。他们是一支卡忒威里（Karthwelian）人种，仍占据西高加索的地方。(原注)

〔12〕这是个错误。特列比松的安德罗尼科·基托（Andronikos Ghidos）帝仅统治到 1235 年。从 1238 到 1263 年登位的是曼奴埃尔一世（Manuel I），绰号是“大船长”，他在 1244 年后臣服于蒙古人。(原注)

〔13〕瓦斯塔丘斯（Vastacius）是约翰·杜加斯·瓦特兹（John Ducas Vataces），即约翰三世。他是尼撒埃（Nicea）的希腊皇帝，从 1222 年统治到 1255 年。他继承了他丈人塞阿多列·拉斯卡里（Theodore Lascaris）帝的王位，而他的妻子给他生有一子，也叫做塞阿多列·拉斯卡里，即本书之阿思卡尔（Ascar）。见吉朋《罗马帝国衰亡史》第七卷。(原注)

〔14〕弗拉吉亚（Blakia）即塞萨利（Thessaly）的 Vlachs 或 Vallachians，今天希腊人仍这样称呼。(原注)

塞萨利即塞萨利亚（Thessalia），指希腊中部地区。(中译者注)

〔15〕或应作“阿散朝（Asanides）的国家。”这个不里阿—瓦伦支（Bulgo-Vallachian）国是在十二世纪后期由三兄弟阿散（Asan 或 Yusan）、彼得（Peter）和约翰（John）创立的。阿散首先在 1186 年登位，1196 年死后由彼得继承。彼得不久为约翰谋杀和继承。第一个阿散之后有好几个君王也叫阿散，但从 1246 年统治到 1277 的君王叫做米开勒（Micnel）。(原注)

〔16〕撒里答（Sartach）是拔都之子。(原注)

《元史·宗室世系表》误作术赤之子，即拔都之弟。(中译者注)

〔17〕哈莫·德依（Homo Dei）译意是“上帝的仆人”，它很可能是阿拉伯语 Abdullah“真主的奴仆”的译义，一个伊斯兰教徒。(原注)

〔18〕关于库蛮（Coman），可参看冯承钧译伯希和《库蛮》一文。见《西域南海史地考证译丛》二编。(中译者注)

〔19〕叶帕尔拍拉（yperpera），拜占庭钱币。(原注)

〔20〕西徐亚（Cithia，Scythia），据鲁布鲁克常引用的希腊地理学家伊西多鲁斯说，是指从印度亘延到日耳曼和多瑙河的土地。但后来这个地名所指的范围要小，即从东面的赛里斯（Seric）海（中国海）西到里海、南至高加索的地方。(原注)

《魏书·本纪》和《周书·异域传》之粟特应为其对音。(中译者注)

〔21〕禹儿惕（yurt）即营帐。(中译者注)

〔22〕忽迷思（cosmos），志费尼《世界征服者史》拼作 qumis，即马奶、

马奶子。（中译者注）

〔23〕志费尼说：“他们（蒙古人）穿的是狗皮和鼠皮，吃的是这些动物的肉和其他死去的东西。”（《世界征服者史》中译本第23页）和鲁布鲁克的说法相似。（中译者注）

〔24〕开普塔尔格克（captargac）即袋囊。（原注）

〔25〕耶律楚材有《寄贾搏霄乞马乳》诗，其中说：“天马西来酿玉浆，革囊倾处酒微香……浅白痛思琼液冷，微甘酷爱蔗浆凉”，说明马奶的味道是不错的，所以鲁布鲁克也爱喝它。又，廼贤咏《塞上五曲》有“马乳新挏玉满瓶”之句，“挏”指搅拌马奶的动作，即鲁布鲁克所描写的制作马奶酒的过程。关于马奶的制作，可参看《黑鞑事略》。（中译者注）

〔26〕即黑马奶。按《元史·土土哈传》载，“（班都察）尝侍（忽必烈）左右，掌尚方马畜，岁时挏马乳以进，色清而味美，号黑马乳，因目其属曰哈剌赤。”（中译者注）

〔27〕格鲁特（gruit），凝乳，即乳酪。（中译者注）

〔28〕索古尔（Sogur），突厥语为Sour，是一般对土拨鼠的称呼。（原注）

〔29〕阿卡里（Arcali），在后面正确拼为culan（khulan），这是这种动物的蒙古名字。（原注）

即蒙古野驴。参看《海屯行纪》。（中译者注）

〔30〕摩撒尔（Moxel），俄罗斯的一支民族。（原注）

〔31〕帕斯卡蒂尔（Pascatir），即Bashkird，志费尼作Bashghird，《元秘史》作巴只吉惕。（中译者注）

〔32〕波克（Bocca），蒙语之boghtagh，汉译作顾姑，著名的蒙古头饰。（中译者注）

〔33〕这个风俗，志费尼和拉施特均有述及。据《元史·文宗本纪》所载：“敕：诸人非其本俗，敢有弟收其嫂、子收庶母者，坐罪”，大概它也传到了汉族地区，所以元朝不得不下令禁止。又据《元史·乌古孙良桢传》载：“又以国俗父死则妻其从母，兄弟死则收其妻，父母死无忧制，遂言：‘纲常皆出于天而不可变，议法之吏，乃言国人不拘此例，诸国人各从本俗。是汉、南人当守纲常，国人、诸国人不必守纲常也。名曰优之，实则陷之，外若尊之，内实侮之，推其本心所以待国人者，不若汉、南人之厚也……。”所谓“国俗”，指蒙古风俗，而乌古孙良桢企图改革这种陋俗。《元史·列女传》谈到一个有关的事例：雍吉剌氏脱脱尼之夫哈剌不花死，前妻遗留两子都欲娶庶母脱脱尼为妻，但遭到脱脱尼的拒绝。志费尼还提到畏吾儿地区有这种风俗。（中译者注）

〔34〕拉施特《史集》说长室中的幼子有继承父亲斡耳朵的权利。（中译者注）

〔35〕这个名字写法各异：Scatai，Scatay，Scatatai，Scatatay，及 Scatanay。它可能是嘉宾的 Cadan，Cartan 或 Catan，他的妻子是拔都之姐妹。（原注）

〔36〕吉尔吉斯的普通饮料，用煮沸的奶和水制成，并使之变酸。它称之为 airan。（原注）

当即《元史·百官志》中提到的爱兰乳酪。（中译者注）

〔37〕阿兰（Alan）人又称作阿速（As），元代有阿速卫。（中译者注）

〔38〕当即帕列科普地峡（Isthmus of Perekop）（原注）

〔39〕塔赖思海指亚速夫（Azov）海。（原注）

〔40〕梅阿泰德（Meotides），指顿河所发源的土拉（Tula）伊万湖（Ivan Lake）一带的地方。鲁布鲁克是自从希罗多德以来头一个正确指出顿河来源的旅行家。（原注）

〔41〕铁门即打耳班。（中译者注）

〔42〕驿站（Jamiam），在另一处正确拼作 Iam，即 Jam，马可波罗写作 Yamb，实际是汉语的“站”，不是人名。管理驿站的人叫做站赤。（中译者注）

〔43〕古罕（Con Cham），这里指哈剌契丹即西辽的古儿罕（或菊儿罕）。Cham 即 Khan“罕”、“汗”的异写。鲁布鲁克把这个词跟 Sham（珊蛮）弄混了。有关的记载，鲁布鲁克是得自传闻，有不准确的地方。（中译者注）

〔44〕这里指克烈部的汪罕（Unc），但马可波罗把长老约翰说成就汪罕。（中译者注）

〔45〕蔑儿乞（Merkit）不是汪罕的一族，这里鲁布鲁克有误。（中译者注）

〔46〕这里指塔塔儿部。（中译者注）

〔47〕成吉思一名在不同抄本中写法不同：Chingis，Cyngis，及 Cingis。他本名铁木真（Temujin），来源于 Temur，义为“铁”，这大概是鲁布鲁克称他为“铁匠”的原因。（中译者注）

〔48〕指唆鲁和帖尼别吉。她实际是汪罕的兄弟札阿绀卜之女。《元史》中常单称她为“别吉”，义为“后妃”。她信仰聂思脱思基督教。（中译者注）

〔49〕斡难怯绿连（Onankerule），即鄂嫩、克鲁伦两河流域。（原注）

〔50〕Pulsant tabulam，用绳索挂着的铁板或铁条。希腊人和东方的基督徒在教堂做礼拜时敲它，用来代替钟。（原注）

〔51〕失儿珊海（Mare Sirsan），可能为 Mare Servanicum 即 Sea of Shirwan

"失儿湾海"的讹误，指里海。(原注)

〔52〕没里奚（Mulihec）即阿拉伯语之Mulahidah，义为"异端"，指伊斯兰中的一个教派，被正统派视为异端。(中译者注)

〔53〕康里（Cangle），突厥族的一支。(中译者注)

〔54〕所有抄本均作Policarp，这无疑是指柏朗嘉宾的约翰。(原注)

〔55〕扎牙黑（Jagac）河即乌拉尔河。(原注)

〔56〕艾拉克为Illac，弗拉克为Blac。(中译者注)

〔57〕金察特（Kinchat）在塔拉斯河谷中。(原注)

〔58〕塔拉斯（Talas），今中亚的江布尔，在塔拉斯河岸。(中译者注)

〔59〕不里（Buri）为察合台之孙，他参加过蒙古军的欧洲远征，俘回一些日耳曼奴隶。(中译者注)

〔60〕据《元秘史》所载，不里和拔都早在远征钦察时发生过争吵。拔都支持蒙哥夺取政权后，不里被处死。(中译者注)

〔61〕孛罗（Bolat）城，据布列资须奈德说当在博尔塔拉河谷，但更可能在赛里木湖东北或正东。(中译者注)

〔62〕鲁布鲁克的叙述是生动的。拔都推立蒙哥，所以受到后者的礼敬。(中译者注)

〔63〕可能是伊犁河。(原注)

〔64〕额乞乌思（Equius）的确实位置，说法有分歧。参看米诺尔斯基译波斯匿名著家的《霍杜德》(世界疆域志）第277页。(中译者注)

〔65〕海押立（Cailac）在今科帕尔以西不远。(原注)

〔66〕如玉尔所指出，斡尔干努（Organum）实际是察合台汗国继承人合剌旭烈的寡妻之名，其夫死后监摄国政。(原注)

〔67〕Organiste在中世纪拉丁语、法兰西语和希腊语中意思是音乐家或弹弄乐器的人。(原注)

〔68〕英译者柔克义认为这是不可靠的，"因为我没有发现有史料说成吉思汗把女儿下嫁给畏吾儿王子。"其实，在《元史·巴而术阿而忒的斤传》就记载说："（成吉思汗）使尚公主也立安敦"，志费尼也有类似的记载。因此，鲁布鲁克的说法是真实的。(中译者注)

〔69〕指牦牛。(原注)

〔70〕隆合（Longa）和肃良合（Solanga）是中世纪伊斯兰教作家的Churches和Sulangka。这两支民族的国土构成蒙古帝国十二行省之一。Churches是中国人称为的女真（Nu-chen），但我们得知，他们自称为Lu-chen或Lu-chih。这可能是鲁布鲁克Longa的来源。Solanga之名仍由满洲的Solons

人保存下来。隆合和肃良合的国土可能包括满洲的北部和东部，甚至朝鲜北部。(原注)

〔71〕莫克（Muc），不详所指。(中译者注)

〔72〕柯思莫（cosmos）是银锭的重量。(原注)

〔73〕西安，原文作 Segin，一般认为其对音是西安，但也可能读作西京，也指西安而言。但金代的西京指大同，元代改西京为大同路。因此这里也可能指大同而言。山西在元代有很多聂思脱里基督徒。(中译者注)

〔74〕这个海或湖当指阿拉湖（Alakul)。(原注)

〔75〕这个在东南的湖应为艾比湖（Ebi nor)。(原注)

〔76〕这里错误地把乃蛮（Naiman）人说成是长老约翰的臣属。乃蛮人的君主是太阳汗，为成吉思汗所杀，其子屈出律逃奔西辽，即哈剌契丹，后来也被成吉思汗派哲别率兵捕杀。一般认为长老约翰是克烈君主汪罕。（中译者注)

〔77〕贵由之死因，无论是波斯史家志费尼、拉施特，还是《元史》等书，均无记载。《元史·定宗本纪》仅说他西巡时死于一个叫横相乙儿之地。从蒙古宫廷斗争看，贵由和拔都早在远征钦察草原时已发生争执，积怨很深。贵由即位后不久突然西巡，其目的也是为图谋拔都，所以，贵由是被拔都投毒而死，或者被拔都遣人刺杀，二者都是可能的。鲁布鲁克在这里保留了几乎是唯一的可贵记载。至于司提堪（Stican)，他显然就是拔都之弟昔班（Siban、Shiban)，但据拉施特《史集》所记，昔班在贵由死后拔都推选蒙哥时仍然活着。因此这里存在着一些疑问有待解决。(中译者注)

〔78〕失烈门（Siremon）实际是贵由弟阔出之子。(中译者注)

〔79〕按照蒙古的法律，犯罪诸王并不马上被处死，更多的遭到流放。因此，据志费尼、拉施特、《元史》等的记载，失烈门、忽察和脑忽（贵由子）都没有被处死，鲁布鲁克所述有误。(中译者注)

〔80〕原名是 Paquette。如下所说，在蒙古宫廷中有许多被俘的欧洲人。(中译者注)

〔81〕关于威廉·布昔尔（William Buchier)，可参看 Olschki：Guillaume Boucher：A French Artist at the Court of the Khans，Baltimore，Johns Hopkins Press，1946。(中译者注)

〔82〕这是在叙利亚的西亦思马因人的君王谢赫（Sheik)。(中译者注)

〔83〕奥托（Oto）即图斯库隆（Tusculum）的大主教 Odon，他在法国宣传十字军圣战，并且作为教皇使节陪同圣路易士赴耶路撒冷。(原注)

〔84〕此处叙述含混，但指的是法兰西国王圣路易士于1249 年在曼苏拉被

玛麦鲁克所败和俘虏的事。摩莱士（Moles）应为圣路易士，但不知塞阿多鲁士为什么要创造这个名字。（原注）

〔85〕即响箭，汉语的鸣镝。（中译者注）

〔86〕汉语的牌子。（中译者注）

〔87〕忽都台哈敦（Cotota Caten）显然就是《元史·后妃表》及《后妃传》的忽都台皇后，弘吉剌氏。（中译者注）

〔88〕班秃（Baltu），据《元史·宗室世系表》称他是宪宗（蒙哥）的长子。（中译者注）

〔89〕布鲁该（Bulgai）是聂思脱里基督徒，有关他的事迹，可参看冯承钧译伯希和《唐元时代中亚及东亚之基督教徒》（《西域南海史地考证译丛》一编）。他是志费尼的Bulghai，《元史》中的孛鲁合、不鲁花、孛鲁欢，怯烈氏。据《元史·也先不花传》的记载说，他和忙哥撒儿拥立蒙哥登基，因此得掌政柄。后来又因支持阿里不哥，事败被忽必烈诛杀。（中译者注）

〔90〕阔台（Cota）之名不见于《元史·后妃表》，但她可能是拉施特《史集》中蒙哥的妃子Küiteni，她生下阿速台（Asutai）。（中译者注）

〔91〕即昔林纳。据拉施特《史集》载，蒙哥的第二个长妻是斡兀立火迷失（Oghul-Qomish），斡亦剌族人，她生有两女，长女叫Shirin，显即昔林纳。（中译者注）

〔92〕“水蒙古”之名也出现在志费尼的《世界征服者史》中，它大约相当于《元史》中的水达达。（中译者注）

〔93〕索林努斯（Solinus）是古代的一位地理学家，大约写作于公元200年。他的作品大多取材于普林尼和梅拉。其他不详。（中译者注）

〔94〕类似的故事见于中国典籍。张星烺称见于《文献通考》及《酉阳杂俎》。见《中西交通史料汇篇》第二册。（中译者注）

〔95〕当为阿里不哥，所谓的聂思脱里教徒，应为布鲁该。（中译者注）

〔96〕据拉施特《史集》所载，拖雷有十子，《元史》载有十一子。同母的有蒙哥、忽必烈、旭烈兀和阿里不哥。（中译者注）

〔97〕奉命西征的是旭烈兀，随他前往的有蒙哥的异母兄弟雪别台，但他死于征途。鲁布鲁克的记述不够准确。又按志费尼所记，蒙哥有诏不许饶过一个哈杀辛人，与鲁布鲁克的记述相同。（中译者注）

〔98〕指忽必烈的南伐。（中译者注）

〔99〕志费尼的说法相同。（中译者注）

〔100〕或指拨绰，《元秘史》的不者克，他曾参加远征匈牙利之战。（中译者注）

〔101〕可能指前面提到的英国人巴昔尔。(原注)

〔102〕铁木真（Demugin）即 Temüjin，来源于 temür，意思是“铁”，所以 Temüjin 意为“铁匠”。但是，据《元秘史》《元史》、拉施特《史集》等书所载，成吉思汗出世时，他的父亲俘回一个塔塔儿部长，叫铁木真兀格，并以此称呼其子。(中译者注)

〔103〕海迷失（Camus），全名是斡兀立海迷失。(中译者注)

〔104〕苏默尔库尔（Summerkeur），有的抄本写作 Summerkent，玉尔认为它可能是 Sittarkent，裴哥罗梯的 Gintarchan 或 Gittarchan 的讹语，古代的阿斯特拉罕（Astrahan)。但早期回教作家对可萨人都城也的里（Itil、Atel）城的位置及情况的描写，与鲁布鲁克对苏默尔库尔的描写，十分相似，因此我倾向于认为二者是同一地方。Summerkeur 一名也可能是 Sacassin 的讹误，巴库回教作家阿不都拉施特（Abdelrashid）用来指也的里城。鲁布鲁克在赴萨莱途中经过此城，因此玉尔考证它是古阿斯特拉罕，看来是不能接受的。(原注)

〔105〕这是个有趣的记载。据《元史·定宗本纪》：“（贵由）又从诸王拔都西征，次阿速境，攻围木栅山寨，以三十余人与战，帝及宪宗（蒙哥）与焉，”看来鲁布鲁克记述的正是这次战役，为蒙哥攻占的大概就归蒙哥所有。(中译者注)

〔106〕沙马龙（Samaron）的确切位置不知道。它必定在里海的贝什巴尔马克（Beshbarmak）以北不远。(原注)

〔107〕沙马格（Samag）即沙马起（Shamakhi、Shamaka）城。它一度是失儿湾（Shirwan）的首镇。(原注)

〔108〕莫安（Moan）即莫干（Mogan）平原，它仍然是阿腊斯（Aras）和库拉（Kura）两河之间平原的名字。(原注)

〔109〕《列王纪》和《以色亚》都是《圣经》中的篇章。(原注)

〔110〕甘吉（Ganges）或为 Gansh、Gendje，今依利沙白特波尔（Elisabethpol）城。(原注)

〔111〕阿儿浑（Argun）是后来蒙古统治者派驻波斯诸省的长官。译名见《元史》。(中译者注)

〔112〕即旭烈兀。(中译者注)

〔113〕希尔康尼亚（Hircania）是古希腊地理学家伊西多鲁斯使用的名字。伊西多鲁斯的希尔康尼亚指东为里海、南为亚美尼亚、北为阿勒班尼、西为艾比利亚之间的土地。拖烈美所指的范围较广。(原注)

〔114〕阿尔撒鲁姆（Aarserum）即额尔哲鲁姆（Erzerum)。(原注)

〔115〕纳希阿（Naxua）或即纳希契丹（Nadjivan)。(原注)

〔116〕各抄本写法不同：Cemanium、Cemaurum 及 Cemanum。（原注）

〔117〕马尔森根（Marsengen）即今天的麦德森吉尔特（Medshingert）。（原注）

〔118〕艾尼（Ani）从 961 年到 1045 年是亚美尼亚的首都。（原注）

〔119〕卡马斯（Camath）可能为今天的卡马赫（Kamakh）。（中译者注）

〔120〕阿尔森根（Arsengen）即今之额尔津占（Erzinghian）。（原注）

〔121〕见《圣经》。（原注）

〔122〕此战的时间是在 1243 或 1244。蒙古军的统帅是拜住，算端是盖雅速丁·凯科斯累二世（Ghaiatheeddin Keikosrew Ⅱ）。（原注）

〔123〕1255 年的棕树主日是在 3 月 21 日，复活节是在 28 日。塞巴斯特（Sebaste）即今天的瑟瓦斯（Sivas）。（原注）

棕树主日指复活节前的礼拜日，欢迎基督在受难前入耶路撒冷的纪念日，这就是“圣礼拜周”。（中译者注）

〔124〕凯撒利亚（Caesarea）是罗马帝国兴建的古城，濒临地中海。（中译者注）

〔125〕伊康尼翁（Yconium，Iconium）即今之科尼亚（Konieh，Konya）。（原注）

〔126〕库尔塔（Curta）是经典作家的 Corycus。（原注）库尔塔在梅尔辛（Melsin）之西。（中译者注）

〔127〕阿息思（Assis）即小亚美尼亚首都息思（Sis）。（原注）

〔128〕阿雅思（Ayax）或即马可波罗的拉雅思（Layas），当时的一个港口，今仅为一小村。（原注）

译名对照

Aarserum(Arserum)	阿尔撒鲁姆
Aas(As)	阿速
Acatron	阿康特隆
Acon	阿康
Aini	艾尼
aira	爱兰(乳酪)
Alan	阿兰
Albania	阿勒班尼
Andrew	安德烈
Antioch	安提俄克
Arabuccha	阿里不哥
Ararat	阿拉拉特
Araxes	阿拉克斯
Arcace	阿尔撒斯
arcali	阿卡里(即 culam)
Argun	阿儿浑
Arsengen	阿尔森根
Assan	阿散
Assis	阿息思
Auax	阿雅思

Axasin	阿杀辛
Baachu(Bachu)	拜住
Baatu(Batu)	拔都
bal	布勒(一种蜜汁)
Baldach	报达
Baldwin	巴德文
Baltu	班秃
Bartholomew	巴托罗姆
Barunusin	巴隆纳辛
Basil	巴西尔
Belevile	贝勒维尔
Belgrade	贝尔格莱德
Benefatius de Molendino	伯涅法蒂乌斯·德·莫伦第诺
Berka	别儿哥
Bernard	伯纳
Blac	弗拉克
Blakia	弗拉吉亚
bocca	波克(顾姑)
Bolat	孛罗
Bulgai	不鲁该
Bulgaria	不里阿耳
Buri	不里
Cailac	海押立
Camath	卡马斯
Camus	海迷失
Cangle	康里
Capadocia	卡帕多西亚
Capchat	钦察
Captargac	开普塔尔格克(一种袋囊)
Caracatay	哈剌契丹

caracosmos	哈剌忽迷思(黑马奶)
Cassaria	卡萨利亚
Cataia(Catay)	契丹
Caule	高丽
Cemanum	克玛努姆
Cesarea	凯撒利亚
Cherine	同 Cirina
Chingis	成吉思
Cirina	昔林纳
Cithia	西徐亚(粟特)
Coiac	科埃克
Cologne	科隆
Coman	库蛮
Con chan	古罕
cosmo	柯思莫(一种钱币)
cosmos	忽迷思(马奶)
Costantinople	康士坦丁堡
Cota	阔台
Cotota Catan	忽都台哈敦
Crac	克拉齐
Crit	克烈
Crosminian	花剌子模
culam	忽兰(一种驴子)
Cur	库尔河
Curges	谷儿只
Curta	库尔塔
Damascus	大马士革
Damietta	达米塔
Danube	多瑙河
David	大卫

Demugin	铁木真
Equius	额乞乌思
Etilia	也的里(伏尔加河)
Eufrates	幼发拉底
France	法兰西
Frank	法兰克
Ganges	甘吉
Gazaria	可萨利亚
Gosset	哥塞特
Goth	哥特
gruit	格鲁特(乳酪)
Guido	基托
Hacsasin	哈杀辛(刺客),同 Axasin
Hermenia	亚美尼亚
Hiberi	锡伯利
Hircania	希尔康尼亚
Hyberia	锡伯利亚,同 Hiberi
Homo Dei	哈莫·德依
Halapia	阿勒坡(即 Aleppo)
Hun	匈奴
iam	驿站(即 yam)
iascot	艾索特(一种钱币)
Iberia	同 Hyberia
Illac	艾拉克
Innocent the fourth	英诺森四世(教皇)
Iron Gate	铁门(打耳班)
Isidorus	伊西多鲁斯
Iugur	畏吾儿
iurt	禹儿惕(同 yurt)
Jagac	扎牙黑(乌拉尔河)

Jamiam	驿站官员
John de Beaumont	约翰·德·布蒙
Jonas	约拿斯
Judas Thadeus	犹达斯·赛德乌斯
Kerkis	乞儿乞思
kerkis	撒耳柯思(据柔克义的意见,此名在不同地方代表不同地名)
Kersona	克尔松纳
Keuchan	贵由汗
Kinchat	金察特
Laurent Buchier	劳伦特·布昔尔
Lesgi	列斯基
Longa	隆合
Lor raine	洛林
Machomet	穆罕默德
Mangu	蒙哥
Manichaeans	摩尼教
Manse	蛮子
Marsengen	马尔森根
Massis	马塞斯
Matrica	马特里卡
Mensura	曼苏拉
Meotides	梅阿泰德
Merdas	梅尔达斯
Merdini	梅尔底尼
Merkit	篾儿乞
Methodius	麦多第乌斯
Metz	梅斯
Moal	蒙古(同 Mongol)
Moan	莫安

Mont Real	蒙特·里尔
Moles	摩莱士
Moxel	摩撒尔
Mulihec	没里奚
Muc	莫克
nasic	纳失失
Naxua	纳希阿
Nayman	乃蛮
Nestorian	聂思脱里
Nicolas	尼古拉
Nicosia	尼科西亚
Noah	诺亚
Oengai	兀良海
Onankerule	斡难怯绿连
ordu	斡耳朵
Organa	斡尔干纳
Organum	斡尔干努
Orlean	奥尔良
Oto	奥托
Palus Maeotis	帕鲁斯·梅阿蒂斯
Pannonia	藩诺尼亚
Paquette	帕库特
Pascatir	帕斯卡蒂尔
Policarp	波里卡普
Pontus	滂沱斯海
Prester John	长老约翰
Raymond	雷蒙
Roger Buchier	罗杰布昔尔
Roscia	罗斯(俄罗斯)
Rouen	卢昂
Ruthenia	同 Roscia

Sabaste	塞巴斯特
Sahensa	撒寒沙
Saint Blaise	圣布莱斯
Saint Christopher	圣克利斯多芬
Saint Clement	圣克列门特
Saint Denis	圣丹尼斯
Saint Sophia	圣索菲亚
Samag	沙马格
Samaron	沙马龙
Santo – Siro	桑托希罗
Saracen	撒剌逊
Sarai	萨莱
Sartach	撒里答
Scatay	斯克台
Sclavonia	斯拉夫尼亚
Segin	西安(或西京)
Seine	塞纳河
Senacherib	辛那契利伯
Sergius	薛儿吉思
Seres	丝人
Silicia	西里西亚
Sinopolis	辛诺玻里斯
Siremon	失烈门
Sirsan	失儿珊
Sithia	西徐亚
sogur	索古尔(土拨鼠)
Soldaia	索尔对亚
Soldan	算端
Solanga	肃良合(朝鲜)
Solinus	索林努斯
Stican	司提堪

Suevi	苏埃甫
Summerkeur	苏默尔库尔
Sumoal	水蒙古
Syria	叙利亚
Talas	塔拉斯
Tanais	塔赖思(顿河)
Tangut	唐兀
Tartar	鞑靼
Tauris	讨来思
Tebet	土番
Tefilis	第比利斯
terracina	特拉辛纳(一种米酒)
Teutonic	条顿
Theodolus	塞阿多鲁斯
Tigris	底格里斯
Trapesund	特列比松
Tripoli	的黎玻里
Tuin	脱因(道人)
Turcomans	突厥蛮
Turkie	土耳其
Unc	汪罕
Valania	瓦伦尼亚
Vastacius	瓦斯塔丘斯
Wandal	汪达尔
William Buchier	威廉布昔尔
William of Rubruk	鲁布鲁克的威廉
Yconium	伊康尼翁
yperpera	叶帕尔拍拉(一种钱币)
Ysmaehtes	亦思马因人
Zacharis	扎哈列思
Zikuia	柴库亚

图书在版编目（CIP）数据

柏朗嘉宾蒙古行纪/（法）贝凯（Dom Jean Becquet），（法）韩百诗（Louis Hambis）译注；耿昇译．鲁布鲁克东行纪/（美）柔克义（W. W. Rockhill）译注；何高济译．—北京：中国藏学出版社，2018.4

ISBN 978-7-5211-0036-5

Ⅰ.①柏…②鲁…　Ⅱ.①贝…②韩…③柔…④耿…⑤何…　Ⅲ.①游记-蒙古　Ⅳ.①K931.19

中国版本图书馆 CIP 数据核字（2018）第 073255 号

柏朗嘉宾蒙古行纪　　［法］贝凯、韩百诗 译注　耿昇 译

鲁布鲁克东行纪　　［美］柔克义 译注　何高济 译

出版发行　中国藏学出版社
责任编辑　杜冰梅
封面设计　翟跃飞
印　　刷　北京隆昌伟业印刷有限公司
印　　次　2018 年 5 月第 1 版第 1 次印刷
开　　本　640×965 毫米　1/16
印　　张　19.5
字　　数　262 千字
印　　数　3000 册
书　　号　ISBN 978-7-5211-0036-5/K·519
定　　价　60.00 元

图书若有质量问题，请与本社联系
E-mail:dfhw64892902@126.com　　电话:010-64892902